エリア・スタディーズ
145
ラトヴィアを知るための47章
志摩園子（編著）
明石書店
LIEPĀJA

はじめに

ヨーロッパの北東部、バルト海東南岸に位置するラトヴィア、歌謡祭（歌と踊りの祭典）や琥珀(こはく)で知る人ぞ知る国であったが、近年では、旅慣れた人が訪れる地でもあるかもしれない。首都リーガは「バルト海の真珠」とも呼ばれてきた。

筆者が、このラトヴィアに関心をもって研究を始めて35年以上の月日がたつ。それは、ソ連時代のことで、留学中のドイツ（当時西ドイツ）からチャーター便でリーガに初めて降り立ったのさえ25年以上も前のことである。世界各地からラトヴィアに出自をもつ人、つまり、亡命ラトヴィア人やこの地を第二次世界大戦中に去ることになったドイツ人、そして現地になんの繋がりももたない日本人の筆者を乗せた、ドイツのフランクフルト空港発の小さな飛行機が、軍用機の見えるリーガ空港に着陸したとき、みんなの大歓声と涙は忘れがたい。というのも、このフライトは西側からの初めてのチャーター機による直行便であったからだ。１９８８年9月のことである。その後の急速な事態の展開を、その時はまだ全く予想ができないほどのくすんだ街と緊張の中にあった、そして、少しだけの興奮が伝わってきたのが、ある日突然案内のバスに掲げられた戦前のラトヴィアの小さな国旗であった。

日本に帰国後から筆者のラトヴィア通いが始まった。その間には、ソ連のクーデター未遂に伴うラトヴィアでの事件に遭遇しかかったこともあった。冷戦が終わると、ラトヴィアを訪問する日本人も次第に目にするようになり、1992年には在スウェーデン日本大使館がラトヴィアを兼轄、2000年には日本大使館が開設された。この間に、多くの人々がラトヴィアに関心をもち、いろいろな分野で関わってきた。その方たちのラトヴィアへの思いを少しでも伝えるものとして本書では、できるだけ多くの方にご執筆をお願いしたつもりである。

このような本の編集にあたっていろいろ考えることもあった。まず、国の名称の日本語表記についてである。本書のタイトルとして採用したのは「ラトヴィア」である。第二次世界大戦後の資料をみると、「ラトヴィア」という表記がみられるようになり、現在、外務省の国名表記は「ラトビア」が用いられている。しかし、1868年生まれで、ペテルブルク帝国大学を卒業したロシア事情通の外交官として知られる上田仙太郎は、ワルシャワにあった日本公使館からたびたびリーガに出張したが、彼の手書きの文書では「ラトヴィヤ」と記され、それがタイプされた文書では「ラトヴィア」となっている。

国立国会図書館にある最も古いラトヴィアについての書物は、ラトヴィアが独立して間もない1921年に出版された『琥珀の国——ラトヴィヤ国の過去と現在』（川瀬日進堂）であろう。著者は、関西学院大学高等学部で当時教鞭（英語の教師）をとっていたイアン・エ・オゾリン（ヤーニス・オゾリンシュ）である。この翻訳では「ラトヴィヤ」が用いられている。

国名、地名、人名等の固有名詞の日本語表記は、いつも悩まされているが、まさに、本書でも筆者によって表記に相違がみられる。本来、学術書籍であれば、これを統一して一覧表を付けるべきであるが、本書の目的は、ラトヴィアをより広く親しんでもらうことであり、ラトヴィアにいろいろな形でかかわりながら、その表記を示したことを考えると筆者それぞれの表記法に従うのが良いと判断した。編者自身は、学術論文では、できるだけ、現地の音に近い「ラトヴィヤ」という表記を使っているが、最初に著した一般向け新書では、編集担当者のアドバイスに従い「ラトヴィア」を用い、本書でもｖとｂの音を区別する方針をとっている。

また、本書の内容についても、関心のあるページをめくり、写真をみて、ラトヴィアに行ってみたいという思いを募らせていただきたいと思う。日本からは、地理的にも遠い小さな国ラトヴィアのファンを一人でも増やしたいと願っている。

編　者

ラトヴィアを知るための47章

V　社　会／185

Ⅵ 政治と経済／229

Ⅶ　国際関係／291

ラトヴィア地図

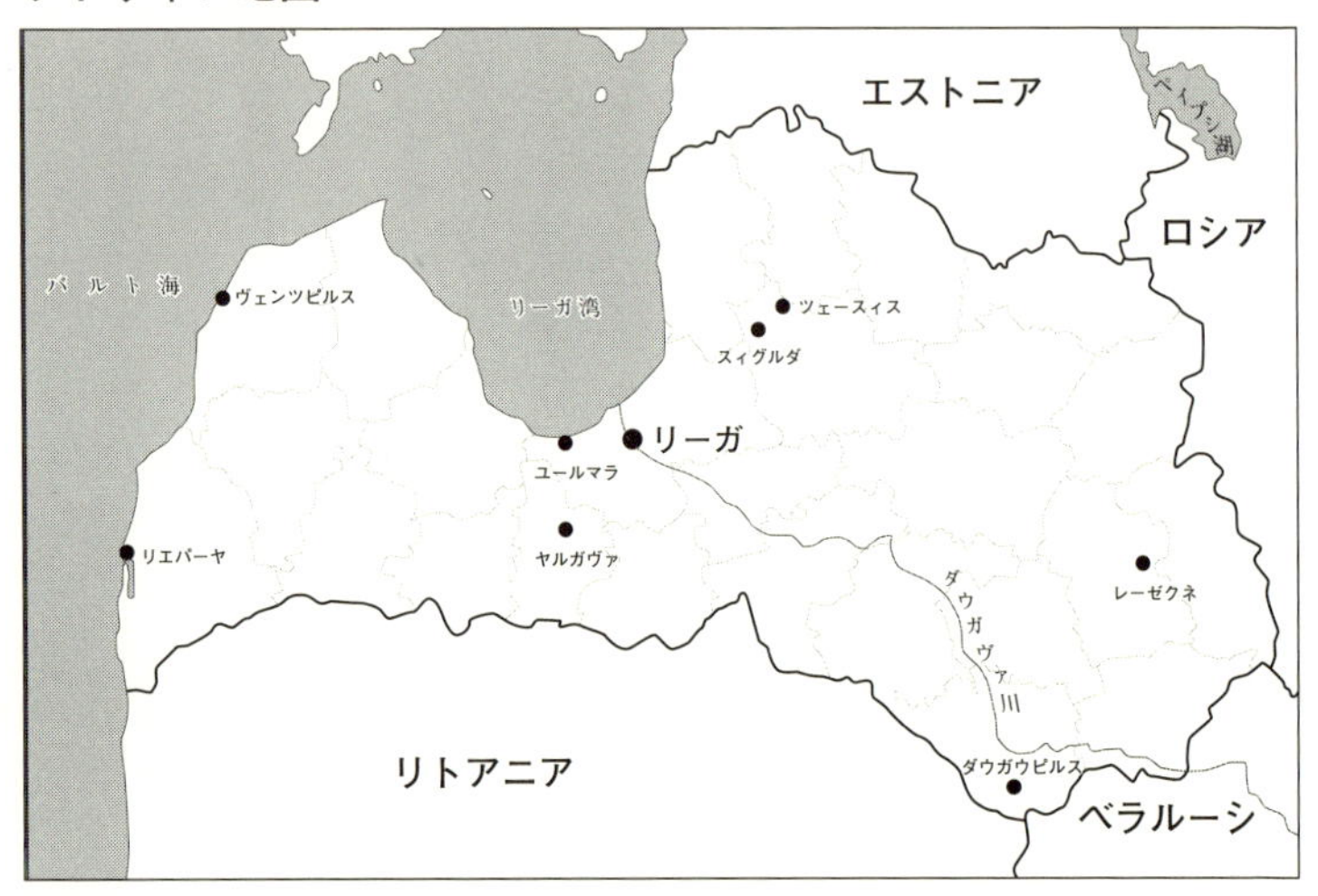

基礎データ

国　名	ラトヴィア共和国
面　積	6万5000平方キロメートル（日本のおよそ6分の1）
人　口	198万6096人（2015年、ラトヴィア中央統計局）
首　都	リーガ
言　語	ラトヴィア語
政治体制	共和制
元　首	ライモンツ・ベーヨニス大統領（2015年〜、任期4年）
議　会	一院制（議席数100、任期4年）
GDP（名目）	320億ドル（2014年、IMF）
1人当たりGDP	1万5729ドル（2014年、IMF）
経済成長率	2.4％（2014年、IMF）
通　貨	ユーロ（2014年1月1日導入）

（外務省資料より）

I

自然と都市

1

自然と地理

★寒冷ながら穏やかな気候と豊かな自然★

現在のラトヴィアの国土面積は6万4589平方キロメートル（2007年の対露国境条約締結で領有を放棄した地域を除く）で、日本の約6分の1に相当し、東北地方6県より若干狭い。ただし、小国がひしめくヨーロッパの中では、意外に面積が広いほうだとも言える。たとえばベルギー、オランダ、スイス、デンマークなどはラトヴィアより面積が狭い。

国土は東西に長く300キロメートルを超え、南北は200キロメートルほどである。首都リーガから街道を北へ自動車で1時間半も行けばエストニア国境を越える。また南に向かえば2時間弱でリトアニアに入る。バルト三国を含む中東欧諸国はシェンゲン協定によって西欧諸国との間での出入国審査が原則として撤廃されたため、まるで国内を移動しているような感覚だが、言語は変わる。また北東部でロシアと、南東部でベラルーシと国境を接する。第1独立期にはポーランドがリトアニア東部を占領していたため、ラトヴィアはポーランドとも国境を接していた。

ラトヴィアの地方区分は、伝統的に中北部ヴィゼメ（Vidzeme）、西部クルゼメ（Kurzeme）、南部ゼムガレ（Zemgale）、東部ラトガレ（Latgale）の4つに分けられる。憲法にもラトヴィア共和国の領土は、これら4つの地方からなる不可分の領土であると明記されているが、これはラトヴィア建国の際に、各地方を統合した国家像を構築する必要性が強く叫ばれたためである。この地方区分は、現在のラトヴィア人を形成するかつての部族の居住地域や移動の足跡、彼らを支配した国々の勢力範囲、それをほぼ継承した帝政ロシア時代の郡の境界、そしてラトヴィア語の方言の区分をほぼ反映しているといえるが、どの地方とも決め難い地域が多々存在する。自然の境界といえば、ダウガウ河がゼムガレとヴィゼメ、ゼムガレとラトガレの境界になっているくらいである。なお、国会選挙の選挙区や警察、消防などの管轄もこの地方区分を基になされているが、それらの境界は一致していない。また、これら地方の行政単位も存在せず、その点では日本の地方と同じである。

国土の約半分が森林であり、全般に平坦な地形で河川や湖沼も多く存在する。火山はなく、標高差も小さい。ヴィゼメ地方マドナ（Madona）市郊外にある最高峰ガイズィンカルンス（Gaiziņkalns）でも海抜312メートルしかない。その周辺は標高200メートル前後の高地が広がるが、東部ラトガレ地方の南部も標高が高く、そのため方言学ではラトガレなどの東部方言をまとめて「高地ラトヴィア方言群」と呼ぶ。また西部クルゼメ地方の南部にも100～200メートルほどの丘陵地帯が広がる。

ヴィゼメ地方は、中世以降、ドイツ騎士団が現在のエストニア南部とあわせてリヴォニアとして支配した歴史が長く、また中世までは広い範囲にリーブ人が住んでいたこともあり、言語は違っているものの文化的に共通点が多い。

なお、リーガ中心部にある国のシンボルの一つで観光客が多く訪れる「自由記念碑」で、頭上に掲げている3つの星はラトヴィアの各地方のシンボルだが、なぜ4つでないかと言えば、かつてクルラント公国として繁栄し一体感の強いクルゼメとゼムガレを一つの地方ととらえているためである。地方区分は方言的特徴などによりさらに細かくすることも可能だが、割愛する。

気候は亜寒帯湿潤気候で、日本の北海道地方などと似ている。緯度は首都リーガで北緯57度、アラスカの南端、ロシアのカムチャツカ半島とほぼ同じで、日本よりはるかに高く（リーガは宗谷岬より10度ほど高い）、夏と冬の日照時間の差が大きいが、海から近いため夏季と冬季、また昼夜の気温差があまり大きくない。

ラトヴィアは地震とほぼ無縁で、まれに震度1程度の地震が起きると翌日の新聞にトップ記事が出るほどである。日本人にとってはうらやましい話だが、他方、火山も温泉もなく、その他の地下資源にも乏しい。

森林は針葉樹が多く、うっそうとした森林は中部から東部にかけて広がる。この豊かな森林資源をもとにラトヴィアの重要な産業の一つである林業が成り立っている。これに対し西部は主に丘陵地帯が広がっている。

湖沼は東部ラトガレ地方に特に多いが、リーガ市内でも北東部にキーシュエゼルスやユグラ湖という比較的大きな湖がある。野外民俗博物館は後者に面している。

河川は支流を含めると全国で1000を超えるといわれる。リーガ市を通りバルト海に注ぐダウガヴァ（Daugava）河は全長1000キロメートルを超える大河である。源流はロシアのバルダイ丘陵にあり、ベラルーシを経由してラトヴィアに入る。ラトヴィア領内の長さは約350キロメートルである。国境を越えるとまずラトガレ地方南部のダウガウピルス（Daugavpils）を通り、いくつかの都市を通ってリーガに達し、バルト海に注ぐ。現在のダウガヴァ河は、バルト海を航行するフェリー等がリーガ旧市街付近にある旅客ターミナルまで十数キロ上って来るが、リーガから30キロメートルあまり上流にあるキェグムス（Kegums）に水力発電所があるためさらに上流への航行はできない。ダウガヴァ河を交通の大動脈として整備するべきだと主張する市民団体もあるようだ。

リーガ市の西隣にあるユールマラ市はソ連時代から現在もリゾート地としてにぎわっているが、ここに流れ込むのはリエルッペ（Lielupe、「大きな川」の意）河（全長１１９キロメートル）である。上流にはゼムガレ地方の中心都市イェルガヴァ（Jelgava）で、さらにリトアニアにさかのぼる。

中北部ヴィゼメ地方のガウヤ（Gauja）河は全長約４５０キロメートルで国内を流れる部分の長さとしては最長である。蛇行しており、源流から河口まですべてラトヴィア国内を通る。ラトヴィアで最も美しいといわれ、流域は国立公園に指定され、スィグルダ（Sigulda）市などはリゾート地として行楽客でにぎわう。西部クルゼメ地方ではリトアニアから流れ込むヴェンタ（Venta）河が最大で、河口の都市はその名にちなんでヴェンツピルス（Ventspils）という。その上流約30キロ、クルディーガ（Kuldiga）市内に、ヨーロッパで最も幅が広いといわれる滝（Ventas rumba）があるが（第２章参照）、段差があまりに低く、これを滝と呼んでよいかは疑問のあるところである。

ラトヴィアの地図を一見して分かるとおり、国土の中央でリーガ湾が大きく入り込んでいる。ラトヴィア人にとってバルト海は唯一の海である。しかし、現在ラトヴィアが領有している島はない。現在のラトヴィアの領土で海岸線はほぼ５００キロメートルに及ぶ。遠浅であり、切り立った崖などは少なく砂浜が多い。開発されず訪れる人の少ない地域の砂浜では、日本の都市近郊にはまずない鳴き砂があり、踏みしめるとキュッキュッという音がする。バルト海の魚介類は元々種類が少ない上、ソ連時代の汚染もあり漁業はあまりふるわない。

ところで、ラトヴィアは環境ランキングでしばしばヨーロッパでも世界でも上位に入る。これについては意見の分かれるところで、環境保護論者から見れば、ごみの分別もリサイクルもほとんどしていないような国が上位に入るのは指標の立て方がおかしいということになろう。おそらく、重工業が発達していないこと、原子力発電所がないことなどが順位を押し上げる要因となっているのだろう。とはいえ、首都リーガ市内でも豊かな森が広がり、市民たちがキノコ狩りやベリー摘みにいそしんでいるのを見ると、自然の豊かな国であるということは言えそうである。

（菅野開史朗）

2

主要都市ガイド

★個性的な地方を訪ねる★

ラトヴィアの首都リーガを訪れる人は多い。リーガは世界遺産の町であり、名所旧跡や宿泊施設なども充実している。しかしもちろん、リーガだけがラトヴィアの町ではない。せっかくリーガに来たなら、ぜひ足を延ばして地方の町も訪れてみたいものだ。

ラトヴィアは北海道の半分強程度の小さな国であるし、幸いなことに首都リーガは国土の地理的中心に位置してもいる。だからリーガから車を飛ばせば、国内のどんな町にも日帰りで行ける。

また国内には長距離バス網が発達していて、リーガから主要都市には直通のバスがたくさん出ている。たとえ辺鄙な場所でも、まず近くの主要都市に行って、そこでローカルバスに乗り換えれば、車がなくても何の問題もない。そしてたいていの町には公営の観光案内所があり、英語での案内も受けられる。もう行かない理由を見つけるのが難しいぐらい、地方の町に行くのは簡単なのである。

では、どこに行くか？　ラトヴィアにも海あり、川あり、谷あり、丘あり（残念ながら「山」といえるものはない）、自然あり、

バルト海に面したリエパーヤの街並み（筆者撮影）

歴史ありで、実に選択の幅も広い。残念ながらここですべての町を紹介することはできないが、主要な町に限って、行き先選びの参考になるような情報を提供していきたい。

町を紹介するにあたって、ラトヴィアの伝統的な区分（クルゼメ、ヴィゼメ、ラトガレ、ゼムガレ）に従って進めていこう。第1章でもふれたように、それぞれ固有の特徴をもっているからだ。

まずラトヴィア西部のクルゼメ地方だが、かつてはクルシュ人の住んだ土地で、クルゼメはその名のとおり「クルシュの地」である。（ゼメは「土地」のこと）。中世にはハンザ同盟の町が多く存在し、後にクールラント公国もこの地で栄え、ラトヴィアでも比較的先進的な地域だったといえる。

クルゼメはバルト海に面しているだけに、ここには重要な港町がいくつかある。そのひとつがヴェンツピルス（Ventspils）で、ヴェンタ河の河口に積出港や石油コンビナートが並ぶ貿易の町である。人口は約4万、リーガからバスで約3時間のところにある。この貿易の基礎を作ったのが前述のクールラント公国で、ここにはその造船所があり、最も栄えた17世紀頃にはアフリカのガンビアや、カリブ海のトバゴ島に植民地を経営する勢いがあった。今はもう造船所はないが、河口を守る騎士団の城跡や石畳の旧市街も残っている。夏は遊覧船で港の風情を楽しんだり、砂浜の海岸で琥珀を探したりもできる。

ヴェンツピルスから海岸線を南下すると、もうひとつの港町リエパーヤ（Liepāja）がある。教会の塔が影を落とす旧市街に路面電車が走る趣のある町で、人口は約8万、ラトヴィア第3の規模の町でもある。リーガからはバスで約3時間半で行ける。リエパーヤは帝政ロシアからの独立戦争時に（事実上の）臨時首都になったこともあり、独立心が強い気風がある。同じ反骨の流れで、ラトヴィアのロックミュージック揺籃の地でもある。ラトヴィア人なら誰もが知っている、リエパーヤ賛歌『風が生まれる町』というロックの名曲もある。

また日本人にとって興味深いのは、帝政ロシア時代にリエパーヤ（当時の名称はリバウ）に軍港が造られ、日本海海戦を戦ったバルチック艦隊の多くはここから出航していったという史実だろう。旧軍港地区には今も当時の要塞跡などが残っている。

もうひとつ、「クールラントの心臓」と呼ばれたクルディーガ（Kuldīga）も忘れてはならない町だ。ヴェンタ河の下流域にある町で、人口は約1万、リーガからバスで約2時間半のところにある。黄金市場、ハンザ同盟の町、クールラントの首都、などクルディーガを語る歴史には事欠かないが、現在は木造の家屋の合間に水路が流れる居心地のいい小さな町になっている。ヨーロッパで最も幅の広い（およそ110メートル）ヴェンタの滝も、町の見逃せない名物である。

国の北側を占めるヴィゼメ地方は、中世に（エストニアと共に）リヴォニアと呼ばれた地域と重なる。先住民族の多くはフィン語系のリーヴ人で、彼らがリヴォニアの名の由来となった。ラトヴィア語でヴィゼメは「間の土地」という意味がある。

首都のリーガはこの地域に属している。またリーガから列車で西に約30分のところに市民憩いの海浜リゾート、ユールマラ（Jūrmala）がある。ユールマラはラトヴィア語で「海岸」という意味で、リーガ湾に延びる約32キロメートルの砂浜沿いの集落をひとくくりにした町である。帝政ロシア時代に保養地として発展し、当時の瀟洒な木造のヴィラ建築が今も点在している。ソ連時代にも保養地の伝統は引き継がれた。

クルディーガのヴェンタの滝（筆者撮影）

ソ連崩壊後一時期廃れたが、近年スパや高級ホテルの建設が相次ぎ、ソ連時代にノスタルジーを抱くロシア人客などで賑わっている。金持ちの新ロシア人層が好んで住む地域でもある。ちなみに夏の海水温はめったに18度以上にはならず、日本人には泳ぐのはきつい。

リーガからバスで北東に約1時間のところには、観光地スィグルダ（Sigulda）がある。ガウヤ河が起伏に富んだ峡谷を創り出し、古城や洞窟などが彩を添える風光明媚な観光地である。川下りやバンジージャンプ、フィールドアスレチック、冬はスキー、ボブスレーなども楽しめるリゾート地だ。

ヴィゼメ地方中心に位置するツェースィス（Cēsis）は、ラトヴィアではリーガに次いで古い町で、ハンザ同盟にも加盟していた由緒ある町である。人口は約1万8000、リーガからバスで約2時間の距離にある。町の中心には城跡があり、その周辺は先住民ラトガリ人と十字軍騎士団との古戦場である。伝説によると、この戦いで戦死したラトガリ人の王が横たえられ、両側が血に染まった白旗が、ラトヴィア国旗の由来になったとのこと。現在のツェースィスは旧市街に教会や古い木造家屋が残る、散策も楽しいのどかな田舎町である。

ヴィゼメ地方北部の町ヴァルカ（Valka）は、エストニアと接する国境の町である。といっても通常の国境の町とは異なり、まさに国境上にある珍しい町である。どういうことかというと、ひとつの町が国境線によってふたつに裂かれているのである。町なかの小さな通りを横切って、あるいは小川に沿って、あるいは民家と民家の間を通って、エストニアとラトヴィアの国境線が走っている。同じ町でも国境線のエストニア側はヴァルガ（Valga）と呼ばれる。

もちろんこれには複雑な歴史があり、その時々の情勢によって町は分裂と統合を繰り返してきた。簡単に振り返れば、中世の騎士団時代に最初に分断され、ロシア帝国時代には統合、最初のラトヴィア独立時代に国境となり、ソ連時代は事実上統合され、ラトヴィア独立回復によって国境が再建されたが、エストニア、ラトヴィア両国のEU加盟によって再び統合された。数年前までは、町なかを行き来するにも入出国審査があり、通りの向こうとこちらでは違う通貨が使われていた。しかし両国のEU加盟後は検問もなくなり、2014年のラトヴィアのユーロ導入（エストニアは2011年にユーロ導入）で町の統合はますます深まることだろう。

ちなみにリーガから列車の便があり、約3時間で到着するが、駅はエストニア側のヴァルガにあって、結果的にバルト三国間で国境を越えて走る唯一の国際旅客列車になっている。

ラトヴィアの東部に位置するラトガレ地方は、先住民ラトガリ人が住んだ地域に重なる。歴史的にはリトアニア・ポーランド共和国の支配下に入っていた時代があり、宗教（カトリックが多い）や言語（ラトガレ方言）など、文化的な独自性をいまだに保持している。森や湖など美しい自然が広がり、農場などに伝統的な生活様式も見られる。

ダウカヴァ河岸に、ラトガレ地方の主要都市ダウガウピルス（Daugavpils）がある。人口は約10万、リーガからバスで約4時間のところにある。ダウガウピルスについては、ラトヴィア第二の都市でありながら、あまり語られることがないような印象を受ける。それは、ソ連時代の負の遺産に苦しむラトヴィア特有の微妙な問題があるからかもしれない。

ダウガウピルスはもともと外国の支配者が建設した要塞の町であったため、ラトヴィア人人口は少なかったが、ソ連時代に工業化された際にソ連各地からロシア語系住民が大規模に流入し、現在もラトヴィア人人口が2割弱という状況にある。そうしたロシア語系住民の存在はラトヴィア独立の障害にもなり、現在も国籍や国語など多くの問題に影を落としている。ただ近年は、観光開発で要塞跡や町並みが整備され、明るい町に変わりつつある。さまざまな宗派の教会が見られる貴重な町でもある。

ラトガレ地方でラトガレらしい町といえば、レーゼクネ（Rēzekne）が思い浮かぶ。人口は約3万、リーガからはバスで約4時間の距離だ。城跡や多くの教会が建つ緑豊かな町で、地方文化を紹介する博物館や展示場などもある。ソ連時代に破壊され、独立回復後に再建された町のシンボル、ラトガレのマーラ（ラトヴィアの神話上の豊穣の女神）像も有名だ。

ラトヴィア南部のゼムガレ地方には平坦で肥沃な大地が広がり、ラトヴィアの食糧庫とも称される。

古来からセミガリア人が住んだ地域であるが、かつてはクールラント公国の領土だったため、クルゼメの一部として表されることもある。またゼムガレ地方東部は、先住民セロニア人が住んだ地であることから、セーリヤ地域として区別されることがある。

そのクールラント公国の首都でもあった町がヤルガヴァ（Jelgava）である。人口は約6万、リーガからバスで約1時間で行ける。今ではリーガのベッドタウンのような地味な存在だが、18世紀のクールラント公ビロンの時代にはロシア皇室の庇護を受け、芸術、建築文化が花開いた。リエルペ川の中州に建つヤルガヴァ宮殿は、サンクトペテルブルクのエルミタージュ宮殿を建てた建築家F・B・ラストレッリによる壮大なバロック建築だ。

リトアニアとの国境に近いバウスカ（Bauska）は、やはりクールラント公の居城として栄えた町。人口は約1万、リーガからはバスで約1時間半で着く。川の合流点に印象的な城跡が残り、市庁舎広場を中心にしたのどかな町並みも快い。近郊には「ラトヴィアのヴェルサイユ宮殿」とも呼ばれる豪奢なバロック建築、ルンダーレ宮殿があり、バウスカを足がかりに訪れる観光客も多い。

以上ラトヴィアの主要な町のみをざっと紹介したが、これだけではもちろんその魅力を紹介しきれない。繰り返しになるが、どの町も、一～二日の余裕があればリーガから気軽に往復できる距離にあるので、ぜひ訪れてみてほしい。きっと首都にはない、ラトヴィアらしい一面が見られることだろう。

（福原正彦）

3

リーガ案内

★ガイドブックにないリーガとその周辺★

近年はラトヴィアを訪れる日本人観光客も徐々に増え、ガイドブックもいくつか出ているので、本章ではリーガとその周辺の、おおよそ日帰りで行ける範囲で、ガイドブックであまり取り上げられていない「穴場」的な場所を紹介してみようと思う。紙面の都合上、ユネスコ世界文化遺産となっている旧市街などのよく知られた場所についてては割愛する。後述のとおり地区によっては治安や言葉の問題もあるので、あくまでも自己責任でお願いしたい。また情報は2014年5月現在のものである。

通常、日本からラトヴィアへ直接行く場合にはヨーロッパの主要空港で当日乗り継ぎとなり、リーガ空港に着くのは夜であることが多いが、もし到着が昼間で疲れていなければ、空港から中心部に向かうバス（22系統）を途中下車してみよう。ダウガヴァ河を渡る手前、カルンツィエマ通りには週末を中心に自然食品の定期市など、さまざまな催し物が開かれる一角があり、市民でにぎわう（Kalnciema kvartāls、最寄りの停留所はMelnsila iela）。

リーガの中心部には、リーガと国内やヨーロッパの各地を結ぶバスが発着するバスターミナル（Autoosta）があり、その裏手に中央市場（Centrāltirgus）がある。戦前、ツェッペリン飛行船の格納庫として建てられた4つのカマボコ形の建物が、現在はそれぞれ青果、乳製品、肉、魚の巨大な市場として使われているのは有名で、最近は日本人観光客も訪れるようになっている。さらにその裏手、ダウガヴァ河岸の方へ出るとレンガ倉庫を改装したスピーキェリ（Spīķeri）と呼ばれる一角がある。近年、コンサートホールや人形博物館などが整備され、いずれも小規模だが楽しめるスポットとして日々進化している。

この一帯は俗にモスクワ地区（Maskavas forštate）と呼ばれ、治安が悪いことやめぼしい観光名所がないこともあって外国人観光客にはあまりなじみがないが、足を延ばして大学が何校か建ち並ぶロモノソフ通り（Lomonosova iela）周辺などへ行くと、秋には木の葉が黄色に色づく美しい公園などがあり、散歩してみると意外に趣がある。大学に通う学生も多いことでも知られる。かつて付近にはユダヤ人のゲットーがあった。なお中央駅の裏手、ゴーゴリ通りには最近除幕された、第二次世界大戦のナチス・ドイツ占領期にユダヤ人を救った「ラトヴィアのシンドラー」ことジャニス・リプケの記念碑がある。教会（東方正教会、古儀式派、アルメニア教会など）も多く、多民族社会であることを実感させられる。廃屋が多く夜は不気味な雰囲気でもあるが、明るい時間帯でも散策の際は治安に気をつけたい。とはいえ、このあたりの再開発が進んでいないのは、百年以上前の由緒ある建造物が多いからでもある。

さて中心部に戻り、アルベルタ通り（Alberta iela）のアール・ヌーボー建築群を見る機会があれば、そのついでに旧日本公使館に立ち寄ってみるのも一興であろう。現地の歴史家などによれば、その住所はJ. Alunāna iela2で、憲法裁判所（Satversmes tiesa）の向かいの建物だったようだ。しかし、戦前にリーガで出版されたガイドブックによるとその住所はPumpura iela6となっており、そこには現在、企業のオフィスなどがいくつか入っているようだ。これはどうしたわけか。おそらく、当時の日本大使館はそれなりに規模が大きかったらしいので、領事部など複数の事務所を構えていたのではないだろうか。地理的には前者の建物から2区画しか離れていないのでその可能性はあるだろう。さて前者の建物について言えば、筆者はその歴史家に案内してもらったとき、フランス大使館のようにソ連時代に接収された不動産をとり返すことができるのではないか、と言われたことがあるが、この建物には2013年、韓国大使館が入居した。

海に目を転じれば、夏の海水浴場として、人の手の入ったにぎやかなところが好きな人には、定番だがユールマラ（Jūrmala）がお勧めである。リーガから電車で約30分のマヨリ（Majori）駅を中心に、宿泊施設やレストラン、バー、屋外コンサート会場なども多くあり深夜まで楽しめる。ソ連時代から特権階級の別荘やサナトリウムなどがあったことで知られるが、現在もロシアなどから中流以上の人々がやってくる。そういう金が落ちるのでラトヴィアの中でも特殊なところである。また、マヨリの次のドゥブルティ（Dubulti）で降り、海岸に向かって林の中を歩いていくと、すぐ「民話の家ウンディーネ」（Pasaku māja Undine）という施設がある。個性的なデザインの木造家屋と大きな庭があり、土曜の夕方を中心にさまざまな文化イベントが催されるが、ラトヴィア関連とは限らない。また、エコツーリズムの活動も行われている。誰もいないこともあるので事前に予定を調べておくか、連絡した方がよい。周辺は教会などがあり静かな地区である。

しかし、自然探索派ならもう少し足を延ばしてユールマラの最西端、キェメリ（Ķemeri）の国立公園でバードウォッチングもいいだろう。キェメリにはかつて立派なサナトリウムがあったが、建物が長年使われないうちに老朽化してしまい、目下その管理等をめぐって国や地元自治体が頭を痛めているところである。また、ユールマラよりさらに海岸沿いに西へ足をのばすと、たとえばエングレ湖（Engures ezers）周辺には湿地帯が広がり豊かな自然を楽しむことができる。列車で行けるのはトゥクムス（Tukums）までで、海岸線沿いにはバスか車でしか行けず、バスの本数はかなり少ないので時刻表で確認しよう。

一方、開発の進んでいない海水浴場ならヴェツァーキ（Vecāķi）である。とはいえリーガ市内なので夏の暑い日には多くの海水浴客でにぎわうが、カフェが数軒ある以外特に何もない。更衣室はないわけではないが、服の下に水着を着るなど、それなりに周到な準備をした方がよかろう。夏の天気は変わりやすく、急に雨が降りだしたりするので雨具も持って行った方がよい。リーガ中心部からユールマラとは逆方向で、バスやマイクロバスが頻繁に出ており1時間ほどで着く。周辺は瀟洒な一軒家が建ち並び、住んでみたい地区の一つでもある。

なお、もし冬の厳寒期にラトヴィアを訪れ、運よくバルト海が凍結していれば、その上を歩いてみることもできる。閑散期なので宿の料金も安い。毎年凍結するわけではなく、またせいぜい年に数日しか起こらない現象なので、住民たちも珍しがって海に繰り出すので結構にぎわう。

森林公園（メジャパルクス、Mežaparks）は春から秋にかけて散歩するのによい。路面電車の11系統で終点まで行ってみよう。歌の祭典（第16章参照）のファイナルコンサートの会場は森の中ほどにある。祭典は5年に1度開催され、次回は２０１８年の予定である。なかなかその場で聴く機会には恵まれないかもしれないが、巨大なその会場を見るのも一興である。またさまざまなコンサートなどが開かれているので機会があれば訪れてみたいものだ。同じ地区にあるリーガ動物園（Rīgas zooloģiskais dārzs）は入場料が日本の動物園なみか、少し高いうえ、日本人にとって見るべきものはないかもしれないが、地元の家族連れが多く日常生活の一端を垣間見ることができる。

最後になるが、宿泊施設として旧市街やその周辺のホテルもよいが、地方のログハウス風ゲストハウスや、古い城や荘園領主の屋敷を改装したホテルなども趣がある。どこも一通りの設備は整っており、しかも宿泊料が手ごろなところが多い。また古城で結婚式というのも忘れられない思い出となるだろう。

（菅野開史朗）

II

歴　史

4

歴史にみるラトヴィアとロシアの軌跡

★周辺勢力の抗争の場★

地名からみる支配の歴史

ラトヴィアの首都は、ソ連時代の終わりには人口が100万人に近づく大都市であった。その名前は、リーガ（Rīga）、しかし、日本ではリガと記されていることも多い。もともと、日本語のカタカナ表記がなされたのは、ラトヴィア語名から直接ではなく、ロシア語名（Рига）やドイツ語名（Riga）を経由したため、リガという表記になったのであろう。もっとも、この名称が同じ都市の名前であることは、だれもが想像できるだろう。

しかし、例えば、ドイツ語名ヴェンデン（Wenden）は、ラトヴィア語名ではどうであろう。景勝で知られているガウヤ河の近くに位置するツェーシス（Cēsis）である。北部のヴィゼメ地方にある中心都市であり、ラトヴィアでリーガに次いで古い町である。ロシア語名もあるが、ドイツ語名の方がかつては一般的であった。

さらに興味深いのは、740年の歴史をもつ東部国境に近いラトヴィア第二の都市ダウガヴピルスである。1275年に帯剣騎士団がダウガヴァ河岸に城を建てたのに町の歴史は始まる。以来、ディナブルク（Dinaburg/Dyneburug/Dineburg）、ボリスオグ

ダウガヴピルスの教会の丘。ロシア正教会、聖ボリス＆グレブ大聖堂（筆者撮影）

レフスク（Borisoglebsk）、ドヴィンスク（Dvinsk）、ダウガヴピルス（Daugavpils）と、町の支配者を物語るかのように名称が変わってきた。ロシアに源をもちベラルーシを経由、バルト海に注ぐ全長1020キロメートルのダウガヴァ河（ドイツ語名デュナ河）沿いで、釣りの名所としても知られている。

このような例には事欠かないラトヴィアの地名である。これが示しているのは、ラトヴィアの地域がドイツ人やロシア人、周辺の大国の間で翻弄された地であるということではないだろうか。

東へ進出するドイツ人

異教徒の世界であったバルト海沿岸のキリスト教化は、「北方十字軍」と呼ばれ、13世紀初めに本格化した。古くより東西、南北の交易の中心であったバルト海沿岸は、ロシアの毛皮、皮革、蜂蜜、蜜蠟などが、東から西へ取引される場所であった。そこに、リヴォニア司教として教皇イノケンティウス3世によって任命されたアルベルトが、リーガ湾からダウガヴァ河を13キロメートルほど遡ったところ、リーヴ人の集落に到着し、要塞化に着手した。そこを起点に、僧兵を伴い、内陸へと進出した。いわゆる「帯剣騎士団」（fratre militae Christi）である。リーヴ人の抵抗に遭いながらも、聖職者、商人、兵としての騎士がその支配を拡大していった。征服地の拡大を目指して現在のリトアニア方面に向かった帯剣騎士団が、リトアニア人の奇襲に会い壊滅したことから、ここはプロイセンで活動していたドイツ騎士団がそれを継承し、「リヴォニア騎士団領」としてさらに征服地を拡大していった。

ドイツ騎士団が北東方向への進出で衝突したのが、アレクサンドル・ネフスキー公率いるノヴゴロド軍であった。後にソ連の映画監督として有名になったエイゼンシュテインによる『アレクサンドル・ネフスキー』（1938年）で描かれたチュド（ペイプシ）湖の「氷上の戦い」で、ドイツ騎士団は1242年敗北した（尚エイゼンシュテインはロシア帝国時代のリーガで生まれている）。

現在のラトヴィアの東部は、まさに、ロシア人とドイツ人との争いの最前線だったのである。再び、この地域をめぐる大きな衝突が起きたのは、エイゼンシュテイン監督の映画『イヴァン雷帝』（1944～46年）に描かれたイヴァン4世（1530～84年）の時代である。リヴォニア騎士団領の勢力の衰退により、周辺のロシア、スウェーデン、ポーランド・リトアニアが、リヴォニアへの勢力拡大を企図したのがリヴォニア戦争（1558～1561年）であった。ハンザ都市同盟は、すでに16世紀には衰退に向かい、また、リヴォニア騎士団領も、1561年に歴史の幕を引いた。

西へ進出するロシア人

最後のリヴォニア騎士団長が騎士団の解体にともない、1562年に現ラトヴィアの西部にクールラント公国をたて、ポーランド王国およびリトアニア大公国を宗主国としていたが、ここも、1795年の第3回目のポーランド分割によりロシア帝国領となったのである。実際には、クールラント公に嫁いでいたイヴァン5世の娘アンナが、1730年にロシア皇帝として即位しており、すでに、ロシア帝国支配下であるも同然であった。リーガから南へ75キロメートルのバウスカ近郊にあるラトヴィアの観光地の一つとして有名なルンダーレ城は、アンナ女帝お気に入りのクールラント公ビロン（Ernst Johan von Biron）が18世紀半ばに建築したバロック様式の宮殿である。後に、ツァールスコエ・セロのエカチェリーナ宮殿やサンクト・ペテルブルクの冬の宮殿等を建てたイタリア人建築家フランチェスコ・バルトロメオ・ラストレッリによる。第一次世界大戦で、ドイツ軍により占領、司令部や病院をこの城に置き、ラトヴィアの独立戦争期に大きく損傷された。その後、ラトヴィアが独立すると、建物の一部は学校に使用、1930年代には歴史博物館としても利用された。第二次世界大戦後のソ連時代には、建物の一部は学校として使用、1972年からルンダーレ城博物館として、その荒廃からの修復作業がソ連時代から時間をかけて進められ、1981年、修復された東側部分の部屋が公開された。その修復のプロセスもルンダーレ城の見学の一部としてみることができる。フランス様式の庭も美しく修復され、2014年、修復は完成した。

バルト海の覇権争いとスウェーデンの登場

リヴォニア戦争以後、バルト海の覇権を握ったスウェーデンは、リヴォニア（現ラトヴィア北部からエストニア南部）を「マーレ・バルティクム」（Mare Balticum：バルト海地方）に組み込み、リーガも16

ピョートル大帝のレリーフ（リーガ、筆者撮影）

21年にはスウェーデンの支配するところとなり、スウェーデン領エストニアの総督はレヴァル（現タリン）に、スウェーデン領リヴォニアの総督は、リーガに置かれた。東部はポーランド領リヴォニアで、インフランティ（現在のラトガレ地方）と呼ばれた。

ドイツでの三十年戦争に勝利したスウェーデンは、バルト海からデンマーク勢力も追い出していた。バルト海の覇権を争う大北方戦争で、スウェーデンはロシア、ポーランド、デンマークと争い、その結果、ロシア帝国がバルト海へと進出することになった。ピョートル1世（大帝）のロシア帝国がバルト海東南岸地域をその支配下に置いた。帝位についたピョートルが、クールラント公国のリバウ（現リエパーヤ）でバルト海を臨み、西欧への進出の足がかりとしてバルト海を意識したといわれている。ピョートル1世が、1697年にヨーロッパに向けて旅立つ際に泊まった木造の家の向かいには、大北方戦争で戦うことになったスウェーデン王カール12世の宿となった木造家屋があり、現在は機織り工房となっている。通りの名前は「王の通り」（Kungu iela）、スウェーデン語の王を意味する名称となっている。

ロシアの支配の確立

１７９５年にこの町がロシア帝国領となると、不凍港としての重要性は高まり、ロシア帝国海軍基地がここに置かれた。海岸にはロシア帝国時代の要塞跡が残されている。帝国時代の司令部の建物が、現在では、ラトヴィア軍の司令部として利用されている。リバウ港は、また、バルト海東南岸地域から19世紀アメリカへ移民する人々が旅立つ港ともなった。第一次世界大戦後の独立戦争期、ボリシェヴィキ勢力に占領された首都リーガから臨時政府が一時逃れていたのもこのリァパーヤ（リバウ）であった。美しいビーチをもつが、第二次世界大戦のソ連時代には、海軍基地が置かれていたため、１９９０年まで町は外国人には閉ざされていた。

ピョートル１世の后エカチェリーナ１世はリヴォニア生まれで、その子孫がロシア皇帝となり、18世紀後半に皇妃からエカチェリーナ２世として即位したのは、バルト海南岸のシュテッティン（現在のポーランド、シュチェチン）生まれのドイツ人であった。ロシア帝国下のバルト海東南岸地域は、実際には、バルト・ドイツ人の地主貴族によって引き続き地方行政は担われていた。大北方戦争の真の勝利者は、リヴォニアのバルト・ドイツ人地主貴族といわれ、ロシア帝国内で政治、軍事、外交、司法、科学者、教育者、弁護士等として活躍するようになっていた。１８２５年に設立された帝国学士院会員の半分以上がドイツ語を母語とする人々であった。アレクサンドル１世の妹たち、つまり、エカチェリーナ２世の孫たちの世話役もバルト・ドイツ人未亡人が登用され、エカチェリーナ２世により、伯爵夫人の称号とラトヴィアの南部バウスカ近郊のメジョトネ荘園が与えられたのである。この荘園に18世紀末には、世襲がパウル１世によって認められ、宮殿は古典主義様式で19世紀初めに完成した。第一次世界大戦後の独立時代には、農業学校として利用されていたが、第二次世界大戦で一部が破壊された。その後、1958年から修復作業が始められたが、宮殿は2001年に修復を終え、現在では、ホテル、カフェ、結婚式場としても利用されている。イギリス様式の庭が美しい。経済活動においても、サンクト・ペテルブルクやモスクワなどの大市場を近くに擁するバルト海東南岸地域では、バルト・ドイツ人地主貴族が繁栄を享受していた。ロシアの大都市の市場あってのバルト・ドイツ人の経済的繁栄があったといえよう。

20世紀、東西の狭間のラトヴィア

20世紀、第一次世界大戦でも第二次世界大戦でも、ラトヴィアは、ドイツ軍とロシア（ソ連）軍の最前線であった。1939年の独ソ不可侵条約附属秘密議定書で両国の間で約されたこと、すなわち、バルト三国がソ連の影響圏に置かれるという取り決めは、まさに、周辺勢力の抗争を象徴的に示している。

（志摩園子）

5

ロシア帝国とラトヴィア人地域

★スウェーデンとロシアの覇権争いの下で★

リヴォニア騎士団の終焉（ドイツ人勢力の衰退）

13世紀初頭から繁栄を謳歌してきたリヴォニア騎士団のこの地域への支配は、後援者であったプロイセンのドイツ騎士団が、リトアニア・ポーランド連合軍に1410年に敗れたことで、大きく変わっていく。この戦いは、ポーランド語ではグルンヴァルトの闘い、ドイツ語ではタンネンベルクの闘いと呼ばれている。

リヴォニア騎士団領が16世紀に終焉を迎えることになった主な理由は三つあるだろう。第一に、ルター派の受容である。もともと、リヴォニア騎士団領は、カトリックの布教とその保護を目的としていた。南のリトアニア・ポーランドの勢力伸長、東のロシアによる侵入、北のスウェーデンの進出の脅威に対抗するために、ルター派の信仰を受け入れることになり、成立の目的を失った騎士団領は、1561年に終焉を迎えたのである。第二に、これまでバルト海貿易を牛耳っていたハンザ同盟商人は、15世紀になるとイギリス人、フランドル人、オランダ人らがあらたにバルト海貿易に乗り出してきたことを阻止できず、経済的にドイツ人商人の弱体化が見られたからである。第三に、宗教改革と周辺からの進出の脅威が広がる中、弱体化してきたカトリック教会勢力に代わって、領地を所有する世俗勢力である騎士階級（バルト・ドイツ人地主貴族）がドイツ人商人を中心とする都市の住民を味方として台頭してきたからであった。

最後のリヴォニア騎士団長ゴットハルト・ケトラーは騎士団領内の主導権争いの中でカトリック勢力に対抗するため、1561年にルター派に改宗、騎士団領であったゼムガレ（ゼムガレン）とクルゼメ（クールラント）を世俗化した。1562年に始まるケトラーの一族によるクールラント公国の支配は、次のヤコブ・ケトラー公の時代に、バルト・ドイツ人がアフリカ（ガンビア河の現クンタ・キンテ島）、カリブ海（トバゴ島）に入植し、短期間ではあったが中継貿易の拠点として領有するなど、1737年まで続いた。

ルンダーレにあるクールランド公の宮殿、バルト地域最大のバロック建築（筆者撮影）

ゴットハルト・ケトラーは、進出する周辺勢力に対抗するために、リヴラントをポーランドの封土とする代わりに、自治と新教信仰の自由をもつクールラント公の地位を獲得したのであった。現在のラトヴィア東部地域ラトガレは、ポーランド語でインフランティ（ポーランド領リヴォニア）と呼ばれ、

1569年にポーランド・リトアニア領となった。この痕跡は、文化的、宗教的にも現在に残っている。

他方で、リヴォニア騎士団領の北部エストラントは、スウェーデン領となった。

ハンザ同盟やリヴォニア騎士団のドイツ人勢力の衰退は、バルト海地域への他の勢力の伸長を招き、このようなバルト海地域の覇権とリヴォニアをめぐる争いが、16世紀後半のリヴォニア戦争（1558~1583年）として展開されたのであった。

バルト海地域の覇権争いと秩序

次の世紀、バルト海地域の覇権争いに登場した勢力は、ロシア、ポーランド・リトアニア、スウェーデンである。ポーランドとの王位継承問題を抱えるスウェーデン（バルト帝国）は、ポーランドとの戦争にロシア、プロイセン、デンマーク等を巻き込んだ。この一連の闘いの中で、リヴラントがスウェーデン領となり、この結果、ダウガヴァ河以北はスウェーデンの支配下に置かれた。17世紀のラトヴィア人居住地域は、まさに周辺大国の覇権争いの最前線だったのである。

18世紀、スウェーデン（バルト帝国）のバルト海地域の覇権への挑戦が始まった。いわゆる大北方戦争（1700~1721年）である。バルト海地域の覇権をめぐって、スウェーデンのカール12世とロシアのピョートル1世が登場してくる。ここに、ポーランド・リトアニア、イギリス、オスマン・トルコ、デンマーク、ザクセン、プロイセン、ハノーファー等が、時期により敵味方が入れ替わりつつ戦争に加わっていた。

このような長く続くバルト海地域の覇権をめぐる争いは、この地域の人口を激減させた。リヴラントでは、1700年に約50万3000人であった人口が、ロシアとスウェーデンがニスタット講和条約を結んだ1721年には、33万3000人と減少、このような人口の激減がみられなかったのはクールラント公国だけであった。

ロシア帝国への編入

ロシアによる支配は、前述のニスタット講和条約に始まるが、1710年にはリヴラントは実質的にロシアの支配下に置かれていた。また、1710年には、ピョートル1世の姪アンナ（イヴァノヴナ）はケトラー家最後のクールラント公に嫁したが、翌年未亡人となったものの、そこに留まり、実質的なロシアの支配が始まったといえよう。アンナは、1730年にロシア皇帝となった人物である（在位1730～1740年）。ケトラー家出身のクールラント公は、1737年に後継者を残さず亡くなったため、アンナ女帝は愛人のフォン・ビューレン（ラトヴィア語でビーロンス）にクールラント公国を与えた。

ラトヴィア人居住地域でのロシアの支配の確立は、18世紀を通じて進んだ。すでに触れたように、1721年にリヴラント、1772年にラトガレ（ポーランド領リヴォニア：インフランティ）、第三次ポーランド分割の1795年にクールラント公国が、正式にロシア帝国領に編入された。いずれもそれに先立ち、実質的なロシアの支配は始まっていた。

18世紀のロシアは、帝国の威信と領土拡大を目指して、スウェーデンをはじめ、ポーランド、フランスと、南は黒海をはさんだオスマン帝国と、断続的に戦争をしていた。ロシア帝国領となったラトヴィア人居住地域では、バルト・ドイツ人地主貴族の支配が続いていた。その理由として、西への窓口を求めていたピョートル1世は、ロシア帝国内の地位の安定化とヨーロッパとの橋渡しの役割を彼らに期待していたことをあげられる。この期待は、19世紀後半まで続き、バルト・ドイツ人地主貴族は、繁栄をいっそう謳歌した。

加えて、ピョートル1世の死後にロシア帝国の皇帝となったエカチェリーナ1世（在位1725～27年）は、リヴラント生まれであり、その娘が女帝となった妃のエリザベータ・ペトロヴナ（在位1741～62年）、また、娘のホルシュタイン＝ゴットルプ公妃アンナの子孫が、ロシア皇帝を継承して、西欧とつながっていったのである。

ロシア化政策の始まり

18世紀末から19世紀前半にラトヴィア人居住地域では、ロシア帝国の支配の下、ロシア化が試みられた。

たとえば、18世紀末にロシア帝国の基盤を固めたエカチェリーナ2世（在位1762～96年）は、農民の生活を視察し、その改善によって、バルト・ドイツ人地主貴族による支配の構造を変えようと試みたが、大きな変化は見られなかった。19世紀初頭に皇帝となったアレクサンドル1世（在位1802～25年）は、バルト・ドイツ人エリートに好意的であり、その行政を任せていた。19世紀前半、地方では、バルト・ドイツ人地主貴族が、都市ではバルト・ドイツ人商人や役人が支配する構造は続いた。というのも、バルト・ドイツ人に橋渡しを期待していたのである。

特に、ロシア帝国という巨大な市場を得たこの地域のバルト・ドイツ人地主貴族の中には、荘園経営の成功からより豊かな生活を送るようになり、現在でも各地に残されている館が、次々と建てられた。

西欧からの影響を受けているこの地域について、ロシア帝国は、あたかも帝国内の改革のモデル地域であった。18世紀後半から19世紀前半にかけてはロシアの皇帝は、この地域を特徴づけ、帝国への統合は緩やかなものであった。

ロシア化政策に本格的に着手したのは、アレクサンドル3世（在位1881～1894年）である。オスマン・トルコとの戦争で疲弊していたロシア帝国では、財政の再建と経済の近代化が求められることになり、豊なバルト・ドイツ人地主貴族と対立せざるをえなくなったといえよう。（志摩園子）

6

ラトヴィアの国家成立まで

★民族意識の覚醒★

ロシア帝国の西のボーダーランド――バルト・ドイツ人地主貴族の台頭とロシア化政策

ラトヴィア人の居住地域は、18世紀を通じてロシア帝国に編入されていった。リヴラントの実質的な支配は1710年（正式には1721年）に始まり、1772年の第2次ポーランド分割でラトガレ（ポーランド領リヴォニア）が編入された。1795年の第3次ポーランド分割によってロシア帝国に編入されたクールラント公国も、クールラント公妃アンナが1730年にロシア皇帝となり、実質的には、すでにロシアの支配下であった。

ロシア帝国の西のボーダーランド、つまり、およそ750万人のウクライナ人、ベラルーシ人、リトアニア人、ラトヴィア人、ポーランド人、ユダヤ人が暮らす26万3200㎢の地域が、1772年から1795年の三次にわたるポーランド分割で、ロシア帝国の領土となったのである。

18世紀から20世紀初頭にかけてのラトヴィア人の居住地域は、二つの時期に大きく分けて考えられる。第一期は、18世紀のロシア帝国への編入からアレクサンドル2世の治世（188

1年暗殺）まで、第二期は、アレクサンドル3世の即位（1881年）後である。第一期の特徴は、新総督府が置かれたものの、土着のエリート、つまり、バルト・ドイツ人地主貴族が、地方行政を依然として担っていたことである。第二期の特徴は、厳しいロシア化政策である。

経済的発展とナショナリズム

ロシア帝国への編入によってバルト・ドイツ人貴族は、政治的には帝国内での西欧的な改革のモデル地域の牽引が期待され、経済的には、広大なロシア帝国の市場の獲得により、経済的発展を享受していった。地域のエリートに加えて、帝国の官僚、軍人などの要職にも彼らは就いていた。

荘園の館（筆者撮影）

19世紀半ば、オスマン・トルコ帝国との戦争は、帝国の財政再建と近代化の必要性をもたらし、他方で、19世紀初頭のナポレオン戦争での勝利以後、ヨーロッパ内での大国としての地位を築き始めていた。ロシアは極東、中央アジア、カフカス（コーカサス）に領土拡大を続けたが、ヨーロッパでは、ドイツ人がプロイセンを中心として統一国家を成立させた。

リヴラントとクールラントでは、19世紀の前半には農奴解放が実施され、都市での経済発展が進む中、地方の農民が都市の労働者となっていった。ナポレオン戦争の影響は、建物や農地の被害に留まらず、穀物取り引きに頼ってきた地主貴族に経済的な痛手を与えた。しかし、19世紀に入ると、商品作物として亜麻の生産の導入、蒸留酒製造やビール醸造、さらには、市場向け製品として、家畜の繁殖と乳製品の生産に着手し、これらの荘園経営に成功した地主貴族は、19世紀、瀟洒な荘園主の城館を建てていった。多くは、ロシア革命（１９０５年）、第一次世界大戦（１９１４年）、第二次世界大戦、さらに社会主義時代に破壊されたり、損傷を受けたが、現在では、修復され、ホテルや結婚式場として活用されているものもある。

ところで、19世紀末の識字率の統計によれば、帝国内での行政改革に伴い再編されたリフリャント県（リヴラント）では93％、クールリャント県では85％と、帝国内の平均27％に比して極めて高い。19世紀末には、地方では農奴解放による小規模土地所有者、そして、都市では労働者の増加が見られた。

このような社会的環境の変化中で登場してきたのが、ナショナリズムと社会主義の運動であった。19世紀に東ヨーロッパに広がった言語に基づく民族意識の覚醒は、ラトヴィア人居住地域にも影響を与えた。ラトヴィア人居住地域での民族意識の広がりは、バルト・ドイツ人

ヨハン・ゴットフリート・ヘルダーの頭像（筆者撮影）

対ラトヴィア人の意識に繋がり、それは、同時に支配者対被支配者という意識と重なった。そのため、ナショナリズム運動と社会主義運動が表裏一体となって展開されることになった。

ロシア帝国が近代化を進めるにあたって、バルト・ドイツ人の政治的、経済的台頭は帝国内での改革に対する阻害要因を産み、他方で、ラトヴィア人による過度な社会主義運動を抑制するためにも、バルト・ドイツ人に対してもロシア化政策を進める必要に迫られた。また、ナショナリズム運動は、帝国の不安定要因としての懸念からロシア化政策を進めて抑え込む必要があった。もっとも、ラトヴィア人居住地域でのバルト・ドイツ人と帝国政府との間で展開された実質的な指導権争いのため、ナショナリズム運動は文化的な範囲ではある程度許容されていたということもできよう。

これまで政治的単位としてまとまったことのないラトヴィア語を話す人々が住む地域を「ラトヴィア」と呼ぼうという考えが表れてきたのも19世紀後半であり、現在まで続く民族的歌謡祭が最初に開催されたのも1873年であった。

労働者の台頭と1905年の革命

ラトヴィアの首都リーガは、ロシア帝国時代、帝国六大都市の一つにまで発展していた。この町のラトヴィア語住民が、19世紀前半には4分の1に過ぎなかったが、1897年には45%に達した。地方の農民が、産業の発展する都市に移住してきたことがわかる。1871年に10万3000人であったリーガの人口は、1897年には28万2000人、1913年には51万7000人と急増している。

都市ではブルジョアジーと労働者に、地方では土地所有者と土地なし農民に二分されていったのである。19世紀末には、ラトヴィア語の新聞『ディァナス・ラパ（毎日新聞）』が発行され、1890年代に「新思潮」（ヤーナ・ストラーヴァ）と呼ばれる社会主義思想が広がった。活動家の追放や脱出が相次ぎ、スイスのチューリッヒに逃れたグループが中心となってラトヴィア社会民主労働党が設立されたのは1904年であった。

この地域で発生した1905年の革命は、「地方の革命」であった。革命の主役はラトヴィア人農民で、バルト・ドイツ人地主貴族や聖職者を中心とする社会秩序への蜂起ともいえよう。このとき、多くの農園領主の城館は襲撃、焼き討ちにあった。この対立構造は、後に、バルト・ドイツ人地主貴族が、ドイツ人農民の入植を求める理由の一つとなる。また、亡命を強いられた運動の指導者たちが、その後の国家成立の運動に関わっていくことになる。

第一次世界大戦とロシア革命

1914年に始まった第一次世界大戦は、ラトヴィア人居住地域に大きな変化をもたらした。ラトヴィア人居住地域がドイツ軍の進軍にさらされるようになるのは、早くも開戦の翌年の1915年の春から夏にかけてであった。この占領は、ラトヴィア人という民族単位の軍隊の設置が許可されるきっかけとなり、後に、ボリシェヴィキ革命の戦力となるラトヴィア人ライフル兵がここに生まれる。

戦争中の1917年3月にロシアのペトログラード（サンクト・ペテルブルク）で発生した「3月（ロシア暦2月）革命」で、帝政は崩壊、ラトヴィア人の政治的グループは次々と活動を展開した。他方、ラトヴィア人居住地域は、ドイツ軍、ロシア軍、後にボリシェヴィキ軍の最前線であった。1915

年末からドイツ軍の東進は、リーガを流れるダウガヴァ河を前に膠着していた。

ロシア帝国で起きた革命は、ラトヴィア人の間でもボリシェヴィキ勢力と非ボリシェヴィキ勢力の二重権力状態を生み出していた。ラトヴィア人ライフル兵は、ボリシェヴィキ勢力下となり、1917年9月ドイツ軍はリーガを占領、さらに占領を続けていた。

1918年3月、ボリシェヴィキは革命を推し進めるために停戦が必要であり、ドイツとの間でブレスト・リトフスク講和条約を締結した。二重権力状態から「力の真空地帯」となったといえよう。そこでは、外国勢力の介入に期待を寄せる国家成立の可能性もあったのである。


（志摩園子）

7

戦間期独立時代

★安定と経済の発展の享受★

リーガをめぐる攻防

ボリシェヴィキ軍とドイツ軍の戦いの最前線となっていたラトヴィア人居住地域で、革命後成立したソヴィエト・ロシアが、戦線から離脱した。1918年3月に締結したブレスト・リトフスク講和条約による。これにより、ラトヴィア人居住地域はドイツの影響下に置かれることとなったが、1918年11月のドイツの停戦条約を受け、ソヴィエト・ロシアはこれを無効とした。第一次世界大戦は終わったが、ラトヴィア人にとっての戦争は終わっていなかった。

この時期のリーガの攻防をめぐる様子を描いた映画『リーガの防衛者（*Rigas sargi*）』が、2007年に製作された。これはラトヴィアで上映され、多くの観客を惹きつけた。生徒たちも学校から鑑賞に出かけたりした。19世紀後半のナショナリズムの時代に描かれたA・プンプルスの英雄叙事詩『ラーチプレーシス（熊を裂く人）』を思い起こさせるような新しい「ラーチプレーシス」が描かれた。

1918年から1920年にかけてのラトヴィア人居住地域は、解放戦争、長引くロシアの内戦、世界大戦での列強の利

自由の記念碑とソ連時代には外国人用だった高層ホテル（リーガ、筆者撮影）

害調整と衝突の場となった。１９１８年11月18日、ラトヴィア人の非ボリシェヴィキ勢力は、ラトヴィアの独立を宣言した。ボリシェヴィキの脅威のもと、ドイツ軍の瓦解後も、実際の独立国家達成までは困難な道のりが続いた。

東から進撃を続けるボリシェヴィキ勢力への反撃により１９１９年５月22日、ラトヴィア人の非ボリシェヴィキ勢力がダウガヴァ河の橋を攻略し、リーガの町を奪還した。だが、ドイツ人勢力からの解放は、１９１９年6月まで待たなければならなかった。ところが、ロシア白軍と手を結んだドイツ軍のゴルツ将軍率いるドイツ・ロシア連合軍は、同10月8日にリーガを攻撃、これに対して、イギリス軍に支援されたラトヴィア軍がこのドイツ・ロシア連合軍を打倒した。１９１９年11月11日のことであった。この日は、今日、「ラーチプレーシスの日」として記念日となって叙勲も行われている。イギリス軍の支援の背景は、戦後の経済的な関心にも寄せられていたことを付け加えておこう。

1924年に日本の公使館設置を願い出た上田仙太郎一等書記官の文書に、第一次大戦中のバルト海東南岸地域について、「外交上、第二の『バルカン』半島と」化したことから、列強がソヴィエト・ロシアの動向の観測地とし、独立を承認したことが言及されており、まさに、当時の複雑な状況について的を得た説明をしている。

ラトヴィアの独立

ラトヴィアは、ソヴィエト・ロシアからは1920年の平和条約により独立承認をえたが、列強からの独立承認は、1919年のパリ講和会議でのロビー活動にもかかわらず、1921年まで待たなければならなかった。国際連盟には、独立承認後いち早く1921年9月に加盟している。ボリシェヴィキ勢力の排除を目指したラトヴィアの独立は、第一次世界大戦後のヴェルサイユ体制への参加を意味しており、列強の期待したボリシェヴィキに対する「防疫線」の国家群に位置付けられることでもあった。他の新興東欧諸国と同様、独立を達成したものの、国家建設は多難なスタートであった。

多難な国家建設と経済的回復

新生国家ラトヴィアは非ボリシェヴィキである民主主義勢力を中心とした国家建設を目指したに

もかかわらず、1922年に成立した第1期議会（セイマ）で最大勢力が社会主義諸政党（38%）という結果となった。土地改革の不徹底が、農民諸政党への低い支持率となったのである。憲法は、1922年11月7日に発効し、セイマが権力をもつものであったが、政権はほとんど数カ月以上継続せず、1923年から1936年の間に13の内閣が登場した。議会に39もの政党が代表を送ったのである。そこには、ロシア人諸政党、ユダヤ人諸政党、バルト・ドイツ人諸政党も含まれた。第1期議会では、定員100名のうち、国内の民族的少数者の代表が得た16議席中、ドイツ人代表6議席、ユダヤ人代表6議席であった。不安定な政治基盤がみてとれる。1925年の総人口は1884,805人、うちラトヴィア人が73%、ドイツ人が4%、ロシア人11%、ユダヤ人5%であった。

他方、経済的には、第一次世界大戦によって大きな打撃を受けていたが、戦争の終結は、伝統的な東西の中継貿易として、リーガ、リァパーヤ、ヴェンツピルスの港は発展し、1920年代には多くの投資も流入するようになった。

1920年代は、産業面で戦前はロシア帝国内の市場と原料に依存していたが、外国資本の流入により、工場の再開、新たな建設と戦前のレベルに回復していった。だが、国際経済に組み込まれる代償として、1929年の世界恐慌の影響を受けた。不安定な政治と経済的危機、さらに、第一次世界大戦後の秩序であったヴェルサイユ体制の崩壊が、権威主義体制を招いた。1934年、議会は解散され、K・ウルマニス首相が大統領を兼任、「ラトヴィア人の強いラトヴィア」を目指し、独裁体制へと突入した。

東の隣国との関係をみると、1923年にソ連との間で東部国境の画定、1932年にはソ連との不可侵条約を締結した。西に目を向けると、1933年にドイツでヒトラーが政権に就き、ナチス・ドイツの東方政策の脅威を懸念したバルト三国間で、34年に「バルト協商」（バルト三国間相互了解及び協力条約）に調印、1938年には中立法を成立させたが、ドイツとソ連の影響は次第に増した。イギリスやソ連は、バルト三国の対独集団的安全保障（東方ロカルノ構想）への参加を期待していた。

独立国家の崩壊

ヨーロッパの国際情勢は、1930年代末、大きく動いた。ラトヴィアは、1939年6月にはドイツとの不可侵条約に調印（リトアニア3月、エストニア6月）、ドイツの東方への関心は、集団安全保障の道を模索していた。ソ連は、1938年のミュンヘン協定後、英・仏との集団安全保障に危惧を抱き、39年8月23日、ドイツと不可侵条約を締結した。

この不可侵条約では、ドイツとソ連との影響圏についての取り決めがあり、ラトヴィアはソ連の影響圏に置かれることが附属秘密議定書で取り交わされていた。39年9月1日には、ドイツ軍のポーランド侵攻が始まり、これに対して、3日、英・仏がドイツに宣戦布告、第二次世界大戦が始まった。この年の終わりには、秘密議定書でソ連の影響下に置かれることが約されたエストニア、ラトヴィアに住むドイツ人およそ6万5000人が、ドイツへ帰還を始めた。ソ連はラトヴィアとの相互援助条約を求めて10月5日締結、1940年6月、バルト協商を反ソ同盟と非難、モロトフ・ソ連外相はソ連との条約を遂行できる政府の組閣、無制限のソ連軍の導入を要求する最後通牒と突きつけ、6月17日ラトヴィアはソ連の要求を受け入れ、翌18日には、ソ連によるバルト三国の占領が完了した。

政府関係者の強制連行や反共主義者の大量逮捕が始まった。１９４０年7月、単一候補者名簿による選挙によって成立した人民議会が、ソヴィエト社会主義共和国を宣言、ソ連への加盟を採択し、８月５日にソ連最高会議で承認された（リトアニア8月3日、エストニア8月6日）。これに対して、7月23日、米国務省がバルト三国のソ連への編入の承認拒否を発表する。この米国務省の方針は、ソ連が崩壊するまで変わらないものであった。

ナチス・ドイツの侵攻の直前の１９４１年6月14日、ソ連軍の撤退に伴い、政府関係者、知識人、文化人などの約２万人とも言われる大規模な強制移住が実施された。ナチス・ドイツ軍による占領は、44年まで続いた。それが意味したのは、ソ連軍がナチス・ドイツ軍を押し戻し、再占領することであった。

（志摩園子）

8

ラトヴィア社会共和国時代

★ソ連の抑圧の下で★

第二次世界大戦とソ連による再占領

独ソ不可侵条約を破ってナチス・ドイツ軍がソ連に侵攻を始めたのは1941年6月22日のことである。7月1日はリーガに到達した。ラトヴィアの人々は、ソ連による占領状態からの「解放者」として、また、ナチス・ドイツによる承認による独立の回復を期待したが、事実は、占領軍がナチス・ドイツに置き換わっただけであった。バルト地域を「オストラント」（東部地方）としてドイツ帝国に併合することが計画されていた。ソ連軍とナチス・ドイツ軍の戦闘の最前線にラトヴィア人兵士もいた。西欧列強による支援を期待して、独立を求める活動もあり、ナチス・ドイツ軍の占領への抵抗勢力は、十分な活動を展開することができなかった。ソ連による占領以後、多くの政治エリートを含む多数が、強制追放、逮捕、処刑、そして国を脱出しており、組織的な活動を指導するだけの力はなかった。

ナチス・ドイツ占領下、最大のユダヤ人収容所は、リーガの南東18キロメートルのダウガヴァ河沿いにあるサラスピルスにあった。約25ヘクタールに点在する記念碑が第二次世界大戦後のソ連時代（1967年）に設置されている。資料により数字に大きな差があるが、その犠牲者はバルト地域全体で約5万人に及んだともいわれる。

戦後の復興とソヴィエト化

1944年になると、反撃に転じたソ連軍が再び占領し、ソ連軍に動員されたラトヴィア人は戦争終結までに5万人にのぼった。知識人、富裕層、文化・宗教的リーダー、国を離れたり、森に逃亡しソ連への抵抗する者が、その後10年も続いた。バルト三国全体では、戦争中に人口の5分の1が失われたという。戦争の被害は産業、建造物、設備に留まらず、人的損失は極めて大きかったのである。

戦争の終結で、ソ連に再編入、ラトヴィア・ソヴィエト社会主義共和国は北東部のアブレネ地域をロシア・ソヴィエト連邦社会主義共和国に譲渡、国土は縮小された。第2次世界大戦前の国境内に居住するラトヴィア人は75・5%（1939年）、戦後の1960年にはラトヴィア人61・7%、その後さらに割合を減らし、1989年には52%にまでなった。

戦後の産業の復興に必要な労働力は、他のソ連の構成共和国からの移民で埋められた。1945～59年の移民は50万人以上を超えた。とりわけ、共和国の重要なポストには、ロシア人が付いた。その結果、流入したロシア人とソ連帰りの共産党員によるソヴィエト化が進められた。農業の集団化やソ連内での中央集権的な経済体制の下、ラトヴィアは鉄鋼、農業機械、電気モーター、ディーゼルエンジン等、おもに重工業の生産の役割を担うことになった。産業の復興に伴う都市での人口増加が進み、1950年には都市住民は総人口の52%に達し、首都リーガではロシア語系の住民がラトヴィア人住民の数を上回るほどとなっていった。

ゴシック建築教会とスターリン・ゴシック（リーガ、筆者撮影）

ソ連の中のラトヴィア

1953年にソ連の指導者スターリンが亡くなり、「雪解け」は、ラトヴィアにも急速な産業化やソヴィエト化の抑制の試みを生じさせた。しかし、より広範な共和国自治を求める動きは、保守的でモスクワ志向の国家建設をめざす動きに制された。ラトヴィア共産党は、バルト三国の中でももっとも強硬な保守的共産党組織を作り出した。ラトヴィア共産党第一書記は、次々とモスクワに栄転していったという事実は興味深い。

文化面での特徴

教育におけるロシア語使用についてみてみよう。1959年に導入された新教育制度ではロシア語は授業用語としては強制されなくなったが、高等教育や専門職のためにはロシア語での教育が必須であった。しかし、これはロシア帝国以来の伝統でもあり、第一次世界大戦後の独立時代にも首都リーガは各国外交官がロシア語を研修するロシア語の町でもあったことも思い出される。小国の置かれた地政学的状況は、周辺大国の言語は知識人にとっては日常的であったのである。

19世紀末に展開したナショナリズムの象徴であり、伝統となっていた歌と踊りの祭典は、1965年にはソヴィエト・ラトヴィア建国25周年を祝い、1970年にはレーニン生誕100年を祝うものとして開催された。他方、芸術活動は管理され、「社会主義リアリズム」の創作活動だけが許容された。

ソ連支配への抵抗

第二次世界大戦中の1944年、ラトヴィアは再びソ連軍によって占領された。国を脱出する人々は増える一方で、森に逃亡しソ連軍への抵抗を続けるものがいた。この「森の兄弟」のよばれる人々は、戦後の農地の国営化に抵抗する人びとも含まれ、およそ10年間続いた。

スターリンの死後の雪解けの時代は、ラトヴィアにも一時訪れた。改革を求めたベルクラーヴスらは、「民族主義者」と烙印され1959年にシベリアに追放された。反動は、他のバルト諸国より厳しいソヴィエト化が進んだ。ベルクラーヴスは、後にラトヴィアの自立運動のリーダーの一人として登場することになるが、2015年には映画も製作された。

独ソ不可侵条約から40周年にあたる1979年8月23日には、リトアニア人を中心とするバルト3国の活動家が、外国政府、ソ連、国連事務総長に向けて条約および秘密議定書の公表を求めるアピールを出した。それから10年後の50周年にあたる1989年のこの日、「バルトの道」が作られた。エストニアの首都タリンからラトヴィアの首都リーガを経由、リトアニアの首都ヴィルニュスまで人々が手をつないだ「人間の鎖」が静かな抵抗を示したのである。

出生率の低下と民主化への道

ソ連時代、ラトヴィアの人口は、他の共和国からのロシア語系移民によってその民族構成が大きく変わった。基幹民族のラトヴィア人の出生率は低く、戦争前の1939年には75・5%を占めていたが、1989年の統計では52%となっている。これに対して、ロシア人は39年に10・6%であったが、89年には34%と総人口の約三分の一を占めるまでになっていた。特に、労働者の流入が顕著であった首都リーガでは、1989年にはラトヴィア人は36・5%に過ぎず、約6割がロシア語系住民（ロシア人、ウクライナ人、ベラルーシ人等）と多数派を占めていた。ラトヴィア人の低い出生率の背景には、晩婚、多い離婚、厳しい住宅環境もあったことは指摘できよう。

（志摩園子）

9

ラトヴィア人の強制移住

★ソ連政権下、シベリアへの片道切符★

ラトヴィアの暦には年に2日、「共産主義ジェノサイド犠牲者追悼記念日」という日がある。その日、3月25日と6月14日には、国中に半旗が掲げられる。いずれも、スターリン体制下におけるラトヴィアを含むバルト三国からシベリアへ向けての、住民の大量追放の日である。

ソ連政権はこの日に向けて広範な作戦を組織し、通称チェキストと呼ばれる政治警察と機関員を手配した。政治警察当局において事前に作成された名簿に従って、ラトヴィアからは1941年6月14日におよそ1万5000人が追放された。1941年は、ソ連に占領された最初の年として、のちに「恐怖の年」(Baigais gads)と呼ばれて、人々の記憶に残ることとなる。さらに、1949年3月25日には、およそ4万3000人が追放された。

どちらの場合にも、これら極秘作戦の犠牲となった多くの人々は、深夜に突然、戸を叩く音に起こされ、寝ていた子どもは寝台から引き剥がされ、30分程度の荷造りの時間を与えられた後にトラックに乗せられ、鉄道駅に運ばれたという。

鉄道駅には家畜専用の貨車が長々と連結されていて、大きめの車両であれば、およそ60名ほどが詰めこまれたという。車両の内部は、両方の壁側に木の板が打ち付けられていて、そこに人が横になれるようになっていた。また、四隅の一カ所に穴が開けられていて、それが用を足す場所とされていた。

実際に使用された家畜用車両（撮影：Vilnis Auziņš）

多くの場合、拘束された時点で家にいた家族全員が追放され、名簿に名前があっても不在であれば追放を免れたという。家族は、途中で引き離されたケースが多かったという。このような大量追放の日のほかに、個々に追放されたケースを含めれば、１９５３年までにおよそ７万６０００人がラトヴィアからシベリアの遠隔地へ送られたという。

追放された人々は、主にシベリアの過疎地域に強制的に居住地を指定された。ラトヴィア人が多く追放されたのは、主にトムスクやオムスクといった州にある町と寒村であった。そこでは、月に１～２回、指定された日に管理局に自ら出向いて居住指定地を無断で離れていない旨、各自に配布されていた所定の手帖に証明印を受けなければならなかった。彼らに対する生活の保障はなんらなされなかったようで、自ら生きるために現地の集団農場などの作業に加わり、現地の人々の家に住まわせてもらったり、自ら家を建てたりした。気候的にも慣れないシベリアの地で、人々は極端な飢えと冬の過酷な寒さに苦しみ、追放先で命を落とした者は少なくない。

では、いったいどのような人々が追放に処されたのだろうか。当初は農地を所有し、ロシア語でクラキと呼ばれて富農に分類された人々とその家族、または土地と家屋を所有していた人々とその家族、軍人らであったようだが、第二次世界大戦後は、ドイツ軍に協力していたとされる人々や、反ソ連的活動に従事していたとされる「森の兄弟」（Meža brāļi）とその家族ら、いわゆる「反ソ分子」や「人民の敵」というレッテルを張られた人々であった。そのような嫌疑をかけられた一家の主は、家宅を捜査され、調書をとられ、用意された裁判にかけられた後に、刑期を宣告されて囚人扱いとなり、複数の監獄を経て、シベリア遠隔地の矯正収容所（原語に忠実に訳した場合の表記であるが、日本語では「強制収容所」と意味的にも矛盾しないことから定着している）において、強制的な労働に課せられた。さらに、罪状に単に「ラトヴィア人」と記載されたケースもあり、ラトヴィア占領博物館の展示資料で確認することができる。

刑期を終えれば、引き離された家族のいる強制移住地にて家族と合流できたケースがあった。また、仮に祖国への帰還が許可された場合においても、首都リーガと都市に住む権利や、大学等の高等教育機関に進学する権利が制限されたという。また、１９４０年代後半には、成年に達していない子どもの祖国帰還が実施された例があるが、その1年後には早々に強制移住地に送り返されたという、痛ましい事実もあった。

追放された人々のなかには、強制移住地を密かに抜けだし、祖国ラトヴィアまでの数千キロを延々と辿って、運良く帰り着いた例もある。逆に、ラトヴィアの著名な現代アーティストであるブルンベルグス（I. Blumbergs, 1943– ）のように、祖国に残った母と子が自ら希望して、シベリアに追放された親や夫の元へ移り住んだケースもある。

彼らの解放と祖国への帰還が可能になったのは、スターリン死後の「雪解け」を迎えた1953年を待たなければならなかった。スターリン死後もゴルバチョフ書記長のペレストロイカが始まるまで、政治的な言論の弾圧は続いており、社会的な影響力を危険視された人物は、遠隔地への追放がなされていた。彼らが完全に名誉を回復するのは、ソ連崩壊間近の1989年以降であった。

今に残る恐れられたKGB本部の建物（撮影：Linda Lagzdiņa）

トムスクやオムスクには、いまも追放されたラトヴィア人の子孫が住みつづけている。シベリアに深く根を張ったがために、もはや祖国へ帰る意志を失った人々である。その様子は、ジントラ・ゲカ（Dzintra Geka）監督によるドキュメンタリー映画『シベリアの子どもたち』（2001年）に観ることができる。また、ラトヴィア大学のクルシーテ（J. Kursite）教授率いる民俗学の研究者らは、これら地域を訪れて、彼らに残る独特のラトヴィア語やラトヴィアの習慣、さらにラトヴィアを思わせる品々を記録に残すフィールドワークを実践している。また、ラトヴィアからトムスク州へは、語学教員の志願者を募って一定期間に派遣し、ラトヴィア人の子孫たちにラトヴィア語教育を施す活動が続けられている。

祖先の追放とシベリアの記憶は、ほんの1～2世代前のことであり、いまもこの記憶を継承していない家系や交友は、バルト三国にはないと言われるほど、心に深い傷跡を残している。追放を体験して帰還した人々は、民族主義に傾倒しがちであるが、同時にロシアとロシア人を深く理解している人々であることが興味深い。

最後に、ここにいくつか追放の犠牲者総数を挙げたが、諸処の統計によって数値に差異があり、未だ一致した統計がないということにより、出典は著者の拙訳『ダンスシューズで雪のシベリアへ――あるラトヴィア人家族の物語』に準拠した。

（黒沢　歩）

コラム1

シベリアのラトヴィア人

志摩園子

スターリン時代、ラトヴィアから多くのラトヴィア人が強制的にシベリアに送られたが、19世紀にシベリアに移住したラトヴィア人の末裔が、今もラトヴィア語や伝統的な風習を保持している村がある。驚くべきことに、ソ連時代の1970年代、80年代に彼らの生活を記録するフィルムが撮られているのである。

19世紀のロシア帝国時代に現在のラトヴィアからシベリアに移住したラトヴィア人は、各地に集落をつくった。同じ頃、ロシア帝国の西部境界地域から、フィンランド人、エストニア人など、ウラル山脈の東へ移住し、エニセイ河周辺に定住する者も多かった。彼らを移住に駆り立てたのは、開拓によって自分の土地を持つという夢であったようだ。19世紀の後半には移住の波は加速され、1894年から1914年にはシベリアにおよそ200のラトヴィア人集落があったようだ。これらの集落は、ラトヴィア独立後の1920年代、30年代には、店や農場を所有する者も現れ、中等学校や、ラトヴィア語の新聞、書物の出版も行っていた。

それらの集落の中でも、現在までラトヴィア語、伝統を保持しているのが、東シベリアのクラスヤノスク地方のレーヤス・ブラーナや、西シベリアのオムスク州のアウグシュベブリ（現在では、ボブロフクと呼ばれている）やクルゼメス・オゾライネ、ノヴォシビルスク州のティモフェイフェフカなどの村々である。レーヤス・ブラーナは1857年に、アウグシュベブリは1897年に、ティモフェイエフカは1896年に、クルゼメス・オゾライネは1895年頃に集落がつくられた。

ロシア帝国の1897年の人口調査によると、レーヤス・ブラーナは910人の住民のうち、786人がラトヴィア人であり、西シベリア全体では、6768人のラトヴィア人がいた。ラトヴィア人の半数以上が農業者であったが、20代の男性の識字率は69％、女性のそれは60％とロシア帝国全体よりかなり高かった。スターリン時代の1930年代、学校ではラトヴィア語での授業やラトヴィア語の書物の出版が禁止された。

現在でもこれらの村の住民の半数以上が、民族的にラトヴィア人であり、ラトヴィア語や伝統行事を守り続けているのは、これらの集落が孤立していたことが大きいようである。

1980年代末にソ連ラトヴィア社会主義共和国で、民族意識が高まる中、90年代初めにはラトヴィアからロシアにあるラトヴィア人集落へのラトヴィア語教師の派遣が始められた。ラトヴィアの独立の「回復」後も、国外のラトヴィア人組織からの教師派遣の支援が続いた。

国外に暮らすラトヴィア人のラトヴィア語教育に関する基金の配分について、ラトヴィア外務省は、教育・科学省と公式に議論をしていることが、外務省の2006年のニュース・レリースでもわかる。2007年には、シベリアのラトヴィア人コミュニティであるアウグシュベブリの110周年を記念して、駐ロシア大使らが、夏至祭に参加することが紹介されていた。

このほかにも、これらの村からラトヴィアで開催される歌の祭典に参加している。例えば、『シベリアのある村』（2000年）のような、村の記録フィルムも制作され、2001年には、ラトヴィア国立フィルム・フェスティバルで表彰された。これからも、ラトヴィアとの絆をもち続けることができるのだろうか。村民の多くは高齢化が進み、若者は都市に働きに出ているというラトヴィア国内と同じ問題がある。

10

独立の「回復」とソ連の崩壊

★民主化と自立★

ソ連の事情と社会状況

ソ連が、1970年代末から深刻な様相を呈していた経済的停滞の改革に手を付け始めたのは、ゴルバチョフが共産党書記長に就任した1985年以降のことである。その翌年、チェルノブイリ原子力発電所の大事故は、ソ連内の構造的改革が急務であることを明らかにした。

ゴルバチョフ書記長が進める「ペレストロイカ」は、市場経済化、民主化、「新思考」の外交政策を推進しようとした。また、改革の重要な柱である「グラスノスチ」（情報公開）も急速に進んだが、性急な改革を求める国民の声に次第に対処が困難な状況が生まれていた。

これは、連邦内の各共和国にも大きな影響を与え、とりわけ、エストニア、ラトヴィア、リトアニアでは期待をもって受け止められた。

環境保護運動と「歌とともに闘う革命」

ソ連の指導者にゴルバチョフ第1書記長が登場したことは、環境保護運動をラトヴィアでも可能とした。計画されていたラ

自由の記念碑前の献花（リーガ、筆者撮影）

トヴィア最大の国際河川ダウガヴァ河のダム建設の中止に署名3万人を集めたのである。１９８７年春にチェルノブイリで未曾有の原発事故が発生したことも人びとが反対運動に参加するきっかけともなった。連邦内の動向と並行して、バルト海の汚染を守る集会、歴史的建造物の保護運動が展開された。

「ヘルシンキ86」が、１９８７年に呼びかけた「カレンダー・デモ」が実施されるようになった。１９４１年の多数の強制追放の6月14日、１９３９年独ソ不可侵条約調印の8月23日、１９１８年のラトヴィア共和国独立宣言の日である11月18日等々、非合法にもかかわらず、人びとはリーガの中心に集まった。バルト3国の改革運動のイニシアティヴをラトヴィアがとっていた。

１９８８年になるとエストニアがイニシアティヴをとった「人民戦線」が設立、３国間の連帯を産み、改革を求める声は急速に高まった。この年、エストニアのタリン郊外の野外音楽堂で開催された伝統的な歌謡祭は、「歌とともに闘う革命」(Singing Revolution)と呼ばれ、民主化や独立回復を求めるスローガンが掲げられた。歌がこれまで以上に力強く歌われるようになったのである。

改革を求める声とカレンダーデモ

最初に改革への声をあげたのは、環境問題に対してであった。ロシア、ベラルーシからラトヴィアを通りバルト海に流れ込む大河ダウガヴァ河のダム建設反対の声が1986年に、『文学と芸術』のラトヴィア語の週間新聞紙上で展開され、その反響は大きく、3万人の署名を集めた。

ラトヴィアの歴史にとって記憶に残すべき重要な日に、集まり、静かな抗議デモをおこなう「カレンダーデモ」は、ラトヴィア人の人権グループ「ヘルシンキ86」によって組織された集会を端緒に1987年に始まったといえよう。リーガの自由通りにある自由の記念碑(当時通りはレーニン通りと呼ばれていた)に、6月14日に献花するという静かな抗議行動であった。1941年のこの日、バルト三国から最初に多数の人々がソ連奥地へ強制追放された日である。さらに、8月23日には、独ソ不可侵条約への抗議のデモ、1918年に独立を宣言した11月18日と、続いた。翌88年3月23日にも集会を実施、6月14日には、第二次世界大戦後初めてラトヴィア国旗を掲げて、ラトヴィア国歌を歌いながら、体制に反対して命を落とした人々を追悼する行進を行ったのである。「歌とともに闘う革命」(Singing Revolution)である。このようなデモは、穏健なラトヴィア人共産主義者にも影響を及ぼしていった。同時に、バルト三国の連携と協力のもとに、民主化運動から自立運動への展開をもたらした。

1988年：人民戦線の成立とバルト三国の連帯

改革の動きは、環境問題を端緒とした活動では、ラトヴィアがイニシアティヴを取っていたが、1988年になると、最初に人民戦線を設立させたエストニアの手にイニシアティヴは移っていった。エストニアからでたゴルバチョフの改革路線を支援する組織の提案は、その年の内に人民戦線としてラトヴィアでも成立した（Latvijas Tautas Fronte）。リトアニアでは「サユーディス」（運動）と呼ばれている。この連帯こそが、その後の改革の動きを促進することになったし、すでに第8章で触れた「人間の鎖」の実現につながったのである。

共和国の指導層が保守派から改革派へと変わった。1984年からラトヴィア共産党第1書記であったロシア生まれのラトヴィア人でラトヴィア語を操れないボリス・プーゴ（1990年12月には、ソ連内務大臣に就任）に代わって、1988年には地元生まれのヤーニス・ヴァグリスが共産党第一書記として、改革に着手した。

民主化運動から自立運動へ

民主化運動のイニシアティヴは、1988年10月にリトアニア共産党第一書記となったブラザウスカスが率いるリトアニアへと移った。言語法でも、エストニア、リトアニアに次いで1989年5月にラトヴィア最高会議は裁決した。他方で、ロシア語系住民もソ連共産党からの支持を得て、三国で活動を展開、ラトヴィアでは10月にインターフロント（族際戦線）を成立させていたが、影響力には限界があった。

第10章

独立の「回復」とソ連の崩壊

1989年のソ連人民代議員大会では、独ソ不可侵条約および1940年のソ連への加盟についての議論が展開、条約調査委員会が7月20日に秘密議定書が存在していたこと、国際法上それを無効とすることを大会に要求したのである。

1989年8月23日は、「人間の鎖」として知られる抗議行動「バルトの道」は、世界の耳目を集めた。1939年の独ソ不可侵条約から50年目のこの日、両国間で締結された条約の附属秘密議定書への強い抗議、つまり、バルト三国の首都を北から南まで人々が手をつないで静かなデモンストレーションをする様子が、メディアを通して流れたのである。このような大規模な行動は、前年に成立したエストニア、ラトヴィアの人民戦線、リトアニアのサユーディスによるイニシアティヴが大きかった。これは、三国の連帯を世界に意識させることにもなった。

ベルリンの壁が崩壊したのは、この年の11月9日、12月3日には、地中海のマルタ島沖で、米ソ首脳による冷戦の終結が宣言された。

独立回復への道

1990年3月、リトアニアが事実上の独立回復宣言を出した。それに続いて、エストニア、ラトヴィアは5月4日に独立交渉を始める意思を表明し、独立問題についてソ連との交渉が開始された。ゴルバチョフは、宣言を無効としただけでなく、保守派に傾聴するようになっていた。交渉は、バルト三国が協力してモスクワと進めようとするのに対して、ゴルバチョフは、リトアニアには経済制裁をとり、他方、ラトヴィアには懐柔政策で臨もうとした。バルト三国は、連帯を国際的承認へと結び付けようとする動きでこれに応じた。

１９９1年1月、リトアニアで親モスクワ派が起こしたヴィリニュスのテレビ塔攻撃事件で犠牲者が出た翌週の20日、リーガでもソ連特殊部隊による攻撃で、死傷者が出た。親ロシア派と改革派の対立は、ボリス・エリツィン率いるロシア共和国がすでに独立を宣言していたリトアニアを、同年7月にラトヴィアとの条約を締結し事実上独立を承認したことからも、ラトヴィアやバルト諸国内だけでなく、ソ連内での対立の一端が示されたことでもあろう。

１９９１年８月クーデター

ソ連の9共和国による新連邦条約の調印が予定されていた前日の１９９1年8月19日、モスクワでクーデターが発生した。ラトヴィアでは、これに呼応した保守派が、ソ連軍を率いてテレビ局を占拠、負傷者もでた。ソ連軍沿バルト軍管区司令官によって、非常事態宣言、内務省特殊部隊とソ連軍落下傘部隊がリーガで作戦を展開し、保守派のルービックス（１９９０年までリーガ市長）によって、モスクワでのクーデターの支持とラトヴィアの権力掌握を宣言、ラジオ局、電話局、人民戦線本部もソ連軍によって占拠された。

これに対して、ラトヴィア最高会議は、21日に独立回復を宣言し、すでに独立回復宣言をしていたエストニア、リトアニアによってこれは23日に承認された。

モスクワでのクーデターの失敗で、ラトヴィア共産党の禁止と指導者ルービックスの逮捕、24日にロシア共和国から承認された。エストニア、リトアニアと異なり、ラトヴィアでこのようなクーデターが起きたことは、独立に向けて突き進む勢力に対立するソ連を背景とする勢力の存在を見せつけた。

１９９１年9月6日、ソ連国家評議会によって、エストニア、リトアニアとともに独立が承認された。主権国家としての国際社会への復帰である。

（志摩園子）

11

冷戦終結後の歩み

★国家と歴史★

戦間期の独立国家との継続性

ラトヴィアは、バルト三国の中でもっとも戦間期の独立時代との継続性にこだわっている。1993年7月に導入された憲法は、1922年に公布されたものであった。その後、修正は繰り返されたが、1922年採択の文言は記されたままである。

冷戦終結後のラトヴィアは、ソ連への「編入」と「独立の回復」あるいは「再独立」と解釈するのか、ソ連による「占領」と「解放」と解釈するのか、このような位置づけの相違は大きい。先に触れたように、現在のラトヴィアは第二次世界大戦前のラトヴィア共和国との継続性をもっていることを主張している。

とりわけ、アメリカが、1940年のソ連への加盟を「併合」とし、それを決して認めず、つまり、ソ連の領土としては認めず、1991年にソ連の崩壊で独立を「再建」とする立場を貫いたことは、継続性を主張するラトヴィアにとって重要な意味をもっている。

国内基盤の整備とEU、NATO加盟への模索

9月6日、ソ連国家評議会による国家承認に続いて、日本をはじめとして国家承認が続き、1991年9月17日には国際連合の加盟を果たした。ソ連の崩壊は、同年の12月である。

独立を「回復」したものの、実際には、旧ソ連軍（ロシア軍）が、国内に駐留したままであった。このロシア軍が撤退を終えたのは1994年末であったが、ソ連の早期哨戒レーダー基地が置かれていたスクルンダから完全にロシア軍が完全に撤退するのは、ようやく1999年になってであった。欧州安全保障協力会議（CSCE）派遣団の監視下で、それの解体が最終的に確認されている。この撤退問題の解決に際しても、バルト三国は協力してその要求をアピールした。

1993年にようやく実施にこぎつけた議会（セイマ）選挙であるが、多くのロシア語系住民が選挙権をもたず、選挙に勝利した中道穏健派の「ラトヴィアの道」は、農民同盟との連立で組閣した。単独政権をもてない不安定な政治状態は、以後も繰り返される。加えて、総人口のおよそ3分の1を占めるロシア語系住民の国籍取得の問題も、簡単に解決されるものではなかった。

この戦間期独立時代から数えて第五次となるセイマによって選出され第5代大統領として就任したグンティス・ウルマニスの祖父と、ラトヴィアの初代首相で戦間期最後と位置づけられている第4代大統領であったカーリス・ウルマニスは従兄弟の間柄である。1939年リーガ生まれのグンティスは、幼少期、追放された両親とともにシベリアに暮らした経験をもっていた。続く第6代大統領はヴィッチェ＝フライベルガで、彼女もリーガ生まれであるが亡命した両親とともにドイツ、モロッコを経て、カナダへ移住、長くモントリオール大学教授であった。この二人のような経歴は、多くのラトヴィア人が共有する経験でもあった。

EU、NATOへの加盟と国内の課題

「ヨーロッパへの回帰」を目指したラトヴィアは、市場経済への移行のためにIMFからの経済援助を得て、急速な経済改革を進めた。ロシアへの過度な輸出入の依存からは脱したものの、エネルギーは、ほとんどをロシアに負っている状態である。1993年には、独自通貨ラッツを導入した。1993年に設立された最大の商業銀行バルティヤ銀行は、急速に拡大したが、1995年には破産、銀行危機をもたらした。1998年のロシアの金融危機や2008年にリーマンショックでも大きな影響を被り、予定より遅れた2014年1月1日からユーロを導入した。

EU、NATO加盟に向けての歩みは、概ねエストニア、リトアニアとともに歩むものであった。1994年2月には、NATOとの「平和のためのパートナーシップ」を締結、1995年1月にはEUと自由貿易協定を調印、同6月にはEUとの準協定である欧州協定に調印、1998年1月にはアメリカと「パートナーシップ憲章」に調印、2004年3月にNATO加盟、同5月1日にEUに加盟、これは、EUの第5次拡大として10か国が加盟した。いわゆるEUの東方拡大によって、バルト三国はロシアとEUとの境界の役割を担うことになった。2007年12月には、シェンゲン協定加盟国となった。これ以降、日本からヨーロッパのシェンゲン協定加盟国に最初に入国した国での通関手続きにより、ラトヴィアにも入国できるようになった。

EUやNATOへの加盟交渉のプロセスにおいて、国内政治の不安定、社会、経済、環境などで様々な問題が浮上もしてきた。これらの問題は、後述の章で言及されるので、ここでは詳細については述べない。

しかしながら、EU、NATO加盟後、これまで以上に重要な課題となっているロシアとの関係については簡単に触れておきたい。ロシアとの国境画定条約の締結までには時間を要した。ロシアとの関係は、1993年にロシア軍（旧ソ連軍）が撤退し、国境の画定に向けての交渉が進められてきたが、その条約の調印には時間を要した。2007年3月に両国の首相が国境条約にようやく調印、12月に批准書が交換され、国境は画定された。

EU加盟をめぐる交渉のプロセスで大きな課題となっていたのが、ロシア語系住民の問題であった。この前章でも触れたが、それは、ソ連時代の過去の負の遺産が大きいだろう。実際、2014年初めの統計では、住民の61・4％がラトヴィア人、26％がロシア人、3・4％がベラルーシ人、2・3％がウクライナ人であり、首都リーガではラトヴィア人は45・7％と半数には達しておらず、ロシア人が38・3％、ベラルーシ人4％、ウクライナ人3・5％とロシア語系住民がラトヴィア人の割合と拮抗している状態である。一方、同時期の統計で国籍取得者をみると、ロシア語系住民ではかなりの割合で、ラトヴィア国籍を取得していないことがわかる。その割合は、ロシア人では、32・2％、ウクライナ人では53・5％、ベラルーシ人では52・5％にも上っていたが、年々少しずつその割合は減少してきてはいる。

新生ラトヴィアの象徴として独立回復後、早くから計画されていたのが国立図書館の建設であった。「灯の城」として2014年に開館したラトヴィア国立図書館の建設計画の構想は、独立の「回復」後まもなく立ち上がった。20年以上も待ち望まれていたこの建物は、旧市街と向かい合うダウガヴァ河の対岸で目を引く。この期間、何度も訪れた金融危機は、建物の完成を遅らせていった。これは、これまで市内に点在していた国立図書館を一つの建物の中に設置するというものであった。

ラトヴィア国立図書館は、そもそも、1918年の独立宣言後の1919年に設立されたものであった。現在は、ラトヴィア大学の大学図書館に属しているミシニュシュ図書館を、ライブラリアンのヤーニス・ミシンシュ（1862～1945年）が、1885年に故郷に私的公共図書館として開設したことが始まりである。彼と19世紀後半のラトヴィア人の民族覚醒運動のリーダーの一人であるクリシュヤーニス・ヴァルデマールス（1825～1891年）と共に、ラトヴィアで出版された書物、ラトヴィア語で書かれた書物、ラトヴィアやラトヴィア人について著わされた書物等を意欲的に収集していったのである。かれが、初代のラトヴィア国立図書館の館長となった。彼が集めた書物は、現在でも大変貴重なラトヴィアの歴史的、文化的、さらには、民族のアイデンティティとしての財産となっている。

このアイディアは、新しい国立図書館に現代的な要素を取り込みながら伝えられている。ラトヴィア人にとって民族的な象徴としての「灯の城」への図書の移送は、市内に散在していた図書館から有志、特に学校の生徒たちが、新しい図書館まで並び、手から手へと渡しながら図書を移動させるという象徴的な行事が実施された。このことからも、この図書館が単なる新建物としての図書館以上の大きな意味をラトヴィア人にとってもたらしたことがわかるだろう。また、EUの議長国としてのラトヴィアでの行事が多くここで開催されることもラトヴィアという国家にとっての国立図書館の重要性を示している。

（志摩園子）

III

言語と生活

12

言語とアイデンティティ

★ラトヴィアにおける言葉の問題★

ラトヴィア語は、ラトヴィア人の置かれてきた歴史的状況とつねにシンクロしてきた。民族運動が盛んになり始めた19世紀中頃まで、ラトヴィア語はラトヴィア人の農民が話す被支配層の言語にすぎなかった。長きにわたり、ドイツ人地主のドイツ語が、ロシア帝国時代にはロシア語が行政の言語として用いられていた。ロシア帝国からの独立後は、ラトヴィア語はそれまでの支配民族の言語と並んで公用語となり発展を遂げたものの、ソ連時代には再びロシア語に押されることになった。独立回復後、ラトヴィア語は唯一の国語となり、今日までラトヴィア人をラトヴィア人たらしめている重要な要素である。

ラトヴィア語は文字として書かれた歴史が比較的浅く、最初の印刷文献は1585年の『教理問答』という宗教関係の書物であった。それは、現地の言葉で礼拝や布教活動を行うためにラトヴィア語に通じていたドイツ人の牧師によるものだった。

ラトヴィア人にとってより大切なのは、ラトヴィア語が文字として書かれるよりもはるか昔から歌い継がれてきた民謡である。ダイナ（daina）と呼ばれる、主に4行詩の民謡には、人生のさまざまな場面を歌で飾るラトヴィア人の英知が凝縮されている。1894年から1915年には、民俗学者バルオンス（Krišjānis Barons）の編纂による民謡集『ラトヴィアのダイナ』が出版された。方言差や歌詞の単語が一つ違うものも別の民謡として数えると、22万以上もの民謡が記録されているというから驚きである。

どんな言語も時とともに変化するものであり、その変化には本来〝良い〟も〝悪い〟もない。しかしラトヴィアでは、変化を言葉の乱れとして否定的に捉える傾向がいまだに強い。そうした姿勢は、外来語をなるべくラトヴィア語に置き換えたり、ロシア語やドイツ語、さらに今日では英語の影響を極力避けようとする傾向に現れる。テレビやラジオでは〝言葉の間違い〟を取り上げる番組があり、新聞では一般の読者が言葉の使い方に関する質問をする投書欄があるなど、一般の人々も〝言葉の正しさ〟に一定の関心を示している。

独立回復後20年以上たった今も、言葉をめぐる問題はラトヴィアにおいて重要な問題であり、〝言葉が滅びれば民族も滅びる〟という危惧は消えていない。というのも、ソ連時代に労働力として移住してきた非ラトヴィア人の多くが、ラトヴィア独立後もラトヴィアに残り、現在も全人口の約4割を占めているからである。民族的にはほとんどがロシア人だが、ウクライナ人やベラルーシ人もいるなど一様でない。しかし彼らはロシア語を母語としていることから、「ロシア語系住民」「ロシア語話者」とまとめて呼ばれる。ソ連時代行政用語はロシア語が優勢だった上、日常生活でも、ラトヴィア人同士の会話に一人でもロシア人が加われば、会話がロシア語にシフトすることはめずらしくなかった。そのため、ソ連時代に彼らはラトヴィア語を知る必要がなかった。

しかしラトヴィア語が唯一の国語となり、帰化の際にラトヴィア語の試験が課されるようになった

「私たちはラトヴィアが好き！」という独立記念日の際の公共広告（筆者撮影）

ことで、ラトヴィア語の知識が義務付けられた。政府はラトヴィア語を基盤に社会統合を図り、ラトヴィア語が国語であることを明文化した憲法をはじめ、国語法、また教育法、労働法、消費者保護法、ラジオ・テレビ法といった国語の使用に関連する法律を施行した。

国家機関「国語センター」（Valsts valodas centrs）は、国家機関や民間企業での国語の使用を監督、点検し、必要ならば罰金も科す。ロシア語話者が多い都市の店では国語でサービスを提供しなかったり、２００８年には、男子ホッケーのナショナルチームの監督（ロシア語が母語、ラトヴィア国籍を経て現在ドイツ国籍を取得）のラトヴィア語力が疑問視されるなど、国語の使用をめぐる問題は頻繁に話題となる。

言語と民族アイデンティティの結びつきは、ラトヴィア人だけの問題ではない。今のラトヴィアで〝民族マイノリティー〟となったロシア人にとってのロシア語が、ソ連時代に比べて、またロシア連邦のロシア人に比べて、民族アイデンティティに重要な役割を果たしているのは言うまでもない。ラトヴィア語では性に応じて名詞の語尾が変化し、非ラトヴィア人の名前も可能な限りラトヴィア語化する。たとえば、Ivan Panov というロシア人の名前は、ラトヴィア語で男性の名前のしるしである-s をつけ Ivans Panovs のようになる。こうした名前のラトヴィア語化を「アイデンティティの歪曲」と批判する人も少数ながらいる。

「ラトヴィア語 vs ロシア語」の構図がはっきりと映し出された政治的出来事が二つある。一つは2004年の教育法改正で、国立のロシア人学校で科目の6割以上を国語で行わなければならなくなったことに対する抗議デモであった。二つ目は、ロシア語の第二の国語化を求める2012年2月の憲法改正の国民投票であった（反対派多数で否決された）。

独立回復後に生まれた若い世代や、社会的・経済的に活発なロシア人は、ラトヴィア語を自由に操る。彼らの中には、ラトヴィアのロシア人としてのアイデンティティを持ちつつも、ラトヴィア社会で活躍する人も少なくない。しかし自分の周りで日常的にラトヴィア語が話されていてもラトヴィア語を話さない、または話せないまま気にせずに暮らす（またある程度暮らせてしまうのである）一部のロシア人を「自己充足的」と非難し、「何十年も住んでいて、独立から相当時が経っているのに…」というラトヴィア人の不満の声はよく耳にする。愛国主義的なラトヴィア人の中には、ラトヴィア語（国語）を話そうとしないことを、ラトヴィア人（国）への敬意のなさと考える人も多い。一方で、その知識が義務ではないものの、国内の人口の4割が母語とするロシア語をまったく知らないまま育つラトヴィア人が若い世代で増え始めていることも、今後は「自己充足的」と非難されてしまうかもしれない。

というのも、民間の会社では顧客の言語に合わせて、国語とロシア語の二言語で接客をしたり、広告やホームページを作成する会社が多い。雇用の際にも外国語としてロシア語の知識を求められることがほとんどである。このことから若い世代では、ロシア語の習得を強制されなくなったラトヴィア人に比べ、ロシア人の方が就職で有利なのではないか、といった意見があり、「せっかく独立したのに、結局ロシア語を知らないと自分の国でいい仕事につけない」と嘆くラトヴィア人が少なくない。最近では、ロシア人のベビーシッターを雇い、幼いうちに子どもをロシア語に慣れさせるラトヴィア人の親もいるという。

ソ連時代の記憶と結びついているロシア語に嫌悪感を抱くラトヴィア人もいれば、ラトヴィア語の知識を強制されていると感じるロシア人もいる。しかし割り切って考えれば、言語の知識は決して邪魔になることはない。母語以外の言語を知っていることで、文化の多様性を享受する人も多くいることは紛れもない事実である。他国のように民族間の軋轢（あつれき）が暴力による衝突には決して及ばず、言語の問題に終始していることを逆に肯定的に捉える興味深い意見も存在する。

とはいえ、ラトヴィアにおいて、言葉をめぐる問題はアイデンティティに深く関わり、容易に政治化されてしまう問題である。

（堀口大樹）

コラム2　堀口大樹

ラトヴィア語の表現

　基本的な挨拶には、Labdien（ラブディエン）「こんにちは」、Labvakar（ラブヴァカル）「こんばんは」、Labrīt（ラブリーット）「おはようございます」、Visu labu!（ヴィッスラブ）「お元気で、さようなら」、Paldies（パルディエス）「ありがとう」などがある。

　偶然にも日本語と音が似ていて、意味が同じ語もある。英語の please に相当する Lūdzu!（ルーヅ）「どうぞ」を挨拶としてお店でかけられると、日本語で話しかけられたのかな、と錯覚する日本人は少なくないはずだ。また be 動詞「ある、いる」būt の3人称現在形の ir（イル）も日本語と音が似ていて、意味が重なっている。英語の Mr. にあたる敬称 kungs（クンクス）は、Kato kungs「加藤さん」のように「君づけ」に聞こえる。

　ラトヴィア語は接頭辞や接尾辞を使った造語力が高い。そのため、ある単語を知っていれば芋蔓式に単語が覚えられ、初めて見た単語の意味を推測できることもめずらしくない。接頭辞 pa-（パ）には「似たもの」という意味がある。ラトヴィアは全体として低地なので、ラトヴィア人が kalns（カルンス）「山」と呼ぶものは、日本人には pakalns「丘」にしか見えないことが多い。接頭辞 pa- には「下にあるもの」という意味もある。古代ラトヴィア人が母として信仰していた saule（サウレ）「太陽」に接頭辞をつけると pasaule「世界（＝太陽の下にあるもの」になる。また「向こう」という意味を持つ接頭辞 aiz-（アイズ）がつくと aizsaule「あの世」（太陽の向こうにあるもの）となる。こうした単語の造られ方に、昔のラトヴィア人の世界観をたどることができる。

　ラトヴィア人を形容するのにぴったりの動詞

はdziedāt「歌う」だが、この動詞にもさまざまな接頭辞、また時には再帰要素と呼ばれる語尾がついて、「歌う」にさまざまな意味やニュアンスが加わる。

ラトヴィア人は昔から「歌で何かを表現」(izdziedāt)したり、「歌で誰かをほめたり、逆にけなしたり」(apdziedāt)してきた。しかし恥ずかしがり屋が多いので、人前で堂々と「最初から最後まで歌を歌う」(nodziedāt)よりも、軽い気持ちでさりげなく「ちょっと歌ってみたり」(padziedāt)、「元気になるためにちょっと歌う」(uzdziedāt)くらいの気持ちで口ずさむ人の方が多いかもしれない。たとえ1回目にうまく歌えなくても「歌い直したり」(pārdziedāt)、プロが「歌って録音した」(iedziedāt)CDを聞きながら「慣れるまで歌って」(iedziedāties)自信をつけてもいい。目立ちたくなければ「歌っている誰かに伴唱」(piedziedāt)しても構わない。「誰かよりも上手く歌う」(aizdziedāt)のが大事なのは、合唱コンクールや歌の祭典のクロージングコンサートに出場するための国内予選だけだ。そのクロージングコンサートが終われば、歌い手と聴衆が一緒になって日の出まで「大勢で歌を歌い合う」(sadziedāties)。時には「我を忘れるほど歌ったり」(aizdziedāties)、「疲れるくらい歌ったり」(nodziedāties)、「歌い過ぎて」(pārdziedāties)声がかれることもあるけれど、折角ならただ「義務感で歌う」(atdziedāt)のではなく、「心から思う存分歌う」(izdziedāties)のが一番。それこそが、シンプルに「歌う」(dziedāt)ことを楽しむ秘訣なのだ。

13

ラトヴィア語とはどんな言語か

★古風かつ革新的な言語★

ひとつの言語の全体像を本書の一章に割り当てられたわずかな分量で記述することが不可能なのは言うまでもない。また、ラトヴィア語は複雑な語形変化をする言語だが、その詳細は別の機会に譲り、あくまで概説にとどめたいと思う。専門用語はできるだけ避け、高校英語の基礎が身についている読者ならば理解できるよう配慮したつもりである。

ラトヴィア語はリトアニア語と同様、インド・ヨーロッパ語族のバルト語派に分類される。まず、語族というのは祖先が同一言語で、後に分かれてできたと想定される複数の言語からなるグループである。インド・ヨーロッパ語族というのは西はポルトガル語から東はインド北部の諸言語、さらにはかつてトルキスタンで用いられたトカラ語まで、たいへん広い地域に分布する（した）言語のグループである。しかし、ヨーロッパのすべての言語がインド・ヨーロッパ語族なのではない。また語派というのは、よくゲルマン系、スラブ系などというが、ある語族の中で共通点が多く、より新しい時代に分化したと考えられる言語からなる下位グループのことで、現在使われている言語としてはバルト語派は上記2言語のみで、使用人口は計約50

0万人にすぎない小グループである。しかしこの語派、特にリトアニア語は、インド・ヨーロッパ語族の中でもとりわけ古風な形態を残す言語として注目を集めてきた。それに比べラトヴィア語は全般的に変化の度合いが大きいとされている。それでもこのグループはスラブ語と共通点が多いことから、専門家らはこのグループをスラブ語に含めて「スラヴ・リトアニア語」などと総称したこともあったが、徐々に別個のグループとみなす見解が定着し現在に至る。さて、バルト海にはさまざまな語族、語派の言語が存在するが、そのうち特定のグループにバルト語派という名称を与えたのは、言語学者らによるいわば恣意的なものであることに注意しておきたい（実は他にもさまざまな名称の案があった）。例えばスウェーデン語やポーランド語も、バルト海に面した地域で使われているが、それらをバルト語派と呼ぶわけではない。それにもかかわらず、この小グループのみをバルト語派と呼ぶ正当性は、バルト海沿岸で「しか使われていない」ためだ、とひとまず考えておこう。

バルト語派の言語が「古風」だというのには但し書きが必要である。ラテン語や古典ギリシャ語やサンスクリットは、文字どおり古い文献を残しているが、バルト語派の諸言語はせいぜい16世紀後半以降の文献しか残っていない。それらを古風だと推定したのは、歴史比較言語学の研究の成果である。

次にラトヴィア語の文字と発音についてごく簡潔に述べると、ラトヴィア語ではA、B、C…のラテン文字を用いるが、補助符号のついた字母が多くあり現在は33文字が使われている。他方、Q、W、Y、Xを使わない。発音はほぼ規則通りに読めばよく、アクセント（強勢）はほとんど第1音節にある。母音については、oをラトヴィア語固有の語彙では二重母音のウォ、また借用語では単母音のオ（長さはあまり気にしなくてよい）として読むが、その他の母音a、e、i、uにはそれぞれā、ē、ī、ūという長母音があり、これらの長短の区別は重要なので注意したい。二重母音はそれらしく聞こえるためリズムが重要となるが省略する。子音は、šとžをそり舌のシュ、ジュと読み、またラトヴィア語独特の子音としてķとģがあるが、それぞれキとギを前の方で発音してチ、ヂに近く発音すればよい。cはツ、čは英語のchildのchのようなチである。あとは日本人の苦手なlとr（巻き舌）、bとvの区別に注意すればよい。

文法と構文に関して述べると、まず日本語の「てにをは」に相当する格に関する興味深い特徴がいくつかある。前置詞に後続する名詞などは主格（主語になる）と位格（場所や時を表す）を除くさまざまな格をとりうるが、名詞などが複数形であればすべて与格（間接目的語としても使う格）になる。これは世界の言語の中でも珍しい現象と思われる。リトアニア語ではこのようなことはなく、単数でも複数でも前置詞のあとで名詞のとる格は同じである（ロシア語やドイツ語なども同様）。

また、所有の表現は、「～のところに（与格）～が（主格）ある」という言い方しかできない。つまり所有されているものが主語になる。英語のhaveに相当する動詞がそもそも存在しない。同系統のリトアニア語では、turētiという動詞を所有の意味で用い、また「（手に）持つ」の意味で用いることもあるが、ラトヴィア語でturētはもっぱら「（手に）持つ」の意味で、所有を表さない（派生語では必ずしもそうではないが）。ラトヴィア語は所有に「ある」の構文を用いる点で、隣接するエストニア語やリーヴ語、またロシア語とよく似ている。前二者はインド・ヨーロッパ語族ではなく、ウラル語族というグループに属する。つまりラトヴィア語と系統が異なるのに共通点があるのである。このような特徴を地域特徴という。これはインド・ヨーロッパ語族の系統論とは別の枠組みで論じるべき問題である。

動詞の変化は複雑で、まず動詞単独では現在、過去、未来の時制でそれぞれ5つの人称形をもつ。5つというのは、3人称の単数・複数が共通形であるからで、これはバルト語派の特徴でもある。また未来形が現在形、過去形と別個に存在する点もバルト語派の特徴で、一見世界の言語の中でも珍しいが、この未来形に現れる指標 -s はギリシャ語の希求法などと起源を同一にしていると考えられる。つまり元々時制ではなかったということになる。また、英語の完了時制のような複合時制があり、be 動詞にあたる動詞を助動詞のようにして所定の人称形で使う。その際、動詞は能動過去分詞をとるが、これは主語の人称ではなく性と数に応じて変化する。なお分詞も数多くの種類があり複雑である。

さらに動詞に関して述べると、ラトヴィア語には非常に多くの叙法（mood）がある。たとえば現在語幹に -ot という語尾をつけると分詞になるが、同じ形が伝聞（～だそうだ、～らしい）を表すこともできる。また、現在3人称形の前に jā- をつけて義務を表す義務法というのがある。これは周辺の言語に類似する形式がまったく見当たらない。また動詞がこの義務法の形をとるとき、主語が主格でなく与格（「～に」）となり（これだけならば珍しい現象ではないが）、直接目的語の方が一部の代名詞を除き主格になる。まるで能動態、受動態とも異なる第3の態があるかのようである。これも周辺の言語にはまず見られない現象である。

また、「行く・来る」の意味で、日本語や英語やフランス語などでは異なる単語を用いる（go と come など）が、ロシア語ではそのどちらも表さない移動・運動の動詞があって、それらに方向を表す接頭辞をつけて表されるのに対し、ラトヴィア語では at- という接頭辞がある動詞につくと「来る」

の意味になるが（例：atbraukt「（乗り物で）来る」、別の動詞では「去る」の意味になることもあり（例：atiet「離れる」）、また単独で「来る」という意味の動詞もあり（nākt）、複雑である。これらは筆者の知る限り、まだきちんと整理されて論じられていない。

このように研究者にとっては未解決のテーマが数多くあり、興味の尽きない言語である。

（菅野開史朗）

リーヴ語

コラム3

菅野開史郎

リーヴ語はラトヴィアの住民を構成し、法的にはラトヴィア語と並ぶ国内の言語と定められた、民族固有の言語である。しかし、リーヴ語を第一の母語とする人がいなくなったため、ほぼ消滅した言語といっていい。現在、リーヴ人のアイデンティティを持つ人々のほとんどがラトヴィア語を母語としている。

リーヴ語を第一言語とする最後の話者は、カナダ在住のグリゼルダ・クラスティニャという女性で、2013年6月に103歳で亡くなった。ラトヴィア在住の最後のリーヴ語話者はビクトル・ベルトホルド氏だが、同氏が2009年に亡くなった際には、一部のマスコミが「最後のリーヴ人、死去」と報じたこともあった。しかしこれは事実ではない。ラトヴィア語を母語としつつも、リーヴ人としてのアイデンティティを保持する人々が存在するからである。

リーヴ語の話者数が20世紀に入って急速に減少したのは、ラトヴィア民族主義、2度の世界大戦、特に第二次世界大戦期の独ソ戦期の離散による共同体の崩壊、ソ連時代のラトヴィア語とロシア語の二重の圧力、といった要因が複合的に重なったことによるものと考えられる。

リーヴ語はウラル語族フィン・ウゴル語派バルト・フィン諸語に属し、ラトヴィア語とはまったく類縁関係がないが（第13章参照）、フィンランド語やエストニア語と比較すると一見してその類似性が見て取れる。19世紀まではバルト海の東西両岸、クルゼメ北部とヴィゼメ西部で異なる方言が話されていた。

リーヴ語という言語名は、līvõ kēļ（kēļ は「言語」）に基づくが、かつてラトヴィアのヴィゼメ地方とエストニア南部を合わせた地域名として使われたリヴォニアにちなんで、リヴォニア語（Livonian）と呼んでも誤りではない（英語ではこれがよく使われる）。しかし、リーヴ人とラトヴィア人との混血と同化が進むにつれ、リーヴ語の話者は減少しヴィゼメ西部の方言は19世紀後半に消滅した。

また、クルゼメのリーヴ語（二つの方言に分かれる）は20世紀前半には数百人の話者がおり、ラトヴィアの第1独立期にフィンランドの言語学者ケットゥネンによって本格的なドイツ語での文法解説つき辞典が編纂、出版された。これは現在も参照される最も信頼できる辞典のひとつだが、現代のラトヴィアやエストニアではドイツ語ができる人が少なくなり、手軽に利用できる優れた辞書が望まれていた。

ところで、ラトヴィア語が、同系統で極めて保守的といわれるリトアニア語と異なる独自の変化を遂げた理由の一つとして、リーヴ語の影響があげられる。またリーヴ語も語彙や発音の面でラトヴィア語の影響を強く受けた。

このような言語なので再活性化の動向は重要である。そのためにはまず大量の母語話者による発話の採録と記述が必要だが、不幸中の幸いと言おうか、１９９０年代にはまだ多くのすぐれた語り手が存命で録音が行われた。それらはデジタル化され、ラトヴィア大学やラトヴィア国立図書館などで公開され利用されている。

最近のリーヴ語をめぐる画期的な出来事は、２０１２年のリーヴ・エストニア・ラトヴィア語辞典の刊行である。タルト大学（エストニア）の研究者によるリーヴ語研究の集大成である（www.murre.ut.ee/liivi/lv/index.html）。

この他、リーヴ人の動向を知ることのできるウェブサイトとしてwww.livones.lv（大半の記事がラトヴィア語）などが参考になる。

14

民俗と祭事

★太陽を尊ぶ夏至と冬至、祖先を迎える秋★

ラトヴィアの真夏は、日の出が4時半、日の入りは22時半ごろと、寝ても起きてもなかなか暗くならないのに対し、真冬の日の出は9時、日の入りは15時半ごろと、出勤も帰宅も暗い中だ。このように日の長さが極端に変化する北方の民は、太陽の動きに極めて重要な意味を見いだしていた。

亜麻とライ麦など穀物栽培に従事してきた農耕の民ラトヴィア人は、夏至と冬至といった節分に太陽を尊ぶ祭りを行う。また、ラトヴィア語の民謡や伝承を見ると、太陽のみならず、月、星、雷などの天象、森林や沼といった自然空間、出産や死などの人生の節目、動植物やパンなど身近なものに特別の力や精霊が宿っていると考えられてきたことがわかる。

たとえば、ラトヴィア人には、敷居越しに言葉も握手も物も交わすものではないとのタブーがある。敷居には運命を司る女神マーラがいると信じられ、その邪魔をしないためなのだ。つねに意識されていなくとも、暮らしに根付いた習慣となっている。この地に培われてきたアニミズムは、キリスト教とゆっくりと巧みに融合して引き継がれてきた。

ラトヴィア人がなによりも楽しみにしているのが、ヤーニ

（Jāņiヤーニスという男性名の複数形）と呼ばれる夏至祭りである。数千を数える夏至の民謡の特徴は、「リーゴー」（「揺らす」を意味するLigotという動詞からの派生語）というリフレインにある。

一年かけて私は歌を集めた、リーゴー
ヤーニの日を待ちこがれて、リーゴーリーゴー
さあ、ヤーニの日がやってきた、リーゴー
あらゆる苦労を乗り越えて、リーゴーリーゴー

夏至祭りの前日、リーガ市中心にたつ「緑の市（筆者撮影）

夏至祭の6月23日と24日は連休である。6月に入ると、今年のヤーニはどこでだれと祝おうか、と人々は尋ね合う。ヤーニは家族のみならず、親戚、友人、さらに友人の友人やその家族へと広がりをもつ緩い集まりで祝われる。

同じ時期、沸き立つ人々の心がまるで現れたかのように、街角や職場、学校などが白樺の枝や野の花で飾られだす。6月22日に立つ「緑の市」（Zaļais tirgus）では、人々はライ麦パンとチーズ、薫製ハムなどを買い求め、翌23日に連れ立って田舎の家に発っていく。ヤーニの間、町はすっかり閑散とする。

ヤーニは、リーゴ（Līgo）の夜から24日の明け方にかけて

行われる。ラトヴィアのカレンダーには毎日の日付にいくつかの名前が記載されていて、その日にその名の人を祝う慣習があるが、24日はヤーニス（Jānis）という名前の日に当たり、夏至祭はこの名の主がしばしば「ヤーニの父」となって客を迎え入れる。

ヤーニスの家ではクミンシード（スパイスの一種）入りの黄色円形のチーズを作る。庭の雑草をとり、家中の大掃除をすませ、菖蒲の葉や白樺の枝で玄関やテーブルを飾って清め、戸口にはナナカマドの枝を差して悪霊が入ってこないようにする。夏至の夜には魔女が空を飛び交うと信じられていた。

夕刻に集う客人は、白樺の門をくぐって「ヤーニの子ども」となり、「ヤーニの父」からビールを、「ヤーニの母」からチーズを振る舞われる。日暮れ前には野の草花を摘んで、女はひな菊やシロツメクサなどの冠を、男はカシワの葉の冠をかぶる。ラトヴィア民俗にとって神聖なカシワの木は、力強さを象徴する。日没後の「太陽が寝ている」あいだは火を絶やさずに焚き、去年の夏至に被った冠を焚き火で焼いたり、火を飛び越えて健康を祈願したり、また、木製の車輪に火をつけ丘を転がり落としたりする。この夜にだけシダが黄金の花を咲かせるといわれ、花を探しに森に入っていく人もいる。

この夜を寝過ごすと、それからの1年間は寝坊することになるといって、夏至の夜は寝てはいけない。この間、隣近所を訪ねて焚き火を囲んで民謡を歌い、しだいに白む空に日の出を拝みながら、草原の朝露に転がって体を清めたり、川や湖や海に泳ぎにいったりする。

ヤーニは自然の力が最高潮に達する時期に、太陽を迎え入れ送りだすさまざまな儀式を通して、心身を浄化し、また豊作を願う祭りである。夏至を機に植物は実りの時期に移り、日は短くなりだすことから、終わった途端に早くも冬を意識しはじめる、どこか心寂しい祭りでもある。

第14章
民俗と祭事

夏から初秋にかけて、墓祭り（Kapu svētki）の風習がある。墓祭りの前に遺族は墓を掃除して、墓参りに訪れる親族や友人を迎える。民謡では死者は砂山に去って行くと歌われるが、墓地では墓標の周囲に白い砂を新たに撒き、箒の履き目をつけ、周囲の花を植え替え、ろうそくを灯す。集まった人々は、墓標の前で牧師の祈りの言葉に耳を傾け、続いて楽隊の演奏、親族友人の挨拶や詩の朗読があり、その場で各自が持ち寄ったもので飲食を共にすることもある。

森林に囲まれた墓地の横にはベンチがある（筆者撮影）

墓地の維持と墓参の集いは、古くから継承されてきた風習である。林に囲まれた風そよぐ美しい墓地には、それぞれの墓標の傍らに質素なベンチがちょこんと置かれていて、祖先との対話を誘うかのようだ。

ラトヴィア民俗では、死者の魂は葬られた後もバルト海を渡って日が落ちる西の果てに向かい、あの世（Viņsaule）で生き続け、太陽が動きを変える祭事に子孫を再訪する。農作業もすでに終えた11月を「魂の時期」（veļu laiki）と呼ぶが、みるみる日が短くなり、冷たい雨がしとしとと降る空には、まさに魂が飛び交うような静かな暗闇が広がる。

この世とあの世との境界が消える冬至にも、祖先の魂が来訪すると考えられている。冬至の夜に馬などの動物の会話が聞こえたら、死期が近い兆しであると言われる。冬至に行われる冬祭り

(Ziemassvētki)には、太陽の弱まりを助けようとする意味がある。人々は地域ごとにブデーリ(budēji)やキェカタス(kekatas)と呼ばれる仮面仮装の集団を作り、丸太を引きまわしながら、歌って隣近所を訪ね歩く。仮装行列のクライマックスで雪の上で焼かれる丸太は、太陽の復活を象徴している。

どんな仮装をするかというと、冬眠から目覚めて春を招く熊、光を象徴するヤギ、大柄な女性がつとめる多産と豊穣を象徴する牛、神の贈り物である馬、冬の闇に光明をもたらし、神の言葉を語る雄鶏、大きい女と小さい男という価値の逆転を示す二人の道化役、豊作を象徴する太鼓叩きの「ざる男」、人を幸福にする善い魔女、未来を占うジプシー女、白装束に身を包み大鎌を持って悪意を追い払う祖先の死神など、それぞれに与えられた役割がある。仮装集団が太鼓を叩き、歌いながら学校に現れると、恐れをなして泣き出す子もいるほどのにぎやかさだ。日本の東北地方のナマハゲを思わせるが、現代においては仮装行列はクリスマスの前座と化していて、12月24日の夜は家庭で家族が厳かに食卓を囲み、モミの木を囲んでプレゼントを交換する。

冬祭りにもさまざまな迷信がある。伝統食のエンドウ豆を食べ残すと、残した豆の数だけ新年に涙をこぼすとか、寝る前に靴の中に鯉のウロコを入れて、お金が貯まるように願をかけるとか、この夜に男の人の夢を見た娘は新年に結婚するとか、夜中に家を三周して戻れば、窓の外に自分の未来が見えるなど、長い夜をかけて新年の運勢を占う行為に興じる。

現代においてなおこれらの祭りには、祖先を思い、太陽に豊穣と幸福を祈願してきた民族のあり様を見ることができる。

(黒沢 歩)

コラム4

黒沢 歩

暮らしの季節感——身近な海と森

たとえば、リーガに一人暮らしのザネという女性をモデルとしてみよう。

まだ吐息の白い朝、街角に姿を現す花売りは、春の到来を知らせてくれる。出勤途中のザネも、さっそく路上に座る老女の手から紙切れに包まれた白いスノードロップの一束を買うだろう。まずは自分のデスクに飾ろう。来週の同僚の名前の日には、レモン色の水仙か紫色のヒヤシンスをあげようかしら。

コケモモを摘みながら湿地帯を歩く（筆者撮影）

春先の週末には、親戚が白樺の樹液をペットボトルで田舎から運んできてくれる。白樺の樹液は、新芽が出る前のほんの2週間ほどだけ採取することができる、まさに森からの贈り物だ。かすかに甘くてまろやかで、浄化によく効くという。ザネは、レモン汁とレーズンを加えて微発酵させて飲むのも好きだ。発酵させたものは、近頃は瓶詰めで売られるようになった。

日が伸びて街に人がどっと繰り出す様子は、さながら地中から虫が這い出すようだ。このころには、ザネは路面電車から自転車通勤に切り替える。

土曜日は市場へ買い出しの日。初夏の果物の屋台は、色とりどりのまるでパレットだ。スグリは赤白黒と、どの色も思い出しただけで酸っぱい。木イチゴとグーズベリーも砂糖漬けにする。ツルコケモモのジャムは肉料理に欠かせない。ブルーベリーは買わないで、明日林で摘んでこよう。真っ赤なイチゴが出回ったら、ザネはいそいそと仕事を切り上げて市場の行列に並び、新鮮なのを買う。輸入品より高くても、やはり国産のほうが味わいがある。

夏の3週間の休暇には、まずは海に向かう。ザネにとって日焼け止めクリームを塗るなどもってのほか。肌をこんがりと小麦色に焼きたいのだ。夕暮れ時、サーモンピンクの滑らかな波に乗って、ゆっくりと泳ぎだす。塩分の少ないバルト海では、自然乾燥しても身体はさらりとしている。

バルト海岸は一年を通じて散歩スポット（上）、夏の終わりの農地で見かけるコウノトリ（下）（筆者撮影）

夏に少なくとも一度は、友人仲間とボートの川下りに出かける。寝袋持参で飯ごう炊さんの、2泊3日のキャンプだ。草むらに出るときは蚊とマダニに用心しなくては。虫除けスプレーは必需品だ。

ドライブの道すがら、農家の屋根の煙突や沿線の電柱の上に、コウノトリの大きな巣をいくつも見つける。嵐のあとのバルト海岸をうつむいて琥珀探しする人の姿は、トラクターの後ろを群れて畑をついばむコウノトリを思わせる。

夏の終わりから秋にかけての週末は、国有林の小道をバスケットと小刀を手に先を急ぐかのように分け入っていく姿が散見される。幼いときから親についてキノコ狩りをしてきたザネは、森のなかではひときわ勘が冴える。お目当てのヤマドリタケ（ポルチーニ）とアンズタケが見つからない日は、だれかに先を越されたようだ。絵本に出てくるような真っ赤なキノコは、毒キノコかもしれない。食す前に市場にいるキノコ鑑定士に見てもらうといい。キノコ料理は酢漬け、クリームソース、スープなど、どれもラトヴィア人の大好物だ。

夏の終わりの庭のテーブル（筆者撮影）

このころには、あちらこちらからリンゴやハチミツが届けられて、家にあふれ悲鳴が出そうだ。リンゴはジャムにしたり、焼きリンゴにしたり。ハチミツを店で買うラトヴィア人がいるかしら。親戚か友人のだれかひとりは、きっと養蜂をしているはずだもの。

冬が寒く暗く長いからと、滅入ってはいられない。毎週仲間とサウナに通い、週末にはスケートやスキーもできる。厳寒の週末が晴れたなら、バルト海の氷上散歩はおつなものだ。町の夜には、芝居にオペラ、コンサートも目白押しだ。暖房でポカポカの家では、暖炉や蜜ろうの火と香りに包まれて、友人を招いて夏至に摘んだハーブのお茶やホットバルザム（温めたコケモモジュースで銘酒ブラックバルザムを割ったもの）を片手に、夏の写真を見せ合ってゆっくりと語らう。すると、もう間近に春の兆しが……。

15

食文化

★豊な自然の恵みを食べる★

ラトヴィアは国土の半分が緑地であり、昔から自然を大切にし、自然とともに暮らしてきた国である。首都圏に暮らしていても、車で10分ほど行けば森が姿を現し、全く汚染されていないきれいな自然を感じることができる。そして、ラトヴィア人の生活のすぐ側にあるこのすばらしい自然や四季を生かした食文化がラトヴィアでは昔から親しまれているのである。その中でもいくつかの身近な食文化について紹介していく。

ラトヴィアの春を知らせる食といえば、やはり白樺のジュースだろう。この季節になると、市場や路上、スーパーなどでも瓶やペットボトルに入った白樺のジュースを見かけることができる。

この白樺のジュースとは、白樺の樹液を集めたものであるが、春先のほんのわずかな期間、白樺の木に葉がつく前にしか収穫することはできない。この時期は木々が地中からたくさんの水分を取り込み、代謝が非常に活発な時期であること、またこの時期を過ぎると味が変化し、苦みが出てしまうからだ。

この白樺のジュースを集めるには白樺に小さな穴をあけ、その下に受け皿を用意しておくだけである。だいたい一晩でペットボトル1本分のジュースを収穫することができる。収穫したジュースは新鮮なうちに飲むのが一番。気になるその味は、水に近く、わずかな酸味と甘みがあり、清涼飲料水によく似ているが、それよりもはるかにさっぱりとした甘みを味わうことができる。もちろんたいへんに健康的で、まさにラトヴィアらしい自然からの恵みである。

白樺のジュースの収穫は、毎年、白樺からの恵みを受けるために、木々を傷つけない程度の最小限で行うことがルールである。そして、収穫の時期を過ぎると、きちんと穴を閉じ、また来年を待つのである。

白樺の樹液を採取する（写真／ビートルス平田裕賀子）

ラトヴィアの夏を代表する食は、たくさんの森の木の実である。野イチゴ、黒スグリ、ブラックベリー、ラズベリーなど、色とりどりの木の実が出てくる。子どもたちは夏になると、自然の中にある実を遊びの合間にとって、おやつのかわりとして食べることもできる。そんな夏の木の実の中でも、最もよく食べられているものがブルーベリーである。ラトヴィアのブルーベリーは野生に近く、日本でよく目にするものよりもやや小さめであるが、味はとても濃く、ほどよい酸味がある。

このブルーベリーはラトヴィアに広がる広大な森の中の一面にあり、ブルーベリーの木の高さも想像よりもはるかに小さく、大人の膝下程度である。ブルーベリーの収穫は、どこまでも広がる

森で摘んだ野生のブルーベリー（写真／奥村梨奈）

ラトヴィアの森の中でできる。リーガの中心から15分ほど車で進んだ森でもとることができる。収穫のピークになると、森の横にぽつぽつと車が停まり、みんな森の中へとブルーベリーの収穫に出かけるのである。収穫をすると、ブルーベリーの鮮やかな青紫色が指にたくさんつき、バケツいっぱいのブルーベリーを持ち帰ることができる。

ブルーベリーの最も一般的でおいしい食べ方はやはりとれたてを食べることだが、大量のブルーベリーを無駄なく頂くためにラトヴィアではジャムを作る。ジャムの作り方は各家庭によって異なるが、砂糖を加えずに、自然の甘みだけでも十分おいしいので、あえて砂糖を加えずにつくる家庭もある。ほかにも、イチゴ、りんご、ルバーブ、ラズベリーなど、ラトヴィアでは昔から家庭でフルーツをジャムにして食べている。でき上がったジャムは、やはり焼きたてのパンケーキにつけて食べる、これが一番。

そして、紅葉が始まり、森が黄色になる秋にはたくさんのきのこが市場に出始める。早いときには夏の終わりから買うことができる。ラトヴィアではさまざまな種類のきのこがあるが、この時期限定の一番人気のきのこは、やはりキツネきのこである。日本名は杏茸（あんずたけ）という名前がついている、このキツネきのこは、見た目は鮮やかな黄色い舞茸のような姿をしている。クセがなく、非常に食べやすいきのこでもある。また、このキツネきのこは虫などがつかないきのこことも言われており、清潔なきのこなのである。

このキツネきのこも、春夏同様、秋の森の恵みである。夏のブルーベリー狩りが終われば、次は秋のきのこ狩り。森では、キツネきのこだけでなく、ポルチーニ茸、なんと松茸までも収穫することができる。ラトヴィアでは、大きな木のかごを持って森へ出かけ、かごいっぱいのきのこを持ち帰ることができる。しかし、中には中毒症状が出るきのこもあるそうで、きのこ狩り初心者は慣れた人と出かけたほうがいいだろう。

ラトヴィアで親しまれているきのこ（写真／奥村梨奈）

とったきのこは、さまざまな食べ方があるが、一般的な食べ方はきのこのスープ、きのこのソースだろう。きのこのスープは炒めたきのこ、たまねぎ、にんにく、牛乳や生クリームなどをミキサーにかけたり、煮込んだりしてクリームベースのスープにする。きのこの香りが広がる、たいへん人気のあるスープだ。きのこのソースも同じく、クリームベースのものが一般的だ。きのこのソースを茹でたてのじゃがいもにかけて食べたり、肉のグリルやハンバーグにかけて食べたりする。

冬は森も雪に包まれ、自然からの収穫は少しの間休みに入る。この時期のラトヴィアの食べ物と言えばピッパルクーカスというジンジャークッキーである。もちろんクリスマスに食べるクッキーであるが、クリスマスのずっと前からこのクッキーを食べることができる。

ピッパルクーカスも各家庭によって作り方はさまざまであるが、特徴的な味はシナモンの香りと少しピリッとする辛さである。焼き方や厚さにもよって硬さは異なるが、もともとはかなり硬いクッキーである。冬になると、ピッパルクーカスの生地が店頭に並び、蜂蜜を練り込んだものなども買うことができる。子どもから大人まで、だれもが大好きな味で、冬の定番おやつと言えるだろう。

また、同じく冬に人気のものといえば、ホットワインである。スーパーや市場では、すでにでき上がったものも売っており、自宅で温めるだけで飲めるものもある。また、ホットワインに使うハーブの詰め合わせだけを買うこともでき、好みの赤ワインとともに煮てつくるという方法もある。もちろん、家庭で受け継いだハーブの組み合わせなどもあり、オリジナルのブレンドをつくる家庭もある。ホットワインは寒い冬には欠かせない飲み物であり、北国のラトヴィアでも昔から人気のある飲み物なのである。

四季に沿ってラトヴィアの食文化を紹介したが、もちろんこれはほんの一部である。ここからラトヴィアの自然とともにある食に興味を持ってもらえれば幸いである。その際は、ぜひラトヴィアを訪れ、収穫から調理まで実際に自分の体でラトヴィアの味を楽しむことをおすすめしたい。（田中愛子）

Ⅳ

文　化

Ⅳ
文化

16

歌と踊りの祭典

★「歌の国」ラトヴィアと民族をつなぐ合唱の祭典★

ラトヴィアは「歌の国」「ダイナの国」（後述）といわれている。「歌の国」といわれる所以は、日常から合唱活動が盛んであること、バルト三国各国共通して開催されているアマチュアの合唱団および舞踊団などによる「歌と踊りの祭典」（Dziesmu un Deju svētki）が三国最大規模であることが挙げられる。ラトヴィアでは１８７３年より「一般ラトヴィア歌唱祭」（Vispārīgie latviešu dziedāšanas svētki）として始められ、今日も5年に一度、開催されている。ソ連による支配の時代から踊りの演目が加わり、以来「歌と踊りの祭典」として続けられ、２００３年にはバルト三国そろってユネスコの無形文化遺産に認定された。またこの他にも、アマチュアの小学生から高校生までを出演対象とする「学校青少年歌と踊りの祭典」（Skolu jaunatnes dziesmu un deju svētki）、ラトヴィアに限らずアマチュアのバルト三国の大学生による「バルト三国学生歌と踊りの祭典 GAUDEAMUS」（Baltijas republiku studentu dziesmu un deju svētki GAUDEAMUS）、地域別の「歌の祭典」も開催されている。数多くの歌の祭典が全国規模で開催されていることから、日常の合唱活動も盛んなことが分かる。

「ダイナの国」におけるダイナ（Daina）とは、ラトヴィアの地に古くから伝わる民謡であり、一般的に四行詩の形を取っている。これらは農作業の合間や年中行事、子守や冠婚葬祭の時などに歌われてきたもので、担い手は主に女性であった。自然や人々の生活ぶりを歌ったダイナは数百万篇以上ともいわれ、ラトヴィア人一人につき一篇の民謡があるとラトヴィア人の間ではよく表現される。口承によって継がれてきたダイナは、19世紀末にバロンス（Krišjānis Barons）によってラトヴィア全国から26万8815篇収集された。この活動をきっかけとして、ラトヴィアの人々は自民族の文化とアイデンティティを再発見するようになる。また、19世紀末に農村の人口増加により都市に多くのラトヴィア人が流入するようになるが、この際互いのダイナを歌い合うことが、都市で作られた新たなコミュニティにおける合唱活動へと結びついていき、合唱団の形成に至った。

1985年歌と踊りの祭典の様子、Dikļu-Zilākalna jauktais koris（ディクリュ・ジラーカルナ混声合唱団）と他の合唱団（Jānis Andersons撮影、Dikļi図書館所蔵）

ラトヴィアにおいて歌の祭典が開催されるようになったきっかけは、1817年から1819年に行われたロシア帝国による農奴解放の後、当時の事実支配層であったバルト・ドイツ人たちが、ラトヴィアの農民たちがロシア帝国側に行かぬよう、囲い込むために合唱祭を開催したことであった。これはバルト・ドイツ人たちが「歌を通してラトヴィア人たちがキリスト教の信仰を深めている」ことに着目し、合唱を通してドイツの啓蒙主義を普及させようとしたと考えられている。合唱祭開催はラトヴィアに限った例ではなく、19世紀初頭よりドイツやオーストリア、スイスなど欧州のさまざまな地域で、合唱祭（歌唱祭、歌の祭典）が多く行われていた。これは合唱が最も民主主義的な芸術音楽の形であり、民族全体を愛国心や民族運動に駆り立てる力を持っていたからである。

しかしラトヴィア人たちはやがて自主的に「ラトヴィア人の合唱祭」を行うようになり、１８７３年に第1回目を開催した。第1回目ではドイツ人の音楽や男声合唱曲が多かったが、その後も歌の祭典が定期的に開催されるようになると、ラトヴィア人作曲家によるラトヴィア語の合唱曲や、ダイナを合唱編曲したものが歌われるようになっていった。歌の祭典の開催は、ラトヴィアの合唱音楽隆盛に寄与したばかりではなく、ラトヴィア人のアイデンティティに大きな影響を与えた。ラトヴィア人たちが歌の祭典の場で合唱を通して集うことは、ラトヴィアの民族や文化を意識し共有することとなり、民族意識の高揚および１９１８年の独立への動きに結びついていった。

独立期においては、ラトヴィア人作曲家による合唱曲が主となり、歌の祭典は規模が大きくなった。出演者は1万人に達し、室内ではなく野外ステージで開催されるようになった。１９４０年に再びソ連に併合されると、ソ連から音楽活動が制限されたものの、歌の祭典は継続された。これは共産主義的な思想や統一を図るためにソ連が開催を支持したためであり、ソ連を讃える歌がプログラムに盛り込まれたり、ラトヴィアの国歌斉唱が禁じられたりとプログラムの検閲が行われる中での開催となった。しかしながら、この時期より「踊りのコンサート」が設けられて「歌と踊りの祭典」へと変わり、女声合唱も取り入れられるなど、今日の歌と踊りの祭典に結びつく大きな発展を遂げた。また、今日も5年に一度行われている先述の「学校青少年歌と踊りの祭典」もこの頃より開催されるようになり、合唱活動が以前に増して盛んになった。結果的にこれらはラトヴィア人同士の結束を促し、1989年の「バルトの道」（バルト三国の三つの首都が人間の鎖によって結ばれた出来事、国際社会にソ連による支配の不当さを訴える目的で行われた）やその後の独立回復運動に発展していった。皮肉なことだが、ソ連時代がラトヴィアの合唱音楽や今日の歌と踊りの祭典に大きな影響と発展を結果的に与えたのである。

歌と踊りの祭典は現在でもオーディションを勝ち抜いたアマチュアの団体が出演対象となっており、出演者全員がラトヴィアの民族衣装をまとって参加する。

2013年歌と踊りの祭典、踊りのコンサートの様子。民族衣装をまとった人々が、伝統的な民俗紋様を象った隊形に並び、伝統舞踊を踊る。（筆者撮影）

2013年の歌と踊りの祭典では総出演者数は4万6000人に上り、いずれもプロに引けを取らぬレベルで舞台に臨む。歌のコンサートにおいてはラトヴィア人作曲家による合唱曲、ダイナの合唱編曲が主な曲目となっており、踊りのコンサートではラトヴィアの伝統的な民俗紋様を象った隊形で伝統舞踊が披露される。ほかにも、ラトヴィアの伝統文化や民族音楽に関連したイベントが8日間行われる。

祭典の最後を飾る歌のクロージング・コンサートでは、合唱団員1万7000人（2013年開催時）による大合唱が数万人の聴衆によって分かち合われる。深夜に終了するこのコンサートの後、出演者と聴衆が一つになって歌

2010年学校青少年歌と踊りの祭典、最後の歌のクロージング・コンサートの様子。（筆者撮影）

謡曲や合唱曲を歌い合う非公式プログラム「歌い合い」（sadziedāšanās）が明け方まで響き渡る。この恒例のプログラムは、ラトヴィアのアイデンティティや文化を共有する、歌と踊りの祭典の役割と効果の表れともいえる。

近年、大衆文化や現代社会の影響が歌と踊りの祭典に強く表れるようになってきており、ソ連時代の祭典から新しいものへと変化している。1990年以前はマイク不使用で歌われていたが、近年は特殊照明やマイク、スクリーンの使用、電子楽器の伴奏などポピュラー音楽の傾向も表れるようになった。さらに海外招聘団体の増加で国際色に富んできており、しばしば危惧と批判の対象となっている。しかしながら「大勢の人と一つになった経験を、海外の人が持って帰ってくれるのはとても嬉しい」と、出演者の一人であった筆者に話しかけてくれる人もいたことから、どんな形であれ、ラトヴィアにとって誇りの祭典であることは間違いない。

「歌いながら生まれ、歌いながら育ち、歌いながら生き抜いた」というダイナがあるほど、ラトヴィア人にとって歌はアイデンティティを共有するための大切なものであり、辛い生活を生き抜くための力であった。絶えず他国の支配下にあったラトヴィアだが、ダイナを作り歌い継ぐ文化と「歌と踊りの祭典」を開催してきた歴史が、国と民族をつなぎ、今日のラトヴィアを築きあげてきたのである。

（森川はるか）

17

伝統の継承

★ラトヴィア西部に住むスイティ★

甘い果実はどこだろう、
あの山頂にあるような。
綺麗な娘はどこだろう、
スイティの娘たちのように。

Kur tik saldas ogas auga,
Kā kalniņa galiņe.
Kur tik daiļas meitas auga,
Kā tai suitu novadei.

リーガから西へ車で約3時間（公共バスでは約4時間）、ラトヴィア西部クルゼメ地方にアルスンガという人口約1600人の村（面積191平方キロメートル）がある。ラトヴィアで2番目に小さな自治区で、この地方に住む人々はスイティと呼ばれている。本章では、スイティの人々の中に入り込み、ちょっとディープなラトヴィアの世界を覗いてみる。

スイティの人々は、広大な草原に牛を放牧し、時間に縛られることなく、自然の恩恵に感謝しながらのんびりと暮している。クランベリーやキノコなど豊富な食料を森から手に入れることができ、搾りたての牛乳からチーズやバターを作る。週に一度、庭にこしらえた自家製サウナに入り、身体が温まったところでハーブを含んだ枝の束を水に浸し、お互いの身体を叩き合う。スッキリとしたハーブの香りと心地よい刺激が一週間の疲れを

スイティのサウナ（筆者撮影）

癒す。
ラトヴィアではプロテスタントが多く信仰されているのに対し、スイティは歴史的にカトリックを信仰している。スイティの起源は、1600年代当時の統治者ヨハン・シュヴェリンの大恋愛で始まったと言われている。シュヴェリンが職務で赴いたポーランドの舞踏会で貴族の娘バーバラ・コナルスカと恋に落ちた。プロテスタントであったシュヴェリンは、カトリックに改宗することでバーバラの両親に結婚の承諾を得た。そして、彼は村人をカトリックに改宗させ、他の信者との結婚は許さず、村を閉鎖し独自の文化を築いてきた。スイティという名前は、シュヴェリンに由来するという説もある。
ラトヴィアでスイティを知らない者はいないと言っても過言ではない。スイティたちを有名にしているのはブルドーンと呼ばれるこの地方で継承さる即興歌だ。ブルドーンとは、冒頭に記したような歌詞を音節に乗せて即興で歌う。1人目が歌い、2人目が繰り返し、残りが「エーオー」と掛け声をかける。
即興歌ではあるが、誰もがブルドーンを歌えるわけではない。ブルドーンには季節や結婚、民間信仰の神々等、スイティの文化にまつわる「言葉」が織り込まれている。この「言葉」について詳しくは別稿（コラム5）に譲り、本章ではブルドーンの継承に焦点を当てる。

広大な草原の中で放牧し、畑を耕すスイティの人々にとって娯楽の一つが歌であった。牛の放牧をしていると、500メートル先の歌が聞こえてくるという。それほど大きな声で歌っていた。さまざまな儀礼や行事、祝い事には歌は欠かせないものだった。農作物の収穫期になると、郊外に住む親族が村の畑に集まり、収穫した農作物の料理がふるまわれ、親族で歌を歌う。スイティにとって、料理と歌が最高のもてなしだ。

ブルドーンの起源は誰も知らない。スイティたちは先祖から受け継がれた尊い文化だと語れており、ブルドーンは時代の中で形を変えながら現在に受け継がれてきた。

スイティたちもソビエト時代には、ラトヴィアの他の地域と同様に酷い文化的弾圧を受けた。しかし、スイティはブルドーンを歌い続けた。彼女たちは、ソビエト民族として、ソビエト政府や共産党党首を称賛したブルドーンを歌い、ブルドーンを守り続けたのだ。

このブルドーンはラトヴィア国立伝承書庫に保存されている、1951年のブルドーンである。

牧童たちは向こうの郡で、	Goni gar novadu,
鞍を載せず馬に草をやらず。	Nesadloja nebaroja.
我が集団農場（コルホーズ）で、	Mana paša kolhozēi,
鞍を載せ馬に草をやり終えた。	Apsedlojsi nobarojsi.

頼まれても　私は行かない、
向こうの集団農場（コルホーズ）に。
我が集団農場（コルホーズ）で、
私の農夫が育つ。

Nelūdzama es neiešu,
Pārnovadu kolhozēi.
Manā paša kolhozēi,
Tur aug manis arājiņis.

政府に感謝を伝えよう、
我が党に感謝。
大いなるスターリンに感謝、
万国人民の指導者。

Paldies teicu valdībai,
Paldies mūsu partijai.
Paldies lielam Staļiname,
visu tautu vadoname.

「我が集団農場（コルホーズ）」「向こうの集団農場（コルホーズ）」「政府に感謝を伝えよう」「我が党に感謝」「大いなるスターリンに感謝」「万国人民の指導者」と政治性の強い語彙を用いて政党を称賛する。スイティの人々は民族衣装をまとい、政府に監視されながら、社会主義的イデオロギーを盛り込んだブルドーンを披露し、自らの文化を守ってきたのであった。

独立から20年が経ち、集団農場（コルホーズ）から私有地への転換、ＥＵへの加盟、世界的大不況、出稼ぎの増加、少子高齢化という諸所の社会的変化の中で、ブルドーンの継承もこれまでのようにはいかない。１９８０年代以降の体制転換後、村にもテレビやラジオが普及し、歌を日常生活で楽しむ人々が少なくなった。現在、テレビはほとんどの家庭に1台はあり、若者がいる家庭にはパソコンもある。若者だけでなく中年層もインターネットで遠く離れた友人や家族と連絡を取り合っており、携帯電話は1人1台の時代だ。

また、経済不況によって家族が郊外で働き、海外へ出稼ぎに行く若者が増加し、一人暮らしの高齢者が増加している。このような村社会の生活形態の変化が、ブルドーンの継承に影響を及ぼしたのだ。

民族衣装をまとったスイティの女性（筆者撮影）

かつては娯楽の一つであったブルドーンは家庭内で歌われることが少なくなり、今では限られた人の間でしか歌われなくなった。家庭内での継承に代わって、合唱団という組織へ歌の継承の場がシフトしてきた。

「スイティ婦人たち」（Suitu Sievas）と呼ばれる合唱団がアルスンガ村にある。これは、女性のみ十数人で構成された村の合唱団である。以前は、歌の好きな人が親族で集まりこの合唱団で歌っていたが、近年では親族に関係なく歌に興味を持ち入団する傾向が強い。地方や海外に遠征し、ブルドーンを歌うこともあり、彼女たちが民族衣装を着てリーガを歩くだけで声をかけられるほどの人気である。

「スイティ婦人たち」に所属している人々でも、皆がブルドーンを歌うことができるわけではなく、若い女性は即興で歌

歌の練習をするスイティの女性（筆者撮影）

詞を作ることはできない。彼女たちは練習用に用意されたブルドーンを歌い、年長者から習っている。練習会は村の公民館で、週に一度二時間ほど、お酒を飲んだり、ケーキを食べながら気ままに楽しく行われる。

ブルドーンは「スイティ婦人たち」という合唱団の中で継承され続けているが、ブルドーンの歌い手が亡くなった場合、その家庭内でブルドーンが歌い継がれなければ、その家庭特有のブルドーンは消滅していく。そして合唱団の数人の歌い手によってブルドーンが歌い継がれても、ブルドーンの多様性が徐々に失われてしまうという危機感を彼女たちは今感じている。

しかし、誰かが歌い継がなければ、ブルドーンそのものが消えてしまう。ブルドーンと共に生きてきた彼女たちはブルドーンを絶やさないように、今日も明るく力強いブルドーンを歌い続けている。

（鶴田宜江）

コラム５

鶴田宣江

即興歌「ブルドーン」と民謡

ブルドーンには、農耕儀礼、恋愛、民間信仰の神々等、スイティの生活に深く関わる言葉が歌詞に織り込まれている。ここでは、ブルドーンを3曲紹介し、それぞれの意味を解釈していく。ぜひともこれらの歌詞からアルスンガ村の情景を想像していただきたい。

ブルドーン（1）

私の綺麗な衣装はすべて、
自分の手作り。
自分で紡ぎ、自分で編んだ、
長持を一杯にするまで。

長持を一杯にするため、
足で踏まねばならなかった。
運ぶ強い馬が必要、
かなりの男の御者が必要。
（マリヤ・ステイマネ　２０１０年9月23日）

〈解釈〉綺麗な衣装を作り、手袋と靴下を編んで、長持を満杯にする。足で長持を踏みつけて、すべてをしまわなければいけないほどに。婿の家に運ぶ為に、強い男たちと強い馬が必要。

女性が手芸をする所作が、ブルドーンではよく歌われる。手先の器用な女性は重宝され、長い冬の間に女性は手袋、靴下を編み、絨毯織り、衣装を縫う。そして嫁入りのとき、女性は自らの手芸品で結納箱を満杯にするの

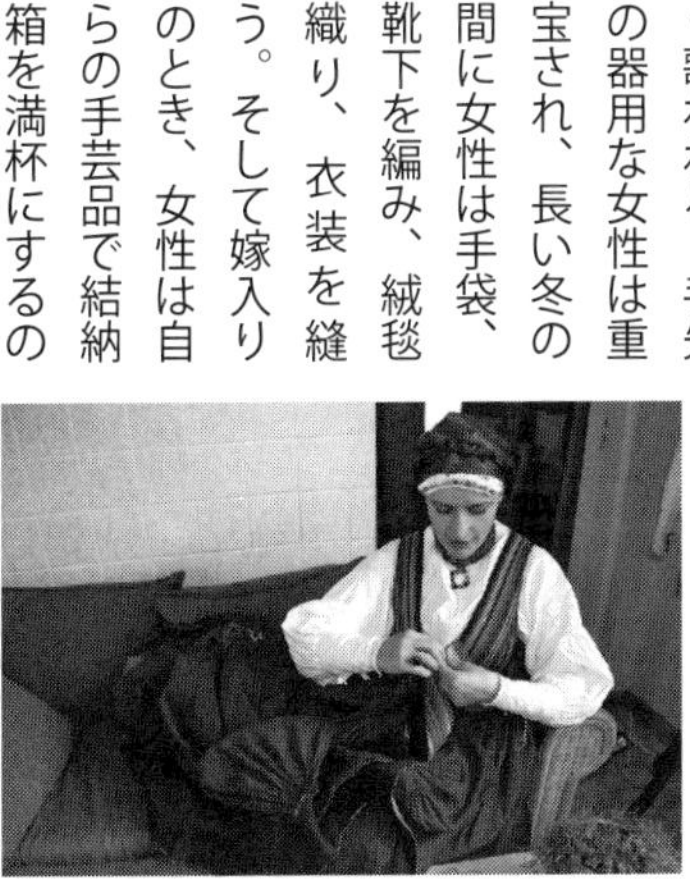

手芸をするアルスンガの女性(筆者撮影)

だ。

ブルドーン（2）

鬼が男のことをかなり心配していたが
私はそうでもなかった。
二人の男を馬車につなぎ、
粗朶を拾いに森に走る。
知恵をしぼり考えた、
この男たちをどこで使ってよいかと。
棚に置いても、
落ちてくるし椅子の下を鼠が噛みつく。
（イルガ・ヤンソネ2010年6月24日）

〈解釈〉森に粗朶を拾わせに、鬼が二人の男たちを馬車につないで走らせた。鬼は使いものにならない男たちを見て頭を悩ませていたが、私は気に留めなかった。男たちを置き物として棚の上に置いても落ちてくるし、椅子の下に鼠捕りを仕掛けさせても鼠に噛みつかれる。まったく男たちは役に立たない。
ブルドーンは人を非難したり、呼びかけたりと、メッセージ性の強いものが多い。「鬼」はラトヴィアの民話の中で、頭が悪く、人間の邪魔をする悪者である。それほどの鬼にも心配される男たちであると、皮肉なメッセージがこのブルドーンには込められている。

ブルドーン（3）

あぁ美しき父の土地よ、
あなたの壮大な優しさ。
すべての糠穂は咲く、
銀の花が。

綺麗な家　農夫の、
自身の山の真上に。
周りにボダイジュの花、
真ん中に金のリンゴの木が咲く。
（マリヤ・ステイマネ　2011年9月21日）

〈解釈〉天空神（父）の土地は壮大で優しい。糠穂には銀の花が咲いている。綺麗な農夫の家が、山の頂上に建っている。その周りにボダイジュの花と、真ん中には金のリンゴの木が生える。美しい娘が育ち、作物も豊かに育つ。

　ラトヴィアの民間信仰に神の木としてオーク（ozols）、ボダイジュ（liepa）、リンゴの木（ābele）がある。オークは男性のシンボルであり、ボダイジュは女性のシンボルである。多くの農家では、男の子が生まれた時にオークを植え、女の子が生まれた時にボダイジュを植える。また、孤児たちがリンゴ園のリンゴを食べて育ったと言われている。

　そして「金のリンゴの木」のように金色は作物が豊富な状態を描写することが多く、富の象徴でもある。

　ブルドーンは節に合わせて、自らの気持ちを季節・儀礼・民間信仰の神々等を織り込んで相手に伝える。日本の短歌に少し近いところがあるのかもしれない。何度も歌い、相手が歌ったブルドーンが気に入れば、次に歌うときにその歌詞を取りこむ。こうして、ブルドーンは母から娘へ歌い継がれてきた。

アルスンガの風景

18

1970～80年代ヒットソング

★歌うことは抵抗すること★

ラトヴィア人が集い、宴もたけなわとなると、カチッとスイッチが入ったように懐メロの世界に入っていく瞬間がある。どんなに洒落た人々であろうと、それまでどんなに現代の音楽を聴いていようと、スイッチが入ったとたん、外国人は置いてきぼり、ただただ傍観するしかない領域で、彼らは声を合わせて歌いだし、次第に男女が手を取り合って踊りだす。

ラトヴィア人にとっての懐メロとは70～80年代のヒットソングで、主に作曲家のイマンツ・カルニンシュ（I. Kalniņš, 1941-）とライモンズ・パウルス（R. Pauls, 1936-）、クラコフス（J. Kulakovs, 1958-）らの歌である。どの作曲家もラトヴィア人なら誰の曲と区別できるほどの強い個性がある。なかでも、パウルスの作曲した「百万本のバラ」は日本でも誰もが一度は耳にしたことがあるのではないだろうか。

ラトヴィア語には歌うことで調和するという意味の動詞（sadziedāties）があるが、ラトヴィア人にとって歌とは単に聴くのでなく、自ら唱和する行為だといえる。そして、明快なラトヴィア語の歌が共感を得る。それは民謡や合唱曲というより、日常的にはむしろ歌謡曲であった。プロが歌うのをただ聞くのではなく、一緒に歌えたとき、「ああ、いいコンサートだった」と彼らはきっと言うだろう。
１９８９年のソ連からの独立運動となった「人間の鎖」を可能にしたのは、歌いながら手をつないで立つという動作が自然にできる人々の集合体があったからだろう。さらには人々が想いをひとつにできる共通の歌を数多く歌えたからだろう。

政治が大きく揺れた20世紀を通じて、ラトヴィア人と歌は分ちがたい関係にあった。ソ連時代に、コンサートのプログラムが変更され、なんの変哲もない穏やかな愛の歌であっても、歌手の経歴、または歌詞の節々に当局が良しとしない点があれば、舞台で演奏することが禁止された。民族性の表現が厳しく監視された社会において、たとえばエドガルス・リエピンシュ（E. Liepiņš, 1929-1996）が得意とした軽妙な歌などは、誰もが歌詞をよく暗記してコンサートがあれば嬉々として一緒に歌った。また、地方の野外舞台や文化会館などで週末ごとに開催されていたダンスパーティでは、それがソ連時代に恒例の娯楽の形であったのだが、人々はヒットソングに合わせて踊った。それらの歌を唱和することで、ラトヴィア人はソ連の文化的抑圧に対峙していたといえる。

ラトヴィア語の詩にメロディをつけた作曲家には、絶大な信望が寄せられていた。パウルスもカルニンシュも長きにわたって国会議員を務め、パウルスは大統領候補に推されたこともある。ちなみに、これを辞退したパウルスは、信頼を確かなものとした。

今も現役で、独特のタッチでピアノを弾く姿が印象的なパウルスは、１９６０年代から歌謡曲にとどまらず、合唱曲、子ども向け舞曲、ジャズの作曲家として絶大な人気を得、確固とした地位を築いてきた。その心に沁みる数々のメロディは、ロシア人の歌手にも多くロシア語で歌われた結果、旧ソ連圏に幅広いファンを持つ。

当時の人気を示す指標は、国営ラジオ番組が年ごとに実施したアンケート（Mikrofona aptauja, 68～94年に実施、72～75年と83年を除く）である。パウルス作曲の歌は人気の第1位に11回選ばれている。パウルスのヒット曲を持ち歌としてヌォラ・ブンビエレ（N. Bumbiere, 1947-1994）など多くの人気歌手が誕生したことから、パウルスはラトヴィア歌謡界の立役者であるといえる。

数限りないパウルスのヒットソングには、「歌は凍えない」（Dziesma nenosalst）、「その土地はどこにあるかといえば」（Teic, kur zeme tā）、「君の声、または沈黙の歌」（Tava balss/Mēmā dziesma）など、行間に民族的な誇りが読みとれる歌もあれば、ラトヴィアの各地方の自然をリリカルに歌いあげた作品も多い。

他方、ラトヴィアらしいメロディーを作る作曲家と言われて、ソ連政権に好まれなかったカルニンシュは、第4シンフォニーという壮大な交響楽のほかに、多くの芝居や映画音楽を作った。１９７０年、国立劇場の芝居のために作曲した陽気な「リリオムの歌」（Lilioma dziesma）は、劇場の聖歌とも呼ばれ、合唱際でも大合唱で歌われ親しまれている。

だって君は生きている
一頭の馬はまだ自由だ

という耳に残るリフレインがあり、

僕たちの旗は女の子のスカートさ
永遠にはためく旗なのさ

と高らかに歌い上げる。同じくカルニンシュ作曲の「歌よ、おまえはなにから始まるか」（Dziesma, ar ko tu sācies?）を次のように歌うラトヴィア人は、ふと目を潤ませているのかもしれない。

静かな言葉ではじまれ、
仲間なら叫びの歌だとわかるから。
笑いたければ笑え、必要ならば泣け、
ただしそっとだ。
叫んだらどうなるか、わかっているだろう。

カルニンシュの歌をレパートリーとする音楽アンサンブル「メヌエッツ」（Menuets）はその後のラトヴィアのロックグループ発展の始まりとなった。
80年代半ばのヒット曲「願い」（Lūgums）や「それでも」（Tik un tā）などには、タイトルからでさえ民族解放運動の兆しが読みとれる。時を同じくしてロックグループによる民族的な歌が広く支持を集め、なかでもリーヴィ（Līvi）は「母国語」（Dzimtā valoda）を歌ってソ連体制に敵視され、イゴ（Igo）

の「折よく」(Pie laika)は解放運動を導く聖歌となった。ボーカルのアクラーテレ(I. Akurātere)が存在感の強いロックグループ「ペールコンス」(Pērkons 雷)の「ほとんど民謡」(Gandrīz tautasdziesma)は、ラトヴィア人なら思わず身体を動かしたくなる民謡調のメロディだ。

この時代からラトヴィア語で歌い継がれてきた歌には、悲しみと喜び、記憶、希望、勇気などの、いずれかの意味が込められ、独立に向かう力が集約されていた。70~80年代のヒットソングは、ソ連体制下におけるラトヴィア人に一体感をもたらしたことをもって、今日、単なる歌謡曲とひとくくりにしてしまうにはあまりにも大きな影響力をもっていた。

さて、「1年に少なくとも3回は、あの頃の歌を延々と聴く夜を過ごして、慌ただしい現実に流されそうな自分をリセットするんだ」という世代は、はたしてあとどれくらい続くだろうか。(黒沢 歩)

19

ラトヴィア音楽への招待

★民謡復興運動から現代音楽まで★

「ロシア歌曲」として世界中で親しまれ、日本語でも加藤登紀子らが愛唱する「百万本のバラ」。この歌がもともとラトヴィアの歌謡曲「マーラが与えた人生」（Dāvāja Māriņa meitenei mūžiņu, １９８１年）だったのをご存じだろうか。幼い娘に向かって母親が「マーラ（母なる神）は娘に命を授けたけれど、幸せは与えなかった」と語る哀歌である（曲／ライモンズ・パウルス、詞／レオンス・ブリエディス）。ところがこれにアンドレイ・ヴォズネセンスキーがロシア語の詞をつけ〈百万本のバラ Миллион роз〉（１９８２年）としてアーラ・プガチョワの歌で売り出したところ、爆発的なヒットとなった。歌詞もグルジアの放浪画家ニコ・ピロスマニがフランス女優に叶わぬ恋をするというまったく異なる内容に変わっていた。

歌は口伝てに人から人へ唄い継がれ、自在に国境を越えるものなので、ラトヴィアの流行歌がロシアを経由して世界に広まるのも不思議はないが、この歌の場合にはやはり、半世紀もの間ソ連の支配下で独立を奪われていたラトヴィアの辛い状況が影を落としていたといえるだろう。

隣国のエストニアやリトアニアと同様、ラトヴィアは過去に何度も周辺の大国から侵略を蒙った歴史をもつ。にもかかわらず、古来のフォークロアや民衆歌謡が豊かに受け継がれているのは驚嘆に値する。ラトヴィア民謡は「ダイナ」(Daina) と呼ばれ、19世紀の民族意識の高揚とともに熱心な収集・研究が続けられた。とりわけ研究家クリシュヤーニス・バロンス (Krišjānis Barons, 1835-1923) の功績は大きい。バロンスは1894年から1915年の間に21万7996もの民謡を収集し、民謡集全6巻8分冊にまとめた (彼が晩年を過ごしたリーガの旧宅はバロンス記念博物館として公開されている)。

こうした民謡復興運動を象徴する催しが1873年に始まる、現在の「歌と踊りの祭典」である。この有名な歌謡祭については別項をご参照いただくとして、ここではラトヴィアの芸術音楽の歴史を概観し、そこに関わった重要な作曲家と演奏家を手短に紹介しよう。

リーガの「バロンス記念博物館」内部 (撮影＝筆者)

12世紀末から続いたドイツ人の定住により、ラトヴィア一帯には早くから西欧文化が移植された。この地で支配階級を形成した彼らバルト・ドイツ人は各地に教会を建て、本格的な典礼音楽をもたらした。18世紀から19世紀にかけてラトヴィア各地の教会に設置されたパイプオルガンが約250台も現存する事実からも、ドイツ伝来の宗教音楽がいかに広く浸透したかがうかがわれる。16世紀から18世紀までクールラント公が宮廷を構えたミタウ（現ヤルガヴァ）には付属の管弦楽団と歌劇場が併設され、ドイツから多くの音楽家が招かれた。

19世紀にロシア帝国のラトヴィア支配が確立してからも、有力なバルト・ドイツ人には特権が与えられていたため、都市部でのドイツ文化の優位は揺るがなかった。リーガには彼らが建てたドイツ劇場があり（1782年創設）、1818年には『フィデリオ』が、22年には『魔弾の射手』が初演されるなど、ドイツ・オペラの主要なレパートリーが常時上演されていた（20世紀初頭にはブルーノ・ワルターやオットー・クレンペラーらが客演指揮）。管弦楽の演奏会も頻繁に開催され、1914年には新進の指揮者であったヘルマン・シェルヘンがこの街でデビューを果たしている。

リーガは西欧からサンクトペテルブルクへの旅の経由地でもあったため、リスト、シューマン夫妻、ベルリオーズといった著名な作曲家がロシア楽旅の途上ここに立ち寄っている。若きワーグナーはリーガに2年ほど滞在し、オペラや演奏会を指揮したほか、歌劇『リエンツィ』作曲に着手している。

19世紀後半はロシアや東欧・北欧諸国で民族固有の伝統に根ざした「国民楽派」が勃興した時代であるが、他国に遅れをとったものの、ラトヴィアでも世紀末から20世紀初頭にかけてその機運が盛り上がった。歌謡祭開催はその端的な表れだが、作曲の分野でも豊かな民族遺産に目を向け、民謡や伝承に基づく民族主義の音楽が実践される。その草分けがヤーゼプス・ヴィートルス（Jāzeps Vītols, 1863-1948）である。ペテルブルクでリムスキー＝コルサコフに師事したヴィートルスは卒業後も母校の作曲科で教鞭をとり（プロコフィエフらを教えた）、祖国独立後の1919年、リーガにラトヴィア音楽院を創設して後進を指導した。彼は恩師譲りの管弦楽法を駆使したラトヴィア民謡によるオーケストラ曲のほか、大編成のカンタータ、合唱曲、民謡編曲など多くの作品を遺し、文字どおりラトヴィア近代音楽の祖となった。もう一人、ほぼ同世代の作曲家にエミールス・ダールジンシュ（Emils Dārziņš, 1875-1910）がおり、同じくペテルブルグ音楽院で学び、帰国後はシベリウスの影響下に民族色の濃い魅力的な歌曲や合唱曲を手がけたが、生年を同じくするリトアニアのチュルリョーニス同様、不遇のまま早世したのは惜しまれる。

独立から第二次世界大戦勃発までの約20年間で、この国の音楽界は急速な進展を遂げた。音楽院ではヴィートルスの指導のもと優秀な音楽家が育ち、リーガのラトヴィア歌劇場（旧ドイツ劇場から発展的に改組）や同国初の常設オーケストラ（ラトヴィア放送交響楽団）が旺盛な公演活動で新風を吹き込んだ。ヴィートルス門下からヤーニス・メディンシュ（Jānis Mediņš, 1890-1966）、ヤーニス・カルニンシュ（JānisKalniņš, 1904-2000）らの逸材が出て新時代の作曲を牽引したが、やがて第二次大戦勃発とソ連併合に伴う混乱期に国外に逃れた者も多く（重鎮ヴィートルスもドイツへ出国）、両大戦間に実りかけた成果は計り知れないダメージを被った。

ラトヴィアの作曲界が国際的な関心を集めるのは、この国が独立を回復する１９９０年代を待たねばならない。ペーテリス・ヴァスクス（Pēteris Vasks, 1946-）とゲオルグス・ペレーツィス（Georgs Pelēcis, 1947-）の二人の存在がひときわ大きい。ともに戦後世代の作曲家である。

ヴァスクスはリーガのエミールス・ダールジンシュ音楽学校とヴィリニュスのリトアニア音楽院で学び、オーケストラのコントラバス奏者を務めたのち、ラトヴィア音楽院で作曲を学んだ。民族音楽にルーツをもちつつ、静謐（せいひつ）でしばしば悲痛なハーモニーに彩られた独自の作風は、ソ連支配下では異端視されたが、今や国内外で高く評価されている。代表作は合唱曲「母なる太陽」（Māte saule, 1977年）、「リテネ」（Litēne, 1993年）、弦楽アンサンブルのための「カンタービレ」（1979年）、「悲しみの音楽」（Musica dolorosa, 1984年）など。クロノス・クァルテットの依頼で書いた弦楽四重奏曲（第4番と第5番）もよく知られている。CDも多数あるので、まずは「カンタービレ」「悲しみの音楽」あたりから聴かれるといいだろう。

ペレーツィスはモスクワ音楽院でアラム・ハチャトゥリアンに作曲を学ぶが、中世・ルネサンス・バロック音楽にも強い関心を寄せた。音楽学者としてオックスフォード、ケンブリッジ両大学で研究を重ね、ラトヴィア音楽院で楽理と対位法を教えている。作品の多くに古楽への傾倒がうかがわれるが、ピアノと小管弦楽のための「コンチェルティーノ・ビアンコ」（Concertino bianco, 1983年）では、ピアノの白鍵のみを用いて、映画音楽を思わせる親しみやすい作風を打ち出した。2009年には日本初演されたから、聴かれた方もおられよう。

ラトヴィアの演奏家で最も早く日本でも知られたのは、指揮者アルヴィド・ヤンソンス（Arvid Jansons ラトヴィア名 Arvīds Jansons, 1914-1984）だろう。第二次大戦時にリーガでデビューした彼は、レニングラード・フィルハーモニー管弦楽団の指揮者に抜擢され、巨匠ムラヴィンスキーを補佐した。58年から何度も来日、東京交響楽団に客演してオーケストラの水準を飛躍的に向上させ、「鉛を金に変えた」と絶賛された。その息子マリス・ヤンソンス（Mariss Jansons, 1943-）は戦時下のリーガに生まれ、レニングラード・フィルの副指揮者を振り出しに国外のオーケストラでも実力を発揮、世界的な指揮者としての名声を確立した。２００４年から15年までアムステルダム・コンセルトヘボウ管弦楽団の首席指揮者を務めたほか、２０１６年現在はミュンヘンのバイエルン放送交響楽団の首席指揮者の地位にある。若手ではアンドリス・ネルソンス（Andris Nelsons, 1978-）の存在が目覚ましい。ラトヴィア国立歌劇場の首席指揮者を務めたのち、欧米各地のオーケストラ、歌劇場で旺盛な活躍をみせ、２０１４年からは名門ボストン交響楽団の音楽監督に就任している。

弦楽器奏者ではヴァイオリンのギドン・クレーメル（Gidon Kremer ラトヴィア名 Gidons Krēmers, 1947-）とチェロのミッシャ・マイスキー（Mischa Maisky ラトヴィア名 Miša Maiskis, 1948-）の存在がきわめて大きい。二人ともリーガに生まれ、ソ連で研鑽を積んだが、自由な演奏活動を求めて１９７０年代に相次いで国外に出た。その後の国際的な活躍は周知のとおり、来日回数も多い。特にクレーメルはラトヴィア人としての出自にきわめて自覚的で、同郷のヴァスクスやペレーツィスに新作を委嘱・初演するほか、バルト三国の若手演奏家による室内アンサンブル「クレメラータ・バルティカ」を結成して世界各地を回るなど、この地域の音楽の振興と普及に尽くしている。ラトヴィアで生まれた音楽が「現代の古典」となる日も遠くないだろう。

（布川由美子）

コラム6

北條陽子

ラトヴィアでピアノ交流

都内でドヴォルザーク弦楽四重奏団と共演したとき、聴きにいらしてくださった音楽評論家の武田洋平先生から、ラトヴィアでピアノリサイタルと日本のピアノ音楽に関するレクチャーを開催してはどうかとのお話をいただいた。現地では武田先生から紹介された菅野開史朗氏(ラトヴィア大学講師)がマネジメントを引き受けてくださることになり、プログラムは私のレパートリーに加え、武田先生と菅野氏の提案でラトヴィアの作曲家ゲオルクス・ペレーツィス(Georgs Pelēcis)氏の「第4組曲」を演奏することになった。菅野氏は大学院生時代に日本でペレーツィスの曲を聴き、たいへん興味を抱かれ、その後、ラトヴィアでペレーツィス氏と会い親交を深められたという。

公演を控えた初秋のある日、リーガ空港に降り立った。旧市街の一角でタクシーを降りてホテルへ向かう途中、石畳のコツコツという感触が、初めて訪れるこの国で4日後にはもう演奏するのだ、という感慨を呼び起こした。

翌朝から練習を開始し、その合間をぬってラトヴィア・ラジオの音楽番組のインタビューに応じ、その通訳も菅野氏にお願いした。練習会場は旧市街でいくつか確保できたが、なかでも2日目にはかつてワーグナーが滞在し、リストやベルリオーズも演奏したというワーグナー・ホールを、工事中にもかかわらず、特別に利用させてもらい、演奏会へ向け気持ちを高めることができた。

リサイタル前日には、ペレーツィス氏に第4組曲を聴いていただく幸運に恵まれた。そのときにいただいたコメントは、4楽章中第2、第3楽章はやや遅めにし、また第3楽章は謎めいた、滴が落ちるような感じで弾けばよい、といで、モーツァルトと同時代のチェコ生まれの作曲家デュセックのソナタで幕を開けた。休憩前の最後の曲としてペレーツィスの第4組曲を弾き終えると、客席からウェーブのような拍手がしばらく続いた。リーガの聴衆は演奏に集中し、率直に印象を表現する人々なのだと、とても快い気分に満たされた。第2部のムソルグスキー「展覧会の絵」は、ロシアの支配を受けたラトヴィアでどう受け入れられるのか気になっていたが、とても楽しんでいただけたようで、ていたが、とても楽しんでいただけたようで、終演後、何人かの方が話しかけてきてくださった。ペレーツィス氏も来てくださり、第4組曲の演奏について「寂寥感漂う中にも秘められた情熱が感じられました。今まで、この曲をこのように表現した人はいません」とのコメントをくださった。どう弾けばいいか悩んでいたこの作品に関して、作曲者ご本人からのこのお言葉は本当に嬉しいものだった。

ハチャトゥリアンに師事したペレーツィス氏

ペレーツィス氏と筆者（菅野開史朗撮影）

った意外に簡潔なものだったが、本番直前ということで気を遣ってくださったのかもしれない。また前夜は在ラトヴィア日本大使館の臨時代理大使や館員の方々と歓談する機会があった。

リサイタル会場はリーガ旧市街の小ギルド

ピアノリサイタル前の様子（左が筆者、菅野開史朗撮影）

は音楽学者として主に対位法を専門とする一方、作曲においては和声感の豊かさに加え、時にシンプルなメロディラインで聴く者の心を打つ。また、同じ旋律が微妙に変化しながら繰返される。他のラトヴィアの作曲家の作品にもいえることだが、美しいメロディラインと意外性に満ちたリズムが特徴で、また独特のピアニスティックな作品にも目を見張るものがある。

帰国後、日本でもペレーツィス作品の演奏を続けている。かねてから縁のある東京シティ・フィルとの2度目の共演では「白い小協奏曲」（Concertino Bianco）を、また駐日ラトヴィア大使館でのコンサートに2度出演し、第1・第2組曲や他のラトヴィアの作曲家の作品も演奏した。どれも聴いて下さった方々から「心に響く」というメッセージをいただき感激したが、私自身も同じ気持ちで演奏している。

20

ラトヴィア文学点描

★民族意識の目覚めとともに★

ラトヴィア文学は、19世紀半ばにヨーロッパに広がった民族ロマン主義の潮流にやや遅れて、民族意識の目覚めを機に芽生えた。その基盤となったのが、森羅万象の擬人化や自然を隠喩することで、日常生活と世界観を表現してきた民謡や伝承である。また、地理も文化も、さらには言語も、ロシアとドイツなどの強い影響の狭間にあるラトヴィアの文学は、自ずと民族主義的な傾向が強い。特に19世紀後半のアルナーンス（Juris Alunāns, 1832-1864）やアウセクリス（Auseklis, 1850-1879）らの詩によって、民族意識の高揚とフォークロア、神話、歴史への関心が高められ、ラトヴィア語に磨きがかけられた。

ラトヴィア文学上のヒーローといえば、熊に育てられ、熊の耳を持ち、やがて熊を引き裂くほどに強く成長したラーチュプレーシス（Lāčplēsis）であろう。プンプルス（A. Pumpurs, 1841-1902）が「他民族にある英雄伝がラトヴィア人にもあってしかるべきだ」と思い立ち、第3回合唱祭のために１８８８年に書いた本書は、13世紀に侵入してきたドイツ人との闘いという史実を古くからの伝説に重ねた叙事詩である。『勇士ラチプレシス』（世界名作全集65、講談社、袋一平翻訳、１９５４年）は絶版となって久しいが、日本語で読むことのできる希少なラトヴィア文学作品である。（邦訳が物語り風に書き直されているのは、読みやすさを考慮したためであろう。）この作品は、この後、ラトヴィアの数限りない絵画の題材となり、旧ソ連時代には自主独立運動を背景として舞台化もされた。

ラトヴィアでは詩がよく読まれ、詩人たちの社会的存在意義が大きい。社会と政治の動向に鋭敏に呼応し、反骨や揶揄などが行間に込もる詩が、多くの人々の心の内を代弁してきたからだろう。また、詩の響きを楽しむ伝統は、例年秋に開催される詩の朗読祭（Dzejas dienas）に見て取れる。

朗読祭は、詩人、劇作家で社会活動家であったライニス（J. Rainis, 1865-1929）の生誕百周年を記念して始まった。帝政ロシア期のサンクトペテルブルグ大学に学んだライニスは、当時形成された知識層による政治的文学活動「新しい流れ」（Jaunā strāva, 1893-1897）の主張を訴える新聞を発行したことで投獄や追放に処されながらも、民族の誇りを讃える詩と戯曲を次々に発表した。さらに、戯曲『火と夜』（*Uguns un nakts*, 1907）や詩集『ダウガヴァ』（*Daugava*, 1916）などに国家樹立や社会主義の思想を表現するなど、同じく詩人で劇作家である妻のアスパジヤ（Aspazija, 1865-1943）と共に、理想の社会を作品によって目指した。

『勇士ラチプレーシス』表紙

民話は、プシュカイティス（A. Lerhis-Puškaitis, 1859-1903）によって『ラトヴィア民族の昔話と民話』（*Latviešu tautas teikas un pasakas*, 1891-1903）全7巻に編纂されている。その多くが「むかしむかしあるところに三人兄弟

リーガ市内エスプラナーデ広場に鎮座するライニス像（筆者撮影）

（もしくは三人姉妹、もしくは王様）が住んでいました……」と始まる。スカルベ（K. Skalbe, 1879-1945）は、これらの民話を基に独自の童話の世界を作りあげた。スカルベの代表作『北の娘を求めて』（*Kā es braucu Ziemeļmeitas lūkoties*, 1904）や『猫の風車小屋』（*Kaķīša dzirnaviņa*, 1913）は、悪者退治やハッピーエンドにとどまらず、人生の葛藤と清澄な道徳観に貫かれている。その細やかな心理描写は寂しい余韻を残し、ラトヴィアのアンデルセンと称されている。

戯曲の分野では、ブラウマニス（R. Blaumanis, 1863-1908）の悲喜劇がラトヴィア演劇界にとって欠かせない演目となっている。『シルマチの仕立て日』（*Skroderdienas Silmačos*, 1902）ほど多数の演出によりロングランされている芝居は、ラトヴィアに他に例を見ない。例年6月、夏至祭を迎えるにあたり、多くのラトヴィア人にとって、国立劇場で上演されるこの芝居を観て泣き笑い歌うのが伝統となっている。ブラウマニスは、さらに、ラトヴィア民話特有の父と息子という対比の構図が顕著な『死の影』（*Nāves ēnā*, 1899）、『消えた息子』（*Pazudušais dēls*, 1893）など、ギリギリの選択を迫られた人間の心理を精密に描き出し、戯曲と散文の分野でリアリズムを打ち立てた。

初期の独立期には、フランス・シンボリズムの詩を継承するヴィルザ（E. Virza, 1883-1940）、都市に生きる市井の人々に光をあて、近代詩を確立したチャックス（A. Čaks, 1901-1950）、近代社会に精神を病む人の心理を短編に綴ったアーダムソンス（E. Ādamsons, 1907-1946）、１９４５年を前後して外国に亡命した詩人のエグリーティス（Anšlavs Eglītis, 1906-1994 と Andrejs Eglītis, 1912-2006）、ストレーレルテ（V. Strēlerte, 1912-1995）らが、次々に作品を発表した。

１９５０年代、60年代のニューヨークには、ラトヴィアから亡命した作家たち、ソドゥムス（Dz. Sodums, 1922-2008）、サリンシュ（G. Saliņš, 1924-2010）、ムークス（R. Mūks, 1923-）らが下町の住居の狭い台所に集まった。「地獄のキッチン」（Elles ķēķi）と呼ばれたこの集いは、失われた祖国を憂える詩作によってラトヴィア文学の近代化の震源地となった。

他方、ソ連体制下のラトヴィアは、厳しい検閲のため、表現者にとって受難の時代であった。晩年にノーベル文学賞候補となったベルシェヴィツァ（V. Belševica, 1931-2005）は、詩集『年輪』（*Gadu gredzeni*, 1969）を発表して以降、長期にわたり作品発表の制限を受けたが、その間、子ども向けの戯曲を書いたり、外国の児童文学を翻訳したりしながら、抑圧に屈しない心の自由と女性の生き方を詩にし続けた。自伝三部作『ビッレ』（*Bille*, 1996, 97, 99）は、スウェーデンのトランストロメル賞を受賞した。

ヴァーツィエティス（O. Vācietis, 1933-1983）もまた長く発表を制限されながら、作家で妻のアザロワ（L. Azarova, 1935-2012）に捧げる愛の詩など、リズミカルで伸びやかな作風はイデオロギーを超えて読者の心をとらえた。その絶大な人気ゆえに、ソ連政権は検閲を加えると同時に多くの勲章を与えた。ヴァーツィエティス文学賞は、ラトヴィアの詩人たちの登竜門となっている。

国際アンデルセン賞やリンドグレーン記念文学賞にノミネートされていたイマンツ・ジィエドァニス（I. Ziedonis, 1933-2013）は、ラトヴィア児童文学の代表作とされる『いろとりどりのお話』（*Krāsainas pasakas*, 1973）ほか、初等教育の国語の教科書を書いた。辛口の社会批評を詩的に表現した散文詩『エピファニィ』（*Epifānijas*, 1971-1974, 1994）は、幅広く愛読されている。１９８０年代にはラトヴィアの地方をくまなく訪れ、地域からの視点に光をあて、環境保護をエッセイで訴えた。さらに国外に亡命した作家たちとの交流の先陣を切るなど、知識人をリードする存在であった。

ここに挙げたのは、歌となってしばしば口ずさまれ、人生の節々に贈るカードに記されるなどして生き続ける作家たちの、ほんの一端である。現代に目を向ければ、旧ソ連時代から現代までの間に価値観は激変し、世代間に生じた差とその葛藤は大きい。そのような現在進行形のラトヴィアのあり様は、例えば、ベルス（A. Bels, 1938-）、レプシェ（G. Repše, 1960-）、イクステナ（N. Ikstena, 1969-）、アーベレ（I. Ābele, 1972-）による小説、ヴェールディンシュ（K. Vērdiņš, 1979-）による詩などに見いだすことができる。

（黒沢 歩）

コラム7

日本文学の翻訳状況と翻訳者たち

黒沢 歩

日本文学といえば、ラトヴィア人はまず俳句を連想する。『草の影、蜻蛉の影』（*Zāles ēna, spāres ēna*, 1986）、子ども向けの俳句冊子『水に映る月、水に映る星』（*Ūdenī mēness, ūdenī zvaigznes*, 1995）、「俳句一日一句」の副題で365句を四季別に配置した『蛍の光』（*Jāņtārpiņa gaisma*, 1997）と、継続的に翻訳したエグリーテ（G. Eglīte, 1943-2009）は自ら詳細な解説を付し、ラトヴィア人への俳句への理解と親しみを深めた。今も書店に見られるさまざまな翻訳句集は、そのほとんどがエグリーテ訳を基に構成されている。エグリーテは、1958年11月号の文芸誌『本』（*Grāmata*）に芥川龍之介の『侏儒の言葉』（*Pundura vārdi*）の抜粋を翻訳し、解説を付して発表するなど、早くから日本文学の紹介に携わっていた。

エグリーテ訳『草の影、蜻蛉の影』表紙

60年代以降、推理小説を含め、日本の近世から戦後にかけての作品が立て続けに翻訳された。翻訳者であるカッタイス（E. Katajs, 1923-）は、旧満洲国にて日本語を習得し、機知に富む話術を操る日本語の達人である。カッタイス翻訳の安部公房、川端康成、小松左京、石川達三、五味川純平、森村誠一、松本清張、井原西鶴らの書籍を積み上げたなら、かなりの高さとなる。カッタイス訳の谷崎潤一郎『陰影礼賛』（*Ēnas cildinājums*, 2000）を読み、古き良き日本に憧憬を抱くラトヴィア人は少なくない。

90年代にカッタイスの後を継いだのが、ベッキェレ（I. Beķere, 1965-）で、日本昔話集

『魔法のキモノ』（*Burvju KIMONO*, 1994, エグリーテとの共訳）、三島由紀夫『金閣寺』（*Zelta templis*, 1997）などを翻訳した。現在は、村上春樹作品を専門にしつつある。同じ時期に出版された宮沢賢治童話集『銀河鉄道の夜』（*Piena ceļa vilciena nakts*, 1998）は、リーガ日本語学校の生徒たちによる意欲的な試みである。

２０００年以降、日本に留学経験のある若手の日本学者が文学翻訳に携わっている。パエグレ（I. Paegle）は漱石の『こころ』（*Kokoro*）、谷崎潤一郎の『鍵』（*Atslēga*）と『痴人の愛』（*Naomi*）、さらにカッタイスとエグリーテとの共訳で芥川龍之介短編49作品を収めた『物語』（*Stāsti*, 2009）と精力的に進め、翌年には『侏儒の言葉』の全文新訳を出している。この頃から日本文学の本の装丁は、浮世絵風からモダンにがらりと変わった。さらに、ガルヴァーネ（L. Galvāne）訳『個人的な体験』（*Privāta lieta*, 2008）、アヴァナ（I. Avana）訳『世界の終わりとハードボイルド・ワンダーランド』（*Skarbā brīnumzeme un pasaules gals*, 2012）と、対象は現代文学に移行している。「欧米化した現代日本人を描く」と評される村上春樹作品は、その数ある翻訳がシリーズ化されたところをみると、安定した読者層に支えられているようである。

このように日本文学を原語で解する翻訳者の層に厚みが増し、文学翻訳は重訳から脱しつつあるが、安部公房『砂の女』（*Sieviete smiltīs*, 2012）がほぼ40年前のロシア語からの重訳のまま再版されたときには、書評には日本語翻訳者たちは何をしていたのかと批判がなされた。日本文学のラトヴィア語訳は、その質と幅において開拓の余地がいまだ大きいといえる。

21

演劇事情

★新リーガ劇場を中心に★

ラトヴィアの劇場においては、日本に馴染みの薄い「レパートリーシステム」という公演形態によって、9月から翌年6月までのいわゆるワンシーズンをかけて、複数の作品が日替わりで繰り返されている。これは、同時期に、しかも一日ごとに、異なる配役をこなせる役者陣あってこそ、成り立つ公演形態である。こうして、異なる作品を毎夜のように楽しめることから、ほとんどの劇場にはワンシーズンに一定数の芝居を割引料金で観劇できる定期券制度がある。

そのため、観劇はラトヴィアの多くの人々にとって、生活に身近なうえに、社交の一形態であり、家族の伝統ともなっている。そのうえ、それぞれの劇場に複数の劇場付き舞台監督がおり、劇団員と作りあげる舞台の個性が顕著であることから、各々の劇場に通う固定した観客層を形成している。

たとえば、空港からリーガ市中心部に入っていく玄関口を優雅に飾る国立劇場は、1918年にラトヴィア共和国の独立を宣言した由緒ある場所であるが、独立宣言の翌年に、ブラウマニス（L. Blaumanis）の『火の中』（*Uguni*）でこけら落としをしたこの国立劇場では、現代でもラトヴィアの古典的な戯曲を鑑賞できる。また、作曲家パウルス（R. Pauls）が音楽監督を務めるミュージカル仕立ての舞台もひんぱんに上演され、歌あり踊りありのエンターテイメント色の強い舞台は、大衆演劇の需要を満たしている。

ところで、現代ラトヴィア演劇界を語るとき、筆頭に挙げておきたいのが、アルヴィス・ヘルマニス（A. Hermanis, 1965–）監督が率いる新リーガ劇場（Jaunais Rīgas Teātris, １９９２年創立）の存在である。１９９３年から国内外の作品を独特の演出で手がけてきたヘルマニスは、『ラトヴィア人の物語』（*Latviešu stāsti*）が大当たりし、『ラトヴィア人の愛』（*Latviešu mīlestība*）などの役者の即興芝居に信頼をおいた演出や、『青い山のマルタ』（*Zilākalna Marta*）など、価値観が急速に変わりゆく現代におけるラトヴィア人のあり様を如実に反映させた作品や、ソ連時代を回顧する完全な無言劇『静けさの音』（*Klusuma skaņas*）など、ユニークな実験的舞台で注目を浴び、バルト三国の現代演劇の潮流を代表している。

新リーガ劇場の強みは、アーボァリンシュ（G. Āboliņš）、クルーミンシュ（G. Krūmiņš）、ダウジンシュ（V. Dauziņš）、ザリニャ（G. Zariņa）、ズノァティンシュ（K. Znotiņš）ら、個性豊かな役者陣を揃えていることである。例年秋に開催される国内の演劇賞（Spēlmaņu nakts）において、同劇場の監督と役者が、あらゆる賞を総なめにすることはもはや珍しくない。それどころか、ラトヴィア演劇界の代表としてEU諸国とロシアにおいて高い評価を得て久しい。というわけで、新リーガ劇場は、ラトヴィアにおいてチケット入手が最も困難なまでに、年齢を問わず現代演劇ファンを文字通り虜にしている。

新リーガ劇場は、旧市街からほど遠くないラーチュプレーシス通り25番地にある。ぼんやり歩いていると、つい見過ごしてしまいそうな慎ましい外観から劇場と見分けるには、建物の側面に大きく描かれた男の顔に気づかねばならない。その顔こそ、名優でラトヴィア演劇の改革者とも呼ばれる演出家スミルギス（E. Smiļģis, 1886-1966）である。ダウガヴァ河を挟んだ閑静な住宅地には、スミルギスの生家が演劇博物館となっていて、館内の劇場においても芝居の上演がなされている。

ラトヴィア語にて初めて上演された芝居は、1911年のライニス（J. Rainis）の戯曲『火と夜』（*Uguns un nakts*）である。ちなみに、ラトヴィア語による演劇の創始者は、アルナーンス（Ād.Alunāns, 1848-1912）とされている。帝政ロシアにおいてドイツ劇場（現在のオペラ座）の役者であったアルナーンスは、1870年にリーガ・ラトヴィア人協会劇場の監督に招かれ、1894年にはイェルガワ市に劇場を創設し、1904年まで監督を務めながら、演技指導と監督の道を専門的に深め、さらに新たな戯曲作品の誕生を奨励することによって、ラトヴィア語演劇の発展に多大な貢献をしたとされる。

1908年から1915年に存在した当初の新リーガ劇場は、ドイツ劇場に対するリーガ第二の新たな劇場を意味していた。同劇団に1912年に加わったスミルギスは、ロシア演劇を学びながら新劇に情熱を捧げ、1920年には新リーガ劇場の建物においてライニスの戯曲『インドゥリスとアーリヤ』（*Indulis un Ārija*）を演出し、これによって芸術劇場（Dailes teātris）を創設し、ラトヴィア現代演劇の父となる。芸術劇場は、後に自由通り（Brīvības iela）に建設された重厚な現代的な建造物に居を移し、今に至る。現代の芸術劇場は大ホールを活かした大衆芝居と国内外の客演を盛んに行っている。

首都から北へ離れたヴァルミエラ市の劇場（Valmieras teātris）も見逃すことはできない。名監督クロァデルス（O. Kroders, 1921 ~ 2012）が長年かけて育てあげたヴァルミエラ劇場の役者たちは、監督の言葉を阿吽の呼吸で理解するまでの密接なアンサンブルを築きあげたといわれる。一時期、リエパーヤ劇場（Liepājas teātris）に移動したクロァデルスの後を引き継いだのは、現在は新リーガ劇場を拠点としているマーラ・キメレ（M. Ķimele, 1943–）である。キメレによるチェーホフの『三人姉妹』やイプセンの『人形の家』などは、女性ならではの独自の解釈による心理劇を特徴とする。

リーガの旧市街に豪奢な建造物を拠点とするロシア・ドラマ劇場（Krievu drāmas teātris）においては、ロシア人俳優たちによる芝居が上演され、ロシア語系住民の芝居好きを一手に集めている。ここで観られるラトヴィア語劇には、ラトヴィア人役者によるものとはテンションの異なるロシア演劇の伝統を引き継いだ演出が興味深い。

このほか、子ども向けには人形劇場（Leļļu teātris）が盛んであるし、リーガ旧市街の「東の国境」（Austrumu robeža）というシアター兼カフェには、ノスタルジーあふれる音楽劇の夜に興じる人々が集う。どの劇場においても、どんなに世の中が不景気のときであっても、人々はどこか優雅に、劇場のカフェやロビーで熱心に芝居談義に花を咲かせている。

例年、初秋のリーガと地方都市では国際現代演劇祭（Homo Novus, １９９５年～）が開催されている。国外からの劇団が多数参加し、たとえば旧軍事要塞、工場、鉄道博物館、廃車置き場、ホテル、倉庫、公園、一般住宅などを舞台とすることから、この期間は特に芝居好きでなくとも、刺激的な鑑賞を見逃したくはないだろう。

（黒沢 歩）

コラム8

私の惹かれたBaltā māja（バルター マーヤ）

三宅佑佳

「劇場でバレリーナとして仕事がしたい」。そんな夢を持っていた私がラトヴィア国立オペラ座に出会ったのは2006年、毎年開催されているリタ・ベイリスのガラコンサートに招待された時のことだ。

それまではラトヴィアという国さえ知らなかったのだが、「白い家」とも言われるこの劇場を目にしたとき、夢に描いていた「劇場」に出会えた気がしたのである。

世界にはたくさんの劇場があるが、上品、そして豪華なこの劇場に、私はなぜか惹かれた。

劇場に惹かれたとはいえ、当時は本当に自分がこの劇場のバレエ団に所属することになるとは思いもしなかった。海外の舞台では観ている観客に足元までよく見えるよう、客席に向かって舞台に傾斜がつけられていることが多いのだが、ガラコンサートの際、その傾斜が今までに経験したことがないほど急で、正直、もうこの舞台で踊ることはないだろう、ラトヴィアに来ることもないだろうと思っていた（その後、ガラコンサートでは普段と違い、たまたま急な傾斜に設定されており、ボタン一つで傾斜具合が変えられることを知ったのだが……）。

しかし、人生とは不思議なもので、このガラコンサートでパートナーだったラトヴィア

オペラ座（提供／ラトヴィア国立オペラ座）

「白鳥の湖」（AndrisTone 撮影）

国立オペラ座のダンサーが、私が所属するバレエ団を探していると知り、監督へ相談、外国人ダンサーが所属するのは難しいなか、運よくソリストとしての入団が決まったのである。

劇場での公演は、シーズン中の9月から翌年5月までの間に約80回ほど。

レパートリーは純クラシックといわれる『白鳥の湖』をはじめ、コンテンポラリーや子ども向けの作品まで幅広い。シーズンごとに2、3作品の新作もプラスされ、その他、ガラコンサートや海外公演もたびたび行われている。

公演は毎回演目が変わるため、日が近づいた2、3作品の演目のリハーサルが日々時間で割り振られ同時進行し、ときには急な代役や不十分なリハーサルで迎える本番でも、舞台に立たなくてはならない。

劇場に所属するまでは、年に数回の発表会や全幕公演のために数カ月前からリハーサルをみっちりと行い本番を迎えていたため、入団当初は次から次へとスピーディーに進むやり方の違いに戸惑った。

ダンサーたちはオンとオフがハッキリしており、必要なリハーサルが終わるとスタジオを去っていくのだが、リハーサルが不十分に感じ、休むことに罪悪感を感じ、休日も劇場に通っていた私は、彼らの仕事に対する姿勢が当時はわからなかった。

しかし、プロとして舞台に立つ仲間を見て、次から次へと迫る本番をベストな自分で望むため、それまでのリハーサルの仕方や体調管理、自分の身体についてなど、「自分を知ること」「休養の必要性」そして多くの舞台に立つ「経験」の大切さを教えられたのである。

「こんなところにこんなバレエ団があったのか……」

これは私が初めてラトヴィア国立オペラ座のバレエ団の公演を観たときの感想だ。

知られていない国、バレエ雑誌などでも見かけないバレエ団、オリジナリティのある舞台……。だからこそ初めて観たときには、まるで秘密基地でも見つけたかのような気分を味わった。日本ではオペラやバレエを観にいくという習慣はないと思うが、ラトヴィアへ来たら、ぜひこの白い家へ足を運んでもらいたい。

金で飾られた客席やドレスアップをした観客たち、生のオーケストラなど、そこにいるだけでもいつもと違う時間を楽しんでもらえるはずだ。

22

ラトヴィア映画史

★帝政支配期から現代まで★

帝政支配期

1896年にリーガ・サーカス（現存）は、ラトヴィアにおける初の映画上映の会場となった。夏の暖かい夕方にリーガ市中央区ワールマネ公園でしばしば野外上映会が行われるようになり、1901年にはラトヴィア初の映画館、客席1200席を誇る「ザ・ロイヤル・ヴィオ」も建設された。ラトヴィア初の映画は、ラトヴィア人撮影監督アレクサンドルス・スタンケが1910年のニコライ2世のリーガ訪問とピョートル1世記念碑除幕式を描いた記録映画である。1913年以降は劇映画も撮影されるようになった。

第一次独立期

第一次世界大戦後、ラトヴィアも滞りなく映画界に参加して、外国で発明された音響技術を購入せずに、ブルンベルグス兄弟は国産技術の開発に専念して高価な外国技術と競争するようになった。ラトヴィア独立の獲得を物語り愛国心を奮い立たせるヴィリス・セグリンシュ監督自主製作の無声映画『俺は戦争に往く』（1920年、第一次独立期初の劇映画）の興行成績好調を契機に、同年に設立され劇映画とニュース映画を手がける株式会社「ラトヴィア映画」は、1921年に映画俳優教室を開設し、1924年の解散までラトヴィア人の俳優とスタッフで4作の映画を製作した。現存するバルト三国最古の映画館は、リーガ市中央区で1923年に建設され主に欧亜と国産映画を上映する国定建築記念物「スプレンディド・パレス」である。1925年の年間統計によるとリーガ市内の映画館観客が300万人を超え、1930年時点でラトヴィア国内の映画館は85館、その内31館がリーガ市内にあった。ラトヴィア初期撮影監督とは、写真家出身のヤーニス・スィーリス、アルノルヅ・ツァーリーティス、エドゥアルヅ・クラウッツ、リエパーヤ市出身のエドゥアルド・ティッセおよびリーガ市出身で一世を風靡した親日家の映画監督セルゲイ・エイゼンシュテイン（漢字の学習中で会意文字に感銘を受けモンタージュ理論を開発、代表作は『軍艦ポチョムキン』『ストライキ』『イワン雷帝』）である。1933年作の『母なるダウガヴァ河』がラトヴィア初の発声映画となり、初期長編劇映画の多くはラトヴィア文学名作の映画化であった。特筆したい三作は、建国当時の実生活および原作の民族英雄叙事詩の登場人物の物語を紡ぎ合わせた無声映画『勇士ラチプレシス』（1930年、1954年講談社が原作邦訳、劇8作と劇映画14作に輝いた国民的女優リリタ・ベールズィニャが主役）、文化人類学的にも貴重なラトヴィア西部クルゼメ州固有の伝統的な結婚式を描いた『故郷は呼ぶ』（1935年）、1937年に設置された社会省文化庁の支援を受けて当時の名優たちを揃え大ヒットした挿入歌を誇る大掛り『猟師の息子』（1939年、ソ連占領下の1957年に再映画化）。

独ソ占領期

ナチス占領下、話題作となった1942年の短編記録映画『赤い霧』は、独ソ不可侵条約の秘密議定書により1940年7月の侵略から一年間続いた第一次ソ連占領下の惨劇を露骨に暴く。第二次世界大戦後ラトヴィアが再びソ連占領下になり、ラトヴィアの映画製作業界は否応なくソ連の国家映画委員会ゴスキノ（資金提供元）と主要検閲機関たる教育人民委員部文献出版総局グラヴリートの監視下に置かれた。新設した劇映画撮影所とニュース記録映画撮影所が1948年に統合し1958年に「リーガ映画撮影所」と改名され、ソ連時代のラトヴィアで中央集権的な映画製作の本拠となった。1945年から1953年まで全ソ連でわずか20作の映画しか出てこなかったいわゆる「少産時代」においてリーガ映画撮影所は大抵ソ連映画のラトヴィア語吹き替えを担当していた。著名なラトヴィア人詩人をソ連の社会主義リアリズムのイデオロギーに都合よく加工して描いた1949年の劇映画『ライニ』は、中国語の『詩人萊尼斯』を始め多言語に吹き替えされるようになり、スターリン国家賞を受賞した。スターリン死後、全ソ国立映画大学卒の新世代の登場を伴う「革新期」が始まり、芸術的成熟の証としてラトヴィア人固有文化の典型的な人格像に基づいて視覚的表現力や普遍的な象徴に富み女性の運命の悲劇を感動的に描いた1955年の『春寒』を例示したい。1960年代後半からは毎年7～10作の長編劇映画ができあがるというラトヴィア映画製作業界の最盛期に入る。同年作の『エンリコ船長の懐中時計』で少年は拾った懐中時計の持ち主を探そうとしているが、詐欺師たちがそれを狙って企みをめぐらしていく。翌年の『測量時代』で1870年頃ピエバルガ県農民の敷地境界線の再測量が行われ、各人が隣人たちより広く測量して貰いたくて闘志満々。また興行収入を齎すような娯楽系に向かう1970年代の風潮に従い刑事映画に特化しながらリーガ映画撮影所は全ソ連で最もよく組織されて完備した（相変わらず北欧最大の屋内撮影スタジオを誇る）施設になった。1970年の『鳥通り共和国』で1905年革命後リーガ市の子どもたちは独自の共和国を持ち、トゥリアーン賊徒から守ることが国民各自の誇りだが、当初子供同士の対立が次第に大人の関係に及んでいく。同年作の冒険映画『鬼の家来たち』で17世紀初期の典波戦争、リーガ市の鍵を得ようとする侵略者に対する三銃士たる若者たちの徹底抗戦を描く（1972年に続編が完成）。経済停滞の時代には、伝承が民族自意識の維持に学術的関心のみならず実践的な側面（伝承団の新設、民族的な要素と文様の建築物や服飾での活用など）からも大きく貢献したのだ。1973年の『風よ吹け』では、ラトヴィア人の典型的な農場を舞台に民俗学を通じて物語の現実的な場面も象徴的な場面も描かれていく。同年作の『独女への贈り物』では、自家用車が価値の物差しとなった時代に大活躍中の泥棒を捕まえるべく美婦警が巧妙な手口を思いつく。ド田舎の老婆は自動車に当籤したことが判明し、泥棒も行動し始める。ヘルツ・フランク監督の1978年代表作『十分間』は人形劇を観劇中の少年の顔の大写しを通じて喜怒哀楽、成長を凝縮して捉えた記録映画の最高峰。男勝りのリリヤ・ベールズィニャが主役の1979年短編喜劇『馬鹿なパウリーネのせいだ』では、矍鑠（かくしゃく）たるパウリーネはあまりにも好奇心旺盛で法廷まで行き着くが初志貫徹。1981年の歴代名作『夏至に染まる車』の主役にも輝き、ラトヴィアで最も盛り上がる夏至祭の前に自動車に当籤した80歳の老婆に、縁が薄かった親戚たちがやってきて形見分けを狙いつつ媚びへつらう努力を描いていく。1985年の冒険映画『一尺男子』で、幸せと宝探しに出かけた小さい男の子は長旅を経て結局実家と親戚へと導かれる。1980年代後半に国民戦線による再独立運動が始まり、弾圧も緩くなる傾向にあった。1967年に完成された話題作『ワイシャツ四枚／深呼吸せよ』は当時の表現の自由への渇望・最大限主義・良心の声の結晶であり、バンドの作詞家・歌手が衝突する検閲体制の愚劣さを写実的に描いた、この映画自体も検閲に禁止されっぱなしで、ようやく1986年初公開を迎え、現在も相変わらず絶賛を博している。1990年の『マイヤとパイヤ』では、働き者で真面目なマイヤと冷酷な義母の怠け者の実娘パイヤ、それぞれが井戸の中に飛び込み冥土でさまざまな試練を通じてそれなりの応報を受ける。1990年の『私はラトヴィア人です』は、在外ラトヴィア系（後のラトヴィア女性大統領も）の亡命先諸国での出世、生活と民族性保持を描いた超大作記録映画。怪死した鬼才ユリス・プアドニエクス監督の記録映画代表作には、チェルノブイリ原発事故除染作業を始めソ連各地での激動をめぐる256分間の1989年超大作『ソビエト人たち』、ラトヴィア独立回復への道のりとソ連崩壊を描いた1990年作『祖国』（日本でも放送済）と1991年作『帝国の終焉』がある。

第二次独立期

1991年にラトヴィアが独立を回復してソ連のグラヴリート監視下から解放されるとともにゴスキノの資金提供が途切れて財政破綻に陥ったリーガ映画撮影所をはじめラトヴィア映画生産業界は自分で全てをほぼゼロからやり直さざるを得なくなった。国家が支援する余裕が無い第一独立期と同じように映画製作は熱狂者のための仕事として逆戻り。1991年に完成された『人の子』では1930年代、ラトヴィア人固有文化の典型的な人格像となる田舎の男の子の主観的な目線で映画の舞台となる実家の心地良さと暮らしを描く。1993年の家族映画『クリスマスの大騒ぎ』では、解雇された音楽教師は家庭用クリスマスツリーすら買う余裕がなく、入居中の住宅から持主に追い出されそうな上、演奏会が迫るピアニストの息子も指を怪我して滅茶苦茶。独立回復後、名優を揃え興行成績好調な長編劇映画を輩出したアイガルス・グラウバ監督の代表作は、1940年のソ連軍侵略当時をめぐる2000年作『惨い夏』、トゥクムス県に現存する映画村を撮影用に特設してラトヴィア独立戦争を舞台に恋愛物語を描いていく2007年作『バトル・オブ・リーガ』と第一回バスケ欧州選手権のラトヴィア代表優勝への道のりを物語る2012年作『ドリーム・チーム1935』である。イワルス・ズヴィエドリス監督の2012年作『記録者』でキェメリ湿原に住んでいる主人公の墓守・呪医インタと監督自身の波瀾万丈な関係展開を描く。ヤーニス・ツィンメルマニスとマーリス・プトニンシュ監督の2014年作『ジムライ・ルーディ・ラッラッラー』でラトヴィアの高齢名優たちを配役に、老人ホームの入居者たちが国を不景気から救うよう年金を拒んで国軍に入隊する冒険を描く。イナーラ・コルマネ監督の2015年作『ルッチと宜江』では、ラトヴィアの田舎で即興民謡を歌うスイティ婦人たちという合唱団の矍鑠たる長老のお婆さんと文化人類学の日本人大学院生の感動的な異文化交流を描く。

アニメ映画

アニメ映画はアルノルヅ・ブロヴス監督（1915-2016）代表作の1969年作『三助が守銭奴に』と1977年作『豚の友』の他には古典的な手描きのダウカと人形アニメに特化したABの

二つのスタジオによる作品が著名。ダウカ社の代表作は１９９０年作『子供の生まれ方』『黄金の篩、１９９１年作の大人向け長編『ネッスとネスィヤ』、１９９４年作『黄金の夏』と２００１年作『不思議なリーガ市民たち』であり、ＡＢ社の代表作は１９９２年以降の「緊急隊」シリーズ、１９９３年以降の「ムンクとレミー」シリーズ、２００２年作『蛍』と２０１０年作『わんぱくどんぐりぼうず』（１９７３年文研が原作邦訳）である。ライニスによる名作を長編アニメ化したレイニス・カルナエッリス監督の２０１４年作『金馬』と、自分の一族の女性五人の波瀾万丈な人生をシュールに描くスィグネ・ブウマネ監督の２０１４年作の大人向け長編『私の懐中の石』は歴代長編アニメ興行成績新記録を樹立した。

支援

ラトヴィア国立映画センター支援のほか、欧州の映画産業保護と各国間制作協力を促すため欧州評議会が１９８９年に設立した欧州映画支援基金ＥＵＲＩＭＡＧＥＳと、１９９１年から２０１３年まで実施された映画産業振興策メディアＭＥＤＩＡ・プログラムを前身とする新文化産業振興策クリエイティブ・ヨーロッパの支援は、欧州連合に加盟した２００４年以来活用されるようになり、国際合作映画の製作促進の契機にもなった。また、ラトヴィア国立映画センターとリーガ市役所によって２０１０年に設立されたリーガ映画基金ＦＩＬＭＲＩＧＡは、ロケ地がリーガまたはラトヴィア、予算が70万ユーロ以上の映画という要件を満たす国内外映画製作者に対して現地製作費の最大15%まで払い戻しを実施することで、海外映画ロケ誘致に成功している。『インビンシブル』（２００１）、『坂の上の雲』（２０１０）、『マイウェイ１２０００キロの真実』（２０１１）、『エージェント・ヴィノッド最後のスパイ』（２０１２）、『ライジング・ドラゴン　十二生肖』（２０１２）等がラトヴィアでロケ。

豆知識

映画史上最優秀のホームズ映像化で有名な旧ソ連制作テレビ映画五本『シャーロック・ホームズとワトソン博士の冒険』（１９７９-１９８６年作、計７６６分間）においてロンドンとして撮影されたリーガ旧市街の新通りで２０１２年から毎年１月に名探偵ホームズの誕生日を祝う仮装行進が行われる。

（ウギス・ナステビッチ）

コラム9

菅野開史朗

ラトヴィアでNHKドラマ撮影

ラトヴィアでは帝政ロシア時代から映画製作が行われ、ソ連時代にはドキュメンタリー映画の一大拠点であった。ソ連崩壊後、公的支援が大幅に削減されて以来、映画産業は厳しい状況にあり、リーガ市東部シュメルリスにあるスタジオもCMなど商業目的で利用されることが多いが、ラトヴィアの映画産業は意外な形で日本との接点を見出すことになった。

首都リーガから北方約20キロのアーダジという小さな町に、ラトヴィア軍の演習場がある。2010年春、この演習場で、NHKのスペシャルドラマ『坂の上の雲』の撮影が行われた。言わずと知れた、司馬遼太郎の同名小説をドラマ化し、2009年から2011年にかけて放送したものである。筆者は今でも覚えているが、当時権勢を誇ったある実業家兼政治家がテレビのニュース番組で「日本の映画制作チームがリーガとアーダジで撮影している。これはよいビジネスになる」という趣旨の発言をしていた。自分にとってもチャンスだ、とでも思ったのだろう。ただこれはいささか誤解を招く発言で、実際には公共放送のテレビドラマであり、またクルーはリーガの旧市街も撮影していたのだが、主な目的は日露戦争の戦闘シーンを、アーダジの演習場で撮ることにあったのである。

そのいきさつについて、このニュースを放送した民放テレビ局LNT（ラトヴィア独立テレビ）がアーダジで結城崇史VFX（視覚効果）プロデューサーにインタビューしたところによると、撮影地としてルーマニア、チェコ、ウクライナなどを比較検討した結果、撮影場所だけでなくサービスの水準などさまざまなことを考慮した上で、ラトヴィアのアーダジで大半の場面を撮影することに決定したのだという。そう

ラトヴィアでNHKドラマ撮影

いう事情なので、残念ながら、日露戦争の際にバルチック艦隊がロシアにとり重要な軍港リエパーヤから極東に向け出航したことと、日露戦争の戦闘シーンがラトヴィアで撮影されたことに、直接の関係はない。なお、この撮影の際に使われたセットは、リーガより西方約30キロのトゥクムス市近郊にある映画村「Cinevilla」が提供したものである。

さて、このインタビューで結城プロデューサーは、今後、再びラトヴィアで撮影を行う可能性があると述べていた。これはわずか2年後に実現されることになる。

2012年7月、NHKのクルーが再びアーダジの演習場にやってきた。今回は、翌2013年に放送された大河ドラマ『八重の桜』撮影のためである。というと、意外に思われるかもしれない。これは、アメリカの南北戦争が終結し、不要になった武器が幕末の日本に流れ込んだ、ということで、南北戦争の戦闘シーンのみを撮影したのである。そのため、日本のドラマなのに出演者に日本人がまったくいないことが、こちらのメディアの興味を引いた。リンカーンを演じたのは、容貌が似ている米俳優グランヴィル・サクストンだが、エキストラは主に現地で募集した、ラトヴィア人やリトアニア人が主体の「多国籍軍」であった。そのため、ニュース番組のインタビューに応じたアメリカ北軍や南軍の兵士たちが、ラトヴィア語やロシア語を話しているのが何とも妙であった。

なお、トゥクムスの映画村はテーマパークのような施設で誰でも見学でき、宿泊施設もある。トゥクムスまではリーガからユールマラ経由の電車、あるいはバスが頻繁に出ているものの、町から遠く、車でないと不便である。休園日もあるので事前に確認しておきたい。

23

美術

★変わりゆく時代の精神を映す★

ラトヴィア人によるラトヴィアの芸術として認められる動きは、19世紀後半の民族意識の芽生えとともに始まった。20世紀には、美術は二つの大戦と革命、国家の独立と喪失という政治の変化に揺さぶられながら、時代を映す鏡でもあった。

ラトヴィア美術の創始者とされるプルヴィーティス（V. Purvītis, 1872-1945）は、北国のどんよりとした自然に初めて美を見出した風景画家である。美術学校の開設に続き芸術アカデミーを創立し、初代学長、教育者として多くの画家の育成にあたった。その業績にちなみ、２００９年には視覚芸術の作家を対象にプルヴィーティス賞が創設され、2年に一度、選ばれた芸術家に授与されている。

同時代の画家に、北欧の新ロマン主義の精神を受けて、アールヌーボー様式の人物画のほか、農民の姿を初めて題材としたローゼンタールス（J. Rozentāls, 1866-1916）、初春にかすむ夕暮れの淡い光といった北欧の象徴主義らしい題材を描いたヴァルテルス（J. Valters, 1869-1932）がいる。

ラトヴィア人を国家形成へと掻きたてた第一次世界大戦が終わると、モダニズムに傾倒した画家たちがリーガにグループを結成し、民族意識の高揚を鮮烈に表現しはじめた。国家独立期には、芸術アカデミー出の画家たちの個性がダイナミックに開花した。ラトヴィア風景画の伝統を継ぐカルニンシュ（E. Kalniņš, 1904-1988）、エキセントリックなパデグス（K. Padegs, 1911-1940）、ベルギーで学んだエリアス（G. Eliass, 1887-1975）とティーデマニス（J. Tidemanis, 1897-1964）、キュービズムのベリュツォヴァ（A. Beļcova, 1892-1981）、スクルメ（O. Skulme, 1889-1967, U. Skulme, 1895-1963）、ストゥルンケ（N. Strunke, 1894-1966）、カザクス（J. Kazaks, 1895-1920）、スタ（R. Suta, 1896-1944）、都市と女性を描いたトネ（V. Tone, 1892-1958）など、モスクワのギャラリーでフランスの息吹を受けた彼らは、ラトヴィア美術にモダニズムを持ち込んだのである。フォトモンタージュを駆使したクルチス（G. Klucis, 1895-1938）は、ロシア構成主義の旗手となった。

ザーレ作の兄弟墓地に見られる追悼記念碑（筆者撮影）

独立期には、国家的な記念碑が建造された。ラトヴィアを訪れたなら、誰しもリーガ市中心に建つ独立記念碑の女神ミルダの像と台座を取り囲む石灰岩の彫刻を目にするだろう。また、リーガ市内にある第一次大戦の戦没者を追悼する兄弟墓地には、カシワの葉と冠など民俗的要素を取り入れた母と俯く騎士という、アールデコ調の巨大な記念碑が12年がかりで完成された。いずれも、国内外で活躍した彫刻家ザーレ（K. Zāle, 1888-1942）の作品である。

１９４０年以降、第二次大戦と独立喪失に伴い、画家たちも西側諸国へ亡命し、その一部は祖国に戻らなかった。社会主義リアリズムの圧力に萎縮した停滞期を経て、１９５０年以降、ベールジンシュ（B. Bērziņš, 1930-2002）、イルトゥネルス（E. Iltners, 1925-1983）、ザリンシュ（I. Zariņš, 1929-1997）らは、身辺を題材とした抽象表現を開始する。60年代、依然として西側諸国との接触は限られていたが、芸術家たちはプーシキン美術館（モスクワ）とエルミタージュ美術館（レニングラード）でマチスやピカソらフランス現代美術の潮流を吸収し、欧米の抽象主義に敏感に呼応した。

60～70年代、社会は停滞し、ラトヴィア美術も活力を失っていったが、ソ連体制は芸術の政治利用になお熱心であった。そのなかでソ連時代の芸術家たちは、労働者と農民の姿など体制寄りの題材をあえて選びながら、新しいフォルムと方法を実験的に試みたが、それは、妥協と挑戦の間の苦肉の策であったといえよう。妥協をしなかったパウリュクス（J. Pauļuks, 1906-1984）は、発表の機会なくアトリエにこもって描き続けるほかなかった。

一方、この時期、バルト三国はヴィリュニス（リトアニア）の絵画トリエンナーレ、リーガの彫刻クヴァドリエンナーレ、タリン（エストニア）のグラフィックアート・トリエンナーレでの協力を通じて、互いの精神的な結びつきを強めていった。60年代には、バウマネ（B. Baumane, 1922-）、タバカ（M. Tabaka, 1939-）、後に独立運動を議員として率先したスクルメ（Dž. Skulme, 1925-）ら女性画家たちが、新鮮な題材と画法で存在感を増した。70年代の絵画に顕著な微妙な色調や対比鮮やかな色彩には、民族衣装であるショールや手袋、縦縞模様のスカートなどの民俗的な要素がみてとれる。

20世紀を通じてラトヴィア人に圧倒的に愛された画家は、バウシュキェニエクス（A. Baušķenieks, 1910-2007）である。ソ連時代の日常や人間らしさを哀愁をこめて超現実的に描いたこの画家は、度重なる検閲に制限された。独立回復後も画家の視点は変わることなく、その作品は情報の氾濫と物質主義に溺れる現代を皮肉り、見る者を笑わせ、そして考えさせる。

アトリエのバウシュキュニエクス（撮影 V. Auziņš）

80年代末から高まりを見せた民族解放運動に、敏捷に反応したのは芸術家であった。芸術の手法がリアリズムから抽象表現まで多様化し、新たな手法と技術が貪欲に取り入れられていった時代でもある。

90年代の独立回復後、美術からは社会意識が薄れ、個性の表現へと移行する。彫刻家フェルドベルグス（O. Feldbergs）は、ペドヴァーレの景観豊かなアバヴァ河沿いの広大な敷地に屋外現代美術庭園を開いた。ここで行われている内外のアーティストを招いた石、火、霧などのアートイベントは、広く注目を浴びている。

２０００年以降は、舞台芸術畑出身のアーティストによる自由な活躍が注目される。国立オペラ座の主要な舞台美術を担当してきたブルンベルグス（I. Blumbergs, 1943-）は、極力装飾を排した禁欲的な作風で知られているが、自分自身を被写体とする作風で、生き方そのものがアートであることを体現する異色の存在である。

２００７年にヴェネチアビエンナーレでラトヴィアを代表したガブ

ラーンス（G. Gabrāns, 1970-）によるコンピュータやレーザー光線を駆使したインスタレーションは、有機物（血、海藻など）と鑑賞者との相互作用で変化する化学現象の舞台でもある。化学とアートの境界線にある現代アートの先端を走る存在だ。

ロシアとの国境に近いダウガウピルスには、新しい美術スポットが登場した。世界的な抽象表現の画家ロスコ（M. Lothko, 1903-1970）の出身地であるこの町に、２０１３年、帝政ロシア期の要塞を改築したマーク・ロスコ・アートセンターが誕生したのだ。朽ち果てていた大規模な歴史的建造物が遺された意義は大きい。また、ここでは東西交易の要衝として発展した時代の地域と文化の様相が、後のロスコを育んだ土壌として知ることができる。さらに、この町出身のラトヴィアの陶芸家マルティンソンス（P. Martinsons, 1931-2013）の作品は同センターのコレクションとして常設され、斬新かつ繊細な陶芸の可能性を目にすることができる。センターはアーティストレジデンスを併設する。ダウガウピルスにおける芸術活動の再生は、今後の展開が期待される。

（黒沢 歩）

ダウガウピルスの要塞に開館したマーク・ロスコ・アートセンター正面（筆者撮影）

24

建　築

★リーガのユーゲントシュティル建築★

１９００年前後のいわゆる世紀末芸術はヨーロッパ全域に影響を及ぼした。日本では通常、ベルギー起源の「アール・ヌーヴォー」なる用語で呼ばれているが、ドイツでは「ユーゲントシュティル」、オーストリアやハンガリーでは「ゼツェッション」と称され、その内容も微妙に異なっている。共通するのはおびただしい装飾の存在で、特に建築に関しては表面が原色の色彩に加えてさまざまな彫刻や浮彫で覆われ、空間も曲面や凹凸を多用して歪みを強調する。19世紀的な旧秩序の崩壊と、それに代わる新興ブルジョワ層による「近代」の先取りを反映してか、喪失感と希望が混じりあい、メランコリックでありながら甘く香しい不思議な感覚が人々の心を捉えていた。

リーガの町も例外ではなかった。というよりも、リーガの中心街はまさにこの時代の装飾であふれかえっていた。その特異性ゆえに１９９７年にユネスコの世界遺産に登録されている。当時のラトヴィアはロシア帝国の西端にあり、ドイツの影響を強く受けたこともあってか、この地の世紀末芸術はラトヴィア語で「ユーゲントシュティル」の名で親しまれている。欧州に隣り合ったリーガの町は、サンクトペテルブルクやモスクワよりも商業が発展し、市民たちの間に都市の消費生活を楽しむ余裕ができてきた。19世紀後半になると人口も一気に増え始め、新たな都市計画が必要になる。19世紀半ばには10万人に満たなかった人口が1880年代に20万人を突破し、第一次大戦直前には50万人に達していたといえば、その拡大ぶりが理解できるであろう。ハンザ都市として知られる中世以来の城壁都市は川沿いの一画を占めているが、新たな都市人口を受け入れるため、東側に市街地の拡張が始まる。ユーゲントシティルの建築が集まっているのがこの新興地区であるが、今日ではそこが旧市街地として歴史地区に指定されている。

ラトヴィアの建築家といっても日本人にはさほど馴染みがないが、革命後のソ連で活躍した映画監督セルゲイ・エイゼンシュテインの生地がここリーガであり、彼の父親ミハイル（Mikhail Eisenstein, 1867-1921）がリーガの世紀末建築の立役者のひとりであったと聞くと、俄然親しみがわいてくる。彼はドイツ系ではあるが、サンクトペテルブルク生まれのロシア人として土木大学を学び、当時の建築家の出世コースに乗って1893年に国の建築監としてリーガに赴任する。その後、リーガ市役所に移り、市の鉄道事業局長としてもっぱら公共建築の設計監理に携わっていた。この時代、官職にある建築家は民間の仕事を兼務することが可能であり、民間部門で扱った設計がリーガの中心街にある一群のユーゲントシュティルの集合住宅であった。富裕層がクライアントになって集合住宅建設に投資をするのである。

エイゼンシュテインと双璧をなすのが、ラトヴィア人建築家のコンスタンティンス・ペークセンス（Konstantīns Pēkšēns, 1859-1928）である。こちらは地元生まれでリーガの工科大学で学び、生涯この町で仕事をし続けた。リーガ建築界の大御所たる師匠バウマニス（Janis Fridrihs Baumanis, 1834–1891）の薫陶

ユーゲントシュティル博物館（リーガ、志摩園子撮影）

を受け、ウィーンの影響が強かったエイゼンシュテインに対して、バルト民族主義を根幹とした独自の世紀末の作風を切り開き、多くの弟子たちとともに「リーガ派」とでもいうべき流派をかたちづくった。建築家協会の会長を務め、言論誌にも寄稿し、展覧会を組織する。リーガ市内だけでも彼の作品は250件に及ぶといわれ、その精力的な仕事ぶりに驚かされる。

リーガの世紀末をもっとも強く表しているのが中心部のアルベルタ街といわれる。上記二人の建築家に加えて若手の作品が並び、豪華さにおいても表現力においても秀逸である。なかでもペークセンスの自邸アパートメント（1903年）は2009年にユーゲントシュティル博物館となって一般公開されており、ぜひとも足を運んでいただきたい建物である。

（三宅理一）

Ⅳ
文化

25

メディア

★多言語社会と技術革新に揺れる既存メディア★

筆者が勤務するラトヴィアの大学で、学生たちに時折「新聞を読んでいますか」「テレビのニュースを見ていますか」と聞くと、多くが「いいえ」と答える。インターネットのニュースなら時々見る、という学生もいるが、世の中で何が起きているか知らない者も多い。若者が政治、経済、社会に無関心なのは困ったものだが、同時にメディアの質ということも問題になるであろう。またインターネットの普及により既存メディアの存在意義が問われているのも、他国と同様である。

ラトヴィアのメディアが抱える特有の問題として、まずその使用言語がある。放送の使用言語に関しては、２０１０年に施行された「電子メディア法」による規制がある。これは同年の地デジ化完了に合わせて施行された、既存法の改正ではなく新法だが、その焦点はテレビ放送での使用言語にあった。旧法では同一の番組内で言語が統一され、他の言語が混ざる場合は字幕スーパーまたは吹き替えが行われていればよかったが、新法では公共放送でのラトヴィア語使用に関する規定があるほか、各テレビ局に対し、全放送時間のうちラトヴィア語の番組（ラトヴィア語で字幕スーパーまたは吹き替えがされた番組を含む）やＥ

Uで制作された番組（EU加盟国と域外の国の共同制作の番組を含む）の放送時間の比率を一定以上が義務づけられた。同法に対しては親ロシア系野党の反対やロシアからの抗議もあったが、与党の賛成多数で可決、施行されている。しかし同法施行後、テレビ放送の内容に大きな変更はない。

テレビの公共放送はLTV（ラトヴィア・テレビ）で、LTV1とLTV7の2つのチャンネルを持ち、いずれも無料である。7チャンネルはニュース等一部の番組をロシア語で放送している。国の予算のほか、スポンサーから広告料収入を得て運営され、CMが放送される。ソ連時代から続く夜8時半のニュース番組「パノラマ」は、特に年配層にはすっかり定着している。良質だが視聴率の低い番組はその存続をめぐって議論になることも他国と同様である。例えばLTV1の『100グラムの文化』は各界の著名文化人が毎週出演し、ラトヴィア文化の動向を知るのに格好の番組だが、打ち切りを含め検討された結果、放送時間帯を夜遅くに変更することで落ち着いた。

民放の主要テレビ局としてLNT（ラトヴィア独立テレビ）とTV3があり、両局ともスウェーデンのMTG（Modern Times Group）の傘下にある。またロシア語放送を行うテレビ局としてTV5がある。TV5の事業者は上記のLNTと同一だが、複数の国にまたがる放送局として認可されているので、電子メディア法の言語条項に拘束されない。そのため同局は電子メディア法施行後も全番組をロシア語で放送している。

民放のテレビ番組の内容は、報道番組を柱としつつ、他国と同様バラエティなど娯楽色の強いものや、一般視聴者参加型のものが多い。チャリティーの特番なども組まれることがある。政治風刺的な番組は断続的に放送されるが、長続きしない。

民放テレビ局も経営は厳しく、MTGの傘下にあるLNTとTV3は2014年より有料化された。それにより無料の国内テレビ局は公共放送のLTV1とTV7のみとなっている。有料化といっても、定額料金で多チャンネルの衛星やケーブルのテレビ受信が一般に普及しているので影響は少ない。しかし、外国のテレビ（ロシアを含む）が家庭で気軽に見られるので、その分国内のチャンネルを見る人は少なくなりつつある。ラトヴィア人でもロシアのテレビを見る人はそれなりにいると思われる。また、例えばナショナル・ジオグラフィックのような人気チャンネルもロシア語吹き替えで見られるので、ラトヴィア人でも英語よりロシア語の方が聞き取りが楽な人はそれらを見ることが多い。

上記の国内テレビ局は、ニュースを中心に一部の番組をインターネットのストリーミングで、またはアーカイブで視聴することができる。

ラジオ局は無数にあり、多くがインターネットで聴けるが、筆者の独断と偏見でいくつかのラジオ局に絞って取り上げてみたい。公共放送の「ラトヴィア・ラジオ」（Latvijas radio）には4つのチャンネルがある。第1放送はニュースや討論番組などが中心で、第2放送は、主にシュラーゲルといわれる、ドイツの影響を強く受けた年配層に人気のある軽音楽を1日中流している。第3放送は「クラシック」（Klasika）といい、文字通りクラシック音楽の他、ジャズや民族音楽（ラトヴィアだけでなく世界中の）を取り上げている。第4放送「ドームスカヤ・プロッシャチ」（大聖堂広場）はロシア語放送である。

その他のラジオ局で取り上げておきたいのは、ラトヴィア大学経済学部のあるキャンパス（国立オペラ座より至近）にスタジオを持つラディオ・ナバ（Radio Naba）である。若手の文化人などが中心となって実験的な番組を放送している。インターネットでは上記ラトヴィア・ラジオのサイトからもリンクしている。

さて新聞の使用言語に関して述べると、１９９０年代後半まで日刊紙『ディエナ』などの全国主要紙は同一内容のラトヴィア語版とロシア語版の新聞を毎日発行していた。しかし当然のことながら読者層が異なり、同一紙面を組むのが難しくなったため、現在そのような新聞はない（地方紙ではある）。ロシア語で発行される日刊紙として財閥が経営する中立的な『テレグラフ』、やや過激な『チャス』などがあった。過激というのは、ラトヴィア民族主義への反発が強いということである。２０１２年12月、『チャス』は休刊、娯楽色の強い『ヴェースチ・セヴォードニャ』紙に統合されたが、同紙も経営が苦しいと言われる。『テレグラフ』は２０１１年のラトヴィア貯蓄銀行破綻のあおりで財政危機に陥り、発行日を間引きしている。英字新聞はバルト三国のニュースを伝える週１回発行の『バルティックタイムズ』（*Baltic Times*）があるのみである。総じてラトヴィアの新聞メディアは、独立以降、その使用言語をめぐってさまざまな動きがあったが、住民がラトヴィア語かロシア語かを選べるという点は変わっていない。

インターネットではデルフィ（Delfi）、ＴＶネット（ＴＶＮＥＴ）、アポロ（Apollo）といったポータルサイトがあり、国内外の主要ニュースを伝えている。それぞれロシア語のページもある。英文でバルト三国の出来事を伝える有料ニュースサイトとしてバルティック・ニュース・サービス（ＢＮＳ）がある。

ラトヴィアのメディアが抱える問題として、経営基盤が弱く、財界有力者などの意向がその言論に反映される可能性がつねにある。日刊紙『ディエナ』でさえ民営化後、経営母体が何度も変わっている。また2010年の国会選挙前、資金の潤沢な選挙ブロックが民放テレビ局LNTに莫大な資金を投じ、同ブロック主催の討論番組を連日放送したことがあった（なお、同ブロックの選挙結果は芳しくなく、間もなくブロックは解消し母体の政党も解散）。このような宣伝はむしろ国民のメディア離れを招いていると思われるが、選挙が近くなると各党がコマーシャルを盛んに放送するのは今も変わらない。ちなみに、報道の自由度の世界ランキングを見るとラトヴィアはエストニアやリトアニアに引き離されているが、エストニアが世界10位前後に浮上しているのは注目される。

また、ラトヴィアのメディアは財政事情から国外に特派員を置かず、独自取材は限られている。日本に関するニュースを含めほとんどが欧米のニュースを利用し翻訳したものか、ブリュッセルやストックホルムなどから現地在住のラトヴィア人ジャーナリストがレポートするという形にとどまっている。紛争地域などに記者を派遣して現地情勢を伝えることもあるが、継続的な取材は難しいようである。

（菅野開史朗）

コラム10 ラトヴィア語の新聞

堀口大樹

ソ連崩壊後に全体主義から民主主義に移行した国におけるマスメディアは、その内容もあり方も大きく変わったといわれる。ラトヴィアも例外ではない。

まず報道の自由の制限がなくなったことで、新聞をはじめとするマスメディアの数は独立回復後に急増した。また、検閲により言論の自由が制限されていた反動なのか、ジャーナリストは単に事実を伝えるほかに、自身の見解を加えて述べる傾向が強い。これは全国紙のような大手の新聞社にもよくみられる。この結果、著名なジャーナリストの存在が際立ち、彼らの発言が影響力を持つことが少なくない。書き手は読者の視点に近づいて読者の共感を得ようとするため、新聞で用いられる言葉には口語の要素が混ざっている。また言葉遊びを使った記事の見出しなど、読者の関心を引く工夫が随所になされている。概して、ラトヴィアの新聞は日本の新聞に比べてやや感情的、情緒的といえる。

新聞は単に情報を得るための媒介だけではなく、ジョークや風刺画、星座占い、小説、クロスワードなど娯楽的な要素も備えている。また硬派な新聞から芸能ネタを中心に扱うタブロイド紙も存在する点は、日本とまったく変わらない。

新聞社のホームページ上では土日も記事が更新されたり、動画配信やオンライン購読の有料サービスもあるなど、デジタル化が進んでいる。オンライン上のほとんどの記事には読者の匿名のコメント欄があり、一般市民の本音が垣間見える。社会的に関心の高い話題には当然コメント数は多くなる。

週5回以上発刊される一般全国紙は4紙（うちロシア語1紙）あるが、以下にラトヴィア語の大手3紙を簡単に紹介したい。どの新聞でも記事の閲覧ができるので、覗いてみるとおもしろいかもしれない。

・*Diena*『日』：最も影響力があるとされ、オンライン上の内容も充実している。発行部数は3万1000部。

・*Neatkarīgā Rīta Avīze*『独立朝刊新聞』：他の新聞がソ連末期に創刊されたのに対して、1904年に社会民主主義労働者の新聞『闘争』として創刊され、ソ連時代にはラトヴィア共産党の公式新聞として発刊していた。発行部数は2万4000部。

・*Latvijas Avīze*『ラトヴィア新聞』：保守派とされる新聞。発行部数は2万5000部。

ソ連時代の新聞は政治的思想のプロパガンダの手段だったが、現在の新聞社は特定の思想に傾いた報道を基本的にはしない。しかし、新聞社の上層部が特定の政党や政治家、企業家などと関係を密にし、彼らの影響力が報道にも反映されていると一般市民が噂をすることがある。

ラトヴィアの人々は、同じ社会で暮らしつつも、母語に応じて情報空間を異にする傾向が強い。よって、国内のラトヴィア人とロシア人の軋轢や文化的な差異が顕在化するような出来事の描写では、言語に応じてそれぞれの民族の立場の見解の違いが表れたり、報道への熱の入れ様に温度差があることが珍しくない。例えばロシア語の新聞においては、ロシア人の多くが支持する政党「調和センター」を報道する際に、読者の大半が政党を支持していることが考慮されている。文化的な差異による報道内容の違いでは、歌と踊りの祭典に代表される合唱文化は主にラトヴィア人の文化であるため、祭典の時期が近づくとラトヴィア語の新聞はこの話題で持ち切りとなる。

26

スポーツ

★国際大会でも好成績を収める★

ラトヴィア人は大のスポーツ好きだ。リーガの屋内アリーナの観客収容数は1万人余りだが、国際大会ともなるとチケットは完売し、入手困難となる。国民の収入はやや少なく、旅費は高いにもかかわらず、海外の大会にラトヴィア人選手が出場する時には、比較的大きな応援団を従えている。自国のヒーローたちを応援する応援団は、友好的で、明るく、にぎやかだ。こうした国民のスポーツ熱は、長年続いた旧ソ連による占領に起因するのかもしれない。占領下において、ラトヴィアの旗を掲げることは犯罪に当たり、ラトヴィアの旗を想起させるような「赤、白、赤」色が帯状に配色された服を着ることすら厳しい弾圧の対象となりかねなかった。しかし、こうした状況下でも、当時活躍したラトヴィア人選手たちは、人々から大いに称賛を受けた。

独立をしていた戦間期のラトヴィアでラトヴィア人選手が活躍したことは、1944年から91年までの間は、口に出すこともタブーだった。五輪や欧州大会でラトヴィア人選手がメダルを獲得したという記憶は、それぞれの家族の中で生き続けた。こうした記憶のインパクトの強さは、国民的なものだった。

ヨーロッパ選手権　バスケットボール大会にリトアニアから応援に来た熱狂的なファン（写真／志摩園子）

ヴァルミエラは、１９３２年のロサンゼルス五輪男子50キロ競歩の銀メダリストで、欧州大会で数々の世界記録を樹立したヤーニス・ダリンシュ（Jānis Daliņš）の出身地だ。ヴァルミエラで１９９０年代に建設された大規模なスポーツセンターと競技場は、ダリンシュ（Jānis Daliņš）にちなんで名付けられた。１９３０年代の流行歌「Kaut man Daliņa kājas būtu」（Daliņš のように長い脚があったなら）にいたっては、今日でも人々の話題に登場するほどである。

最近制作された映画には、１９３５年にスイスで開催された欧州大会で、予想外の勝利を収めたラトヴィアのバスケットボールチームに関するものがある。バスケットボールはラトヴィア、そして、隣国リトアニアの伝統的なチームスポーツだ。１９４４年になると、ラトヴィア人の中にはソ連の占領が進むにつれて西へと逃れる者も多く現れ、彼らはそれぞれの落ち着いた先の国では当然少数派であったが、バスケットボールの競技がそれらの国々に「取り込まれて」いったのだ。

このため、ストックホルムで最初にできたバスケットボールチームは、JKS Talavaというラトヴィア語の名称が付いている。旧ソ連のバスケットボールチームには、バルト三社会主義共和国出身の選手が常時在籍していた。ラトヴィア人は、移住先のオーストラリアにもこのスポーツを伝えた。1956年にオーストラリアのメルボルンで開催されたオリンピック大会では、オーストラリアとソ連両国のバスケットボールチームにラトヴィア人選手がいたのである。この時代、〝コンラッド・キッズ〟と呼ばれたオーストラリア代表のリーガ生まれのラトヴィア人水泳選手ヤーニスとイルゼ（Jānis Konrads &Ilze Konrade：英語名ジョンとイルザ）は多くの世界記録を樹立し、ヤーニスは1960年のオリンピック・ローマ大会で金メダルを、イルゼは銀メダルをオーストラリア代表として獲得した。こうした功績は、旧ソ連に対するラトヴィアの勝利に近いものがあった。つまり、ラトヴィア人選手たちはメダルを獲得し、ソ連ではない国旗を掲げていたのだ。

社会主義共和国時代には、ラトヴィアのスポーツはソ連の水準での養成が行われ、スポーツでの成功は、個人の良い暮らしぶりを保証するものだった。特定のスポーツ向けのセンターもラトヴィア社会主義共和国において発達した。バスケットボールやサッカーに加えて、アイスホッケー、ボブスレーも盛んになっていた。ソ連代表として、オリンピックや世界大会でメダルを獲得した翌年も少なくない。

1988年から91年にかけてのラトヴィアでの大きな政変は、スポーツにも少なからず影響を与えた。ソ連のアイスホッケーのチームにいたラトヴィア人の選手やコーチには、モスクワに移動し、活躍するものもいたし、バスケットボール選手にも、既に手にした選手人生のゴールをさらに追い求めて、91年以降もラトヴィアではなく、ロシアチームでプレーする選手もいた。一方で、80年代末、ソ連のアイスホッケーチームでゴールキーパーをしていたイルベ（Artūrs Irbe）のように、旧ソ連のアイスホッケーチームでプレーし続けることを拒んだものもいた。独立後のラトヴィアでは、「当時貧しかった小国は、国際的レベルを保つのに十分な資源を持ち合わせていない」という予測に反して、練習を継続したチームスポーツは進化を続け、１９９１年以降も、バスケットボール、アイスホッケー、それにサッカーチームでさえも、国際試合に参加していた。

国民の関心を集めているスポーツは、チームスポーツ、五輪、世界・欧州大会のメダル獲得者たちだった。アイスホッケーは通常、世界選手権の決勝戦への出場権を得ている。ロシアチームに打ち勝つのは特別なことで、２０００年、サンクトペテルブルクで開催された対ロシア戦の試合は、数千人のラトヴィア人が、リーガの街中に設置された大スクリーンで観戦した。ラトヴィアが勝利を収めると、その功績をたたえて、国会ですら日常業務を取りやめたほどであった。この時、イルベ（Artūrs Irbe）選手には、「Mūris」（レンガの壁）というあだ名が付けられた。彼は、１９９１年に世界を股にかけた選手として米国のナショナルホッケーリーグ（ＮＨＬ）で活躍していたが、その後、ＮＨＬとラトヴィアチームで特別ゴールキーパーコーチを務めた。伝統的に「ロシアのスポーツ」と考えられているアイスホッケーでも、外国人コーチがラトヴィアのナショナルチームの強化に携わり、選手は国際舞台に参加するようになり、その活躍はより国際的なものとなった。

例えば、２００６年、リーガで国際ホッケー選手権が開催された。類い稀なる才能を持った選手数人がＮＨＬにドラフト入団した。しかし、スタンレー・カップで勝利を収めたのは、コロラドでプレーするオゾリンシュ（Sandis Ozoliņš）だけだった。その後、オゾリンシュ（Ozoliņš）は、２０１４年ソチ冬季五輪の出場権を得たラトヴィアのナショナルチームの一員として、また、コンチネンタルホッケーリーグのディナモ・リーガ（Dinamo Riga）チームのキャプテンとしてもラトヴィアに戻ってきた。会場一杯の観客は、ラトヴィア語でスローガンを唱えてラトヴィア人とロシア人が同じチームを応援するという、スポーツを通じた和解に引き付けられた。選手たちはもはや、多くはロシア系選手ではなくなったが、スポーツは社会の融合の手段となることが示された。

男子、女子共にバスケットボールのナショナルチームも、欧州、世界の両選手権の出場権獲得の常連で国際的な称賛を集めてきた。また、バスケットボールのユースチームも、世界大会に出場している。女子バスケットボール選手では、ジョゴタ＝ヤーカブソンネ（Anita Žogota-Jēkabsone）は、世界的に知られている。観客の熱気が、リーガで大きな大会を開催する後押しとなっているだろう。

サッカーをみると、ラトヴィアのサッカーチームは欧州、世界両大会の出場権を得て出場しており、２００４年の欧州大会決勝戦の出場権を得たときはヨーロッパで注目を集めたし、国内でも熱狂的なファンが多くいる。

冬季スポーツに関しては、ボブスレー、リュージュ、スケルトンなど、チーム・個人共にスライディング種目で名高い。とりわけ、スケルトンは、ラトヴィアの独立回復後注目を集め始めた冬季スポーツである。一方で、ボブスレーの歴史はやや長く、最近では、４人のチームが、２０１４年のロシアのソチで開催されたオリンピックで銀メダルを獲得し、最高潮に達した。

１９９１年以降、ラトヴィアはオリンピックで計23個のメダルを獲得している。内、16個は夏季大会（金3個、銀9個、銅5個）、7個は冬季大会（銀4個、銅3個）で獲得したものである。オリンピックへの参加でメダルを獲得しているスポーツは、体操、自転車競技、男子やり投げ、男子50キロ競歩、体操、射撃、サイクリング、柔道、近代5種、カヌーに、重量挙げである。

ラトヴィアは、夏季パラリンピックでも成績を収めており、2000年から2012年の間に、11個のメダルを獲得した。一人で最多の7個のメダルを獲得した陸上競技のアピニス（Aigars Apinis）の活躍がもっとも際立つ。

小国にとって、世界選手権や欧州選手権への参加は厳しいが、ラトヴィアも例外ではない。しかし、自転車競技、陸上競技、重量挙げ、サイドカークロスなどで活躍している。他にも、マラソン、テニスなどの個人のスター選手たちが、時折、ニュースを飾ってきた。

スポーツの幅も広がり続けている。ビーチバレー、スヌーカー、ボクシング、モータースポーツ等にも活躍の場が広がっている。

多くの小国にとって、傑出したスポーツでの成功はそれほど多くなく、ごくまれのことである。しかし、それが実現されると、喜ばれ、彼らが名声を得ることは、国民が自尊心を高めるということにまで影響を与える。1991年以降、ラトヴィアが独立を再び勝ち取ってから、スポーツの愛好者は、スポーツを通して、愛国心を発散させる時を再び取り戻しているといえるだろう。

（バイバ・カンゲーレ／中野由佳訳）

V

社　会

27

ラトヴィア社会

★歴史的変革のなかで★

現在ラトヴィアとして知られる地域には、のちにラトヴィア人として統合されるさまざまなバルト諸部族が古代から住んでいたが、この地域は戦略的重要性を有していたことから、ラトヴィアはつねに巨大な国家に支配されてきた。このことは、今日のラトヴィアの民族・文化的状況を大いに規定している。つまり、民族的ラトヴィア人だけではなく、ドイツ人、ポーランド人、スウェーデン人、ロシア人など、多くの外国人がラトヴィアの領域に住んできたということである。1918年の11月18日に独立国家の理念が実現したが、1940年にはソ連軍の支配下に置かれ、数か月後には正式にソ連へと編入された。その1年後にナチス・ドイツがラトヴィアを占領したものの、1944年にはソ連軍が再びラトヴィアを支配下におさめた。ラトヴィアが独立を再び獲得したのは1991年になってからのことである。2004年からはEUの加盟国となり、2014年にユーロ圏にも加わっている。

ラトヴィアの民族的構成は、その政治体制の変化にあわせて20世紀に大きく変化した。特に、ソ連占領期（1940～41年と戦後の1945～89年）に大きく変化しており、ロシア系およびその他のスラブ系住民の数が急激に上昇し（ロシア人は1935年の8・8%から1989年の34%）、ラトヴィア系住民の比率が大きく減少した（1935年の76・9%から1989年の52%）。戦間期にせよソ連崩壊後にせよ、独立している時代には、ラトヴィア系住民比率が上昇しているところも一つの特徴である。ラトヴィア系住民は1935年には76・9%となり（訳注：1925年には70%前半台だった）、2003年には58・5%となった。

ラトヴィア最大の少数派集団はロシア人であり、人口の27%を構成している（2011年）。とはいえ、人口構成は民族的違いよりも言語的違いによって考慮されることが多い。すなわち、ラトヴィアの居住者はたいてい、ラトヴィア語話者とロシア語話者（ラトヴィア語ないしロシア語を母語として話す者たち）に分断されるのである。2011年の国勢調査によると、人口の62・0%がラトヴィア語を母語とし、37・2%がロシア語を母語とし、残りの0・8%がその他の言語を母語にしている。

ラトヴィアにおけるロシア人の歴史は1000年近くに及ぶ。12世紀にはすでに、ラトヴィアに少数のロシア人商人がいた。バルト領域へのロシア人の最初の大規模移住は、17～18世紀に起きた、ロシア人古儀式派信仰者のラトヴィアへの流入である（古儀式派ロシア人らは、ラトヴィアに逃れることで、宗教的迫害を避け、故郷では許容されなくなった自分たちの伝統的生活様式を守ることができた）。19世紀にはロシア人農民らも、ラトヴィアに住む古儀式派ロシア人らを頼ってやってきた。第二次世界大戦以降、ラトヴィアに住むロシア人の数は4・5倍にまで増加した。この増加はソ連内の各共和国、特にロシア連邦からの移動によるものであった。

ソ連崩壊は、ラトヴィアに住む民族的ロシア人の自己意識に影響を与え、民族的帰属意識やアイデンティティの危機を引き起こした。もちろん同様の影響はラトヴィア人にも及んだ。しかし、民族的ラトヴィア人たちは自分たちの国家という「民族のシェルター」を有していたのに対して、ラトヴィアのロシア人らはそのような心の埋め合わせメカニズムを有していなかった。ラトヴィアの独立回復以降、彼らは自分たちの故郷だと思っていた国で、少数派扱いされていることに気づいたのであった（「彼らの政治的・法的地位は激変し、あらゆる責任を負うソ連内の長兄的立場から、他国における異邦人に成り代わり、移民であるとか占領者であるとか呼ばれるようになった」とは、イルガ・アピネ『民族心理学概論』2001年刊の指摘である）。ソ連時代の歴史的環境は、ロシア帝国時代にすでに形成され始めていたロシア人の自己認識、すなわち多数派で支配的な集団で世界的な力を持つ、という自己認識をますます堅固にし、かつ広範なものとしていた。それゆえに、少数派（であるロシア人）にも、多数派が持つ権利と同等の権利が付与されるよう、強く求める傾向がある。たとえばロシア語の公用語化などである。

自由記念碑（撮影：ヤーニス・ヴィルニンシュ）

イルガ・アピネは同書の中で、こういった現象を「バルト・ロシア人」や「ロシア系ラトヴィア人」という表現を通じて考察している。ロシア系ラトヴィア人によってロシアやラトヴィアはどう意味づけられるかといった問題や、ラトヴィアで生まれ育ったロシア人たちがバルト諸国の住民としての精神的特徴を有しているか否か、といった問題についてである。彼女は、バルト・ロシア人らには、ロシアに住まうロシア人と比べて異なる側面が存在するし、その違いはますます拡大していると指摘する（筆者自身も１９９０年代前半の調査でラトヴィアのロシア人の価値観がラトヴィア人の価値観と緩やかに接近してきたことを見出していたし、その傾向は１９９０年代中盤および２００１年の調査でより明確に示された）。

近年、ラトヴィアのロシア人の中で帰属意識が形成されつつあり、彼らは新しい政治的・民族的・社会的状況という不可逆の変化に黙従し始めている。社会の中で新しい帰属意識と役割の模索が始まっており、「ロシア系ラトヴィア人」という新しい帰属意識が表れつつある（アピネの見解では「ロシア系ラトヴィア人という心理的タイプが生まれている。典型的なロシア人パソーナリティの特性を有しつつも、ラトヴィアへの明確な帰属意識を持ち、ラトヴィア的環境に心休まる個人」とされる）。ラトヴィアのロシア人たちは、ロシアのロシア人たちとまったく異なる政治的・社会的生活の中で生きている。とはいえ、ラトヴィア人環境への文化的適応は非常にゆっくりとしたものであり、これは将来世代の問題となるであろう。

同じ結論は、２０１２年実施の調査（National Research Program "National Identity" 2010-2013）からも導かれる。ロシア人らは、ラトヴィア人らとは異なる文化に属するという明確な意識を持ちつつも、同時に、ロシアのロシア人らとも自分たちは異なる文化に属するという意識を持っている。彼らはこの違いを、ロシアではなくラトヴィアに住んでいるからだと認識している。ラトヴィアに住むことで、彼らのロシア語は時間とともに変化しているし、またその伝統にもラトヴィア的伝統との習合が一定程度見られる。さらに、ロシア人らは非常に多くの特性をラトヴィア人らから引き継いでいる。ロシアのロシア語とラトヴィアのロシア語の違いもしばしば指摘されている。だが一方で、ロシア人らはラトヴィア文化に対して完全には同化吸収されたくないと思っている。その最大の側面は、彼らは異なる言語を話すという点である。

ソ連時代には、ラトヴィアには「非対称的バイリンガリズム」が存在した。ラトヴィア人はロシア語をよく理解するが、非ラトヴィア人はラトヴィア語をほとんど知らないという状況を指す。ロシア語は、行政・専門職・経済・科学などの分野において支配的であったのに対し、ラトヴィア語はせいぜい文化分野でしか優位でなかったので、ほとんどのラトヴィア人にロシア語を学ぶ強い動機があった一方で、非ラトヴィア人らにはラトヴィア語を学ぶ動機がほとんどなかったのである。

独立回復後、ラトヴィア政府第一の目標はラトヴィア語とラトヴィア社会の安定を確保することであった。ラトヴィア語を保護するため、あらゆる分野にラトヴィア語が用いられ（ラトヴィアはラトヴィア語が存在し用いられる唯一の国である）、1989年に採択された言語法はラトヴィア語を唯一の公用語であると規定した。1999年採択の新言語法も同様である。1996年から2008年にかけて毎年行われた調査からは、言語政策がもたらした効果がわかる。ラトヴィア国内の非ラトヴィア人らの言語能力は、1年単位では微細にしか変化していないものの、10年単位でみれば相当改善されている。ラトヴィア語能力の向上が最も顕著なのは若年層で、1996年にラトヴィア後能力が「良い」と評価された若年人口（15～34歳）は50％であったのに対し、２００８年には73％の若年人口が同様の評価を受けている（バルト社会科学研究所［ＢＩＳＳ］が１９９６年から２００８年にかけて行った世論調査データより）。

１９９０年代中盤以降、ラトヴィアの社会統合が非常に重要な問題となってきた。社会科学者も政治家も、国民の創出と社会統合がラトヴィアにとって極めて重要な問題であることを理解しており、社会全体が努力を示した。２００１年には社会統合プログラムが採択されたが、そこでは統合について「同じ国家に住まう個々人や集団同士の相互理解および相互協力」と定義されている。社会統合の核心はラトヴィア国家への忠誠であり、国家の将来・安定性・安全が各人の未来や成功に大きく関わっているという理解である。その基礎にあるのは、ラトヴィア語を公用語として各人が認めつつも、同時にラトヴィアに住まうラトヴィア人や少数民族すべての言語と文化に敬意を払うことにこそある。

（ブリギタ・ゼパ／中井遼訳）

28

ラトヴィアの住民

★複雑な多民族社会とその成り立ち★

地域により異なる民族分布

バルト三国のうち、特にエストニアとラトヴィアでロシア人などの割合が高いことはよく知られている。ラトヴィアの民族別人口比率を見ると、1990年の独立回復以降ラトヴィア人の割合が徐々に増加しているが、劇的な変化は見られない。また、民族構成は地域により大きく異なる。歴史的経緯によりロシア国境に近い東部ラトガレ地方にはロシア人やポーランド人などのスラヴ系民族が多く、特に国内第2の都市ダウガウピルス（総人口9万7000人）ではロシア人が過半数を占める一方、ラトヴィア人は2割程度である。他の地方や首都リーガではソ連時代、主要都市に重点的にロシア人などの移住が進められたが、農村部ではラトヴィア人の割合が高い。

なお、本章では内務省市民権・移民局が2014年7月1日付で発表した民族・国籍別人口統計に基づき、外国籍者も合計した人口を概数で記載する。総計は示されていないが、単純に合算すると約218万人となる。この人口にはラトヴィアの永住権や在留資格を取得している外国人が含まれる一方、国内での居住実態がない住民も相当数いるため、実際の人口と乖離がある（中央統計局による2014年1月の総人口は、200万5200人）ことを付記しておく。

スラヴ系民族

ラトヴィア人以外の民族で最も多いのはスラヴ系民族であるが、東スラヴ系のロシア人、ウクライナ人、ベラルーシ人と、西スラヴのポーランド人が多く、その他のスラヴ系民族は少ない。

ロシア人はラトヴィア人（129万5000人）についで人口が多く、全国で3割弱、首都リーガで約4割を占めるが、ラトガレ地方では上記のように半数を超える地域もある。両民族の関係には長年の因縁があるように思われがちだが、現在のラトヴィアの領域にまとまって移住してきた最初期のロシア人は、17世紀半ばにモスクワ総主教ニーコンが行った典礼改革に反対した、いわゆる古儀式派の信者たちで、ラトガレ地方への彼らの移住は迫害が激しくなった18世紀後半から本格化した。それ以前にはリーガで商業などに従事するロシア人が3000人余りいる程度であった。第一次独立直後の1920年、ラトヴィアに住む古儀式派の信者は7万人を超えていたが、そのほとんどがやはりラトガレ地方在住であった。現在、古儀式派の教会はリーガ市内に1カ所あり、またラトガレ地方を中心に残っているが、信者数は減少し、古儀式派でない東方正教会の信者の方がはるか

ラトヴィアの民族別人口

ラトヴィア人	1,295,000
ロシア人	583,000
ベラルーシ人	73,000
ウクライナ人	52,000
ポーランド人	48,000
リトアニア人	28,000
ユダヤ人	9,000
ロマ人	8,000
ドイツ人	5,000
アルメニア人	3,000
タタール人	3,000
その他・不明・未申告	66,0000
計	2,173,000

注：1000人以下四捨五入
出所：2014年7月1日、内務省市民権・移民局発表

に多くなっている。19世紀末には現在のラトヴィアの領域に住むロシア人は20万人を超え、うち約3分の2がラトガレ地方に住んでいた。戦前の独立期にもロシア人は増加したが、それはスターリン体制下のソ連から逃れてきた人が多かったためである。戦後、ソ連時代を通じてロシア人の移住者が急増したのは事実だが、特にそう感じられたのはリーガやクルゼメ地方の都市部など、それまでロシア人が少なかった地域においてであろう。

ロシア人に近い東スラヴ系のウクライナ人やベラルーシ人も、ロシア語を母語とする人が多い。ウクライナ人は第二次世界大戦前まで非常に少なかったが、ベラルーシ人は早くから移住を始めており、ロシア人と異なりカトリックが多かった。ポーランド人は、ポーランドがラトガレ地方を支配した16世紀から18世紀後半にかけて多く移住してきたが、その中に相当数のポーランド語を話すリトアニア人がいた可能性がある。その他の地方にいたポーランド人は、ほとんどがドイツ化またはラトヴィア化された。

ラトヴィア語と言語的に近いバルト系言語を話すリトアニア人は2万8000人がラトヴィアに居住する。彼らは南部ゼムガレ地方の両国国境地帯に多い。

ゲルマン系民族

ドイツ人による現在のラトヴィアの領域への移住は700年以上の長い歴史を持ち、この地域の文化形成に大きな役割を果たしたが、第1次独立以降、第二次世界大戦中のソ連による占領期にかけてドイツへの帰還が進んだ。ドイツ人の植民が最初に記録されているのは1180年、主に商人や宣教師らであった。それ以前にもドイツ人は来ていたがおおむね短期間の滞在であったようだ。その後、アルベルト司教らを中心に13世紀初め以降、大聖堂など現在も残るリーガ旧市街の基礎が築かれた。16世紀後半からラトヴィア語で本を書き、辞書や文法書を編纂したのも、多くがドイツ人であった。帝政ロシア時代の19世紀末でも現在のラトヴィアの領域に約12万人のドイツ人が住んでおり、うち約半数がリーガの住民であった。1918年にラトヴィアが独立を宣言し、その約1年後に内戦がほぼ終結すると、約2万人のドイツ人がラトヴィアを離れ、その後も減少していったが、ラトヴィアに残ったドイツ人は政党を作り、ドイツ語の新聞を発行した。国会には5～6人のドイツ人議員がいた。1939年、ヒトラーによりラトヴィア在住ドイツ人の帰還命令が出されると、翌1940年のソ連占領までの時期に大多数が出国し、ラトヴィアにとどまったドイツ人は1500人ほどであったという。ドイツによる1941～44年の占領期、行政機関などの職員としてドイツからラトヴィアに派遣されたのはナチス党員だけであったが、なおラトヴィアにとどまっていたドイツ人の中には反ナチス運動を行う者もいたという。ソ連時代末期の1989年に行われた国勢調査では、ラトヴィア国内で約3800人がドイツ人と申告したが、そのうち2800人余りがボルガ河畔やウクライナなど旧ソ連の他地域からの移住者であった。現在、ドイツ人と申告した人のうち1500人余りが外国籍である。

なお、ラトヴィアは16世紀から18世紀にかけて約200年にわたりスウェーデンの支配を受けたが、この時代、スウェーデン人がまとまって移住してきたわけではない。

その他の民族

ウラル系民族としてはエストニア人（約2300人）やリーヴ人（約170人）などがラトヴィアに居住する（リーヴ人とその言語に関してはコラム3を参照）。

コーカサスの諸民族は人口の上では少ないが、それなりの存在感を持っている。アルメニア人（約2800人）の多くはキリスト教徒だが独自の宗派を持ち、リーガ市内に新しい教会を建て、アルメニアから宣教師が派遣されている。アゼルバイジャン人（約1900人）、グルジア人（約1200人）、チェチェン人（約200人）などもラトヴィアに住んでいる。

中央アジアやシベリア、極東の諸民族も多くはない。大半がソ連時代に移住してきた人々である。

最後にロマ民族（ジプシー）に関して述べておく。インド北部からヨーロッパ各地に移住した民族とされ、自分の国を持たず、その歴史には不明な点が多い。ラトヴィア各地に居住するが、特にリーガやクルゼメ地方の都市部に多い。15世紀から16世紀にかけてドイツやポーランドからの移住が始まったことや、ナチス・ドイツによる占領期に迫害を受けたことなど、ユダヤ人と共通の歴史的経験をもつ。強固な共同体を形成し民族語を維持しつつ、多くがラトヴィア語もロシア語も堪能で、ほとんどがラトヴィア市民権を取得している（ユダヤ人は3割近くが市民権を持たない）ものの、高等教育修了者が少なく貧困が深刻であり、首都リーガでは低所得者層の多い区域で老朽化した家屋などに住む人が多い。就職なども不利とされ、社会統合は喫緊の課題である。ラトヴィアのロマ語については、ロマ民族出身の研究者レクサ・マーヌシュが編纂したロマ人児童向け教科書や文法解説つきラトヴィア語対訳辞書が出版されており、その全容を知ることができる。

（菅野開史朗）

29

民族問題

★ロシア語系住民と市民権政策★

1989年にソ連の中央統計局によって実施された第4回全ソ国勢調査の結果によれば、この年のラトヴィアの総人口は266万7000人で、このうち、主要先住民族であるラトヴィア人の人口比率は52％であった。先住民族以外では、全体の34％を占めるロシア人のそれをはじめとするベラルーシ人やウクライナ人といった東スラヴ系諸民族が同国のエスニック・マイノリティの大半を占めていた。ロシア人を中心とするこうした非先住民族は異民族間の交流言語としてロシア語を使用してきた経緯があり、ロシア語系住民と総称されている。ソ連時代の半世紀を通じて90万人に及ぶロシア語系移民が流入したと考えられ、その結果、大戦間期の最初の独立時代には住民の75％程度がラトヴィア人であった同国の民族構成は著しい変化を被ることになった。

ソ連時代における民族構成上のこうした変化は先住民族たるラトヴィア人にその近い将来において自らがマイノリティに陥ってしまうという民族的な危機意識を高めさせることになり、そうした危機意識はラトヴィア系の政治的指導者たちをソ連からの分離独立運動の道へと駆り立てる主たる原動力となった。

ラトヴィア帰化局（筆者撮影）

その際、こうした彼らの分離主義運動の理論的支柱となったのが、ソ連からのラトヴィアの分離独立を大戦間期の独立時代との「法的連続性」の文脈において説明しようとする独自の独立理論であった。すなわち、１９４０年のソ連へのラトヴィアの編入は国際法上違法であり、編入以後も、ラトヴィアの国家的独立は「法的には」存続しており、ゆえに、半世紀にわたるソ連による「事実としての」占領状態を終わらせ、名実ともに１９４０年のソ連占領以前に存在していたラトヴィア国家の独立を再び回復しなければならないとする考え方がそれである。

この考え方はソ連からの独立後のラトヴィアにおける法的秩序の形成に当たって重要な意味合いをもつことになり、１９９０年代前半にその制定が難航した国籍法をはじめとする同国の市民権政策の具体的な展開にも大きな影響を及ぼすことになった。独立後のラトヴィアでの国籍法の作成に際して最も重視された基準は、上述の特殊な独立理論に立脚した原理主義的原状回復に基づく市民権の定義であった。この基準に従うならば、自動的市民権付与の対象は１９４０年６月のソ連占領以前の段階で当時のラトヴィア市民であった者およびその子孫に限られ、結果、ソ連からの独立後も同国に居住する70万人に及ぶロシア語系住民を中心とする人々は法的には外国人もしくは非市民と定義され、ゆえに、これらの住人が同国の国民となるためには帰化プロセスによる国籍取得しか道がないという状況が生まれた。

国内外での激しいやり取りの末、1994年8月に成立した国籍法では、帰化申請時における5年以上の定住期間に加えて、ラトヴィア語の習得や憲法、国歌および歴史についての基礎的な知識、さらには、合法的な収入や国家に対する忠誠等の要件が定められており、また、ラトヴィア生まれの18万人に及ぶ16歳以上の非市民が異なる年齢グループごとに1996年1月から2000年の末まで優先的に帰化申請を行うことができるようになっており、国外で生まれた残りの約56万人の非市民については2001年1月以降の帰化申請が予定されていた。この方式は帰化申請できる年齢がそれを見れば一目瞭然であるという意味を込めて「窓システム」と呼称され、そのプロセスが順調に進めば、2004年までに同国のすべての非市民が国籍取得の可能性をもち得ることが想定されていた。当初、ラトヴィア政府は同国籍法で定められた方式で帰化プロセスが順調に進むものと考えていたが、同国籍法において定められた帰化申請資格者の年齢制限や言語の習得をはじめとする帰化要件に、兵役忌避や国家に対する不信感、手続きに関わる情報不足など諸々の理由が加わって、非市民の帰化による国籍取得のプロセスはきわめて緩慢なペースでしか進まなかった。

ロシアはこうしたラトヴィアにおけるロシア語系住民の市民権問題をめぐる状況を激しく非難し、この時期、ロシアとラトヴィアの外交関係は1991年の同国独立以後最大の危機的状況に陥った。また、OSCE（欧州安全保障協力機構）や東方拡大を視野におくEUも1994年の国籍法に象徴されるラトヴィアの市民権政策の在り方に対して否定的な姿勢を示し、人権上の立場から同国の市民権政策が国際的な義務や欧州諸国の慣例に則したものになるよう、その根本的な修正を求め続けた。特に、これらの機関がまず求めたことは、同国生まれの非市民の児童に対する簡易帰化の実行であった。こうした欧州諸機関からの「圧力」と国内での政治的議論の末、1998年10月、国民投票の結果を受けて国籍法の抜本的な改正が行われた。この改正によって、帰化申請に対する年齢制限を規定した上述の「窓システム」は撤廃され、また、1991年8月の独立宣言発布以後に同国で生まれた非市民の児童には語学試験を課さない自動的な簡易帰化の適用が認められた。こうした国籍法の改正は、独立後のラトヴィア国家の存立に密接に関わるものとして重視されていた「法的連続性」の原則からの逸脱を意味するものであり、それは同国がその独立後の市民権政策をロシア語系住民に代表される非市民の社会統合に向けての新たな段階に踏み出す上での大きな転機となるものであった。

国籍の有無が参政権や職業の選択といった市民的権利と密接に結びつく状況の中で、非市民は国籍保有者と比べて社会的に劣勢な立場に置かれており、非市民の帰化プロセスの促進は同国におけるロシア語系住民の社会統合問題を考える上での前提となる基本的な事柄である。非市民の帰化プロセスが開始された1995年2月から2013年1月現在までの帰化による国籍取得者数は14万人程度となっており、非市民の数は29万8000人と全体の13・5％にまで減少している（そのうち、ロシア人、ベラルーシ人およびウクライナ人が非市民全体で占める割合はそれぞれ、65・7％、13・6％および9・7％となっている）。この数値からも、1998年秋の改正国籍法の成立以来、政府の取り組みが一定の功を奏して、非市民の帰化プロセスは緩慢ではあるが着実に進んでいることが見て取れる。

しかし、公的領域におけるラトヴィア語の法的使用の義務化を定めた1999年12月に成立した国語法をめぐる議論において時として極端な形で示された多数者側の民族主義的な論調や2004年に実施されたロシア人学校でのラトヴィア語教育の拡充を主眼とする教育改革をめぐる軋轢（あつれき）は両民族コミュニティ双方の活発な言語キャンペーンへと発展しており、今日、それは議会を巻き込み大きな政治問題となっている。2004年の教育改革を契機として、独立後のラトヴィアにおいて、それまで未発達であったロシア語系住民の政治的結束の動きに弾みがつき、2011年9月に実施された議会選挙ではロシア語系政党である「調和センター」が100議席中最大の31議席を獲得し、ラトヴィア系諸政党による連立内閣の下、野党の立場から、ロシア語系住民の利益擁護の論陣を張っている。同党はウクライナ情勢が焦点となった2014年10月に行われた最新の議会選挙では7議席減の24議席と大きく議席を落としたが、この選挙においても得票率が首位となっている。言語問題のほかにソ連時代の歴史評価をめぐる対立など両住民グループ間の溝は未だ深く、こうした状況は、政府が同国におけるロシア語系住民の社会統合に向けての市民権政策を今後進めていく上で乗り越えねばならない課題の大きさを改めて示すものであると言えるだろう。

（河原祐馬）

V
社会

30

リーガのユダヤ人

★ユダヤ人とラトヴィア人の微妙な関係★

リーガのユダヤ人の歴史は比較的新しい。東ヨーロッパでユダヤ人の定住地が広がり始めた13世紀に、ラトヴィア一帯はドイツ人騎士団の領地となり、ユダヤ人の移住は禁止された。その後リーガの支配者は、ポーランド、スウェーデン、ロシアと入れ替わったが、全時代を通じてユダヤ商人の出入りや短期滞在は認められたものの、市内に住むことは制限された。

リーガでユダヤ人口がめだって増加し始めるのは、19世紀後半、アレクサンドル2世により、ユダヤ人に対する移動制限が緩和されてからである。1897年のリーガのユダヤ人口は2万2115人（街の総人口の8％）に達したが、同年、リトアニアのヴィリニュスでは、ユダヤ人（6万3831人）が街の人口の実に41・5％を占めていた。ラトヴィア独立後の1935年になると、ラトヴィアのユダヤ人口の約47％がリーガに集中し、その数は4万3672人（11・3％）に増加した。

近代までキリスト教ヨーロッパ世界の被差別民で、一般に土地の所有や賃借を禁じられていたユダヤ人は、商業・金融業や職人業で生計を立ててきた。こうした職業の偏りは、ユダヤ人の法的平等の実現後、20世紀に入ってもほとんど変化しない。

第30章

リーガのユダヤ人

ラトヴィアも例外ではなく、ユダヤ人口は都市に集中し、1935年のユダヤ人就業者の約49%が商業に、29%が工業に従事し、農業に従事する者はわずか1%にすぎなかった。これに対してラトヴィア人の70%近くが農業従事者だ。このことは、ユダヤ人とラトヴィア人の関係にどう影響したのだろうか。

実際、隣の農業国リトアニアやポーランドでは、旧来の宗教的反感に加え、ユダヤ人の職業的異質性が反ユダヤ主義者に「ユダヤ人の経済支配」という攻撃材料を与えた。ところがラトヴィアでは、長くこの地の支配層であったバルト・ドイツ人の存在がユダヤ人の存在をめだたないものにしてしまった。

リーガの旧市街は、いまもドイツよりドイツらしいといわれるほど中世ドイツの商業都市の面影を残している。19世紀半ばすぎまでリーガは、ドイツ人とドイツ語が幅を利かせた街で、それがラトヴィア人とラトヴィア語の街に変貌するのは、19世紀末の工業化の進展で大量のラトヴィア人労働者が流れ込んでからである。1913年に人口約51万の都市に成長したリーガで、ラトヴィア人の割合はようやく4割を超えた。

第一次世界大戦まで、ドイツ人によるラトヴィアの経済支配は厳然たるものがある。1905年当時で、人口のわずか1・6%のドイツ人がラトヴィアの農地の48%を領有し、あるいは1900年のリーガで300あった大規模工場の所有者は、ドイツ人が71・5%の多数を占め、ラトヴィア人は6%でしかない。ラトヴィア独立後、農地改革の断行でドイツ人地主はほとんど財産を失うが、少数のドイツ人によるラトヴィアの商工業支配に対して、ラトヴィア人のあいだにはなお強烈な反感があった。このことが、ドイツ人同様、人口比に比べて商工業での支配率が高いユダヤ人に対する反感を相対化する格好になった。歴史的にリーガは、東ヨーロッパでは例外的に暴力的な反ユダヤ主義を経験しなかった街である。

しかし、反ユダヤ主義が弱かったということは、ユダヤ人とラトヴィア人の関係が親密であったということを意味しない。

ホロコーストで東ヨーロッパのユダヤ人社会が消滅するまで、ユダヤ人のあいだで広く通用したのはイディッシュ語である。ドイツ語に似た言語だが、文字はヘブライ文字を用い、右から左に横書きされる。一方、20世紀はじめになると、シオニズムに共鳴するユダヤ人は、意識的に古代ユダヤ人の言語であったヘブライ語を使用した。現在のイスラエルの国語はこのヘブライ語だ。しかし、いずれにせよユダヤ人は、彼らのあいだでしか通じない言語だけでは生きていけない。そこで習得すべき他言語として選ばれるのは、当然ながらその土地の政治的、経済的支配者の言語である。独立前のラトヴィアでいえば、ドイツ語かロシア語だ。

具体例をあげよう。1924年にリーガで生まれ、ホロコーストを生き延び、回想録『生の街・死の街』を著したユダヤ人マックス・マイケルソンのケースである。彼の父はドイツ語を使用する一家の出身、母はロシア語一家の出身だった。父は、仕事ではラトヴィア語を話したが、農民言葉のラトヴィア語には文化的魅力がないと考え、息子のマイケルソンをドイツ語で授業をする学校に入学させた。ラトヴィアでは、少数民族保護政策により、ラトヴィア語以外にドイツ語、ロシア語、イディッシュ語、ヘブライ語など、民族言語で初等教育を受ける権利が保障されていた。マイケルソンは、振り返って言う。

「多くのユダヤ人は流暢にラトヴィア語が話せたが、それを家庭で使ったり、自分の母語だと考える者はまれだった。……ラトヴィア語を話すユダヤ人がいないということは、ユダヤ人とラトヴィア人のあいだで社会的コンタクトや友情関係が欠如していたということだ。ナチス時代に、一般の人々がユダヤ人に対してほとんどまったく関心を示さず、援護もしなかったことの一因は、間違いなく［両者のあいだに］親密な社会的絆が存在しなかったことにあった」。

第二次世界大戦中、1941年6月末に始まる独ソ戦は、リーガのユダヤ人社会の終わりの始まりとなる。7月1日の朝、ドイツ軍がリーガ征圧を完了するとただちに、ユダヤ人に対する暴行や監獄への連行、リーガ北東のビチェルニエキの森での大量射殺が開始された。7月4日には、リーガの全シナゴーグ（ユダヤ教の礼拝と学びの場）に火が放たれ、マスカヴァス郊外区のゴーゴリャ通りにあったリーガ最大の大コーラル・シナゴーグ跡には、このとき破壊された建物の一部が保存され、記念碑が建っている。（写真）

1941年7月4日に放火、破壊された大コーラル・シナゴーグ跡（筆者撮影）

こうしたユダヤ人迫害で、ナチスに協力してユダヤ人の射殺やシナゴーグの破壊に関与し、また無保護状態のユダヤ人から金品を強奪したラトヴィア人が少なからずいたことは否定できない事実だが、大部分の市民は、マイケルソンが回想するように見て見ぬ振りを決め込んだ。10月末、マスカヴァス郊外区に設置されたゲットーでリーガに残っていた約３万人のユダヤ人の隔離が完了すると、ユダヤ人の運命に対する市民の関心は急速に薄れていった。

　忘れてはならないのは、リーガは、リーガのユダヤ人ばかりでなく、ドイツのユダヤ人の最期の地ともなったことだ。１９４１年11月30日と12月８日の２日間で、リーガのゲットーのユダヤ人約２万７８００人がルンブラの森で銃殺される。これでリーガのユダヤ人社会はほとんど消滅した。

ルンブラの森の記念碑（筆者撮影）

殺害の目的は、それによって場所の空いたゲットーにドイツのユダヤ人を移送することであった。しかし、リーガのユダヤ人を「犠牲」にしたドイツのユダヤ人は、ここで生き延びたわけではない。独ソ戦が最終局面に入った１９４４年夏、ゲットーのユダヤ人の一部は他所に移送され、一部は殺害され、リーガから最後のユダヤ人が消えた10月半ば、街はソ連の赤軍の手に落ちた。

　現在、ルンブラの森には記念碑が建てられ（写真）、リーガのホロコーストに関して、詳しくはスコラス通りのユダヤ博物館で学ぶことができる。２００９年に私が訪問した当時、館長のヴェステルマニス氏はホロコーストの数少ない生き残りの一人で、リーガでドイツ語で育ったほとんど最後の世代かもしれない。

（野村真理）

31

教育

★ソ連型から西欧型の学校教育制度への転換★

ラトヴィアでは、ソ連末期のペレストロイカ期から、全体主義体制の負の遺産を払拭し、西欧型の学校教育制度への転換が図られた。

2002年から、5・6歳児を対象とする2年間の就学前教育と7～16歳を対象とする9年間の基礎教育（pamatizglītība）の11年間が義務教育となっている。

就学前教育は0歳から6歳までを対象とし、幼稚園（pirmsskola）で行われる。日本のように保育所と幼稚園を区別することはなく、学校に入学するまでの準備期間として位置づけられている。幼稚園は通常朝7時から夕方6時まで開園しており、朝昼晩の3食の給食もあり、働く保護者の強い味方となっている。幼稚園には、お昼寝のためのベッドも常設されている。

教育科学省が定めるカリキュラムには、遊びを通じた学習活動として、環境や公共生活に親しむことや、言葉の発達、数の概念、算数、音楽、スポーツなど18項目が掲げられている。1日当たりの学習時間は、2歳未満15分、2～3歳25分、3～4歳30分、4～5歳45分、5～7歳120分などと規定されている。義務教育段階である5～7歳では、写真のように文字や数の概

幼稚園で数の概念を学ぶ５歳児（筆者撮影）

念についても学んでいる。ラトヴィア語を母語としない少数民族の子どものための幼稚園はバイリンガル教育の重要な出発点となる。幼稚園は基礎教育学校に付設されることもある。障害のある幼児のための特別支援幼稚園もある。５・６歳児の就学前教育は義務であるため、幼稚園に通うことができない場合は家庭で教育を受けることが認められる。この場合、地域の教育センターから教材や指導法についての支援を受けることができる。

７歳になると、ほとんどの子どもは基礎教育学校（pamatskola）に入学する。ただし、自分の子どもはまだ就学のための準備ができていないと感じる保護者は、基礎教育学校への入学を翌年以降に引き延ばすことが可能である。基礎教育学校は9年一貫制で、日本の小学校に相当する6年間の初等教育段階と中学校に相当する3年間の前期中等教育段階に区分されている。基礎教育学校は9年制のほかに、中等学校と一貫して12年制になっている学校もある。これに幼稚園が付設されている場合は、幼児から18歳までの多様な年齢層の子どもが同じ敷地内で勉学に取り組むことになる。また1～6年（時に4年）までの初等学校（sākumskola）もある。基礎教育学校には18歳まで在学できるが、16歳に達しても基礎教育を修了できない場合は、職業学校（arodskola）において職業教育と並行して基礎教育を履修することができる。その他に特別支援学校（speciālās izglītības iestāde）、夜間（交替制）学校（vakara (maiņu) skola）、寄宿制学校（internātskola）ならびに社会・教育的矯正施設／学級（sociālā vai pedagoģiskā korekcija）においても基礎教育を受けることができる。

基礎教育学校のカリキュラムは、教育科学省が定める全国基礎教育学校スタンダードをモデルとして各学校が編成する。時間割は、ラトヴィア語を教授言語とする場合（表）と、少数民族言語を教授言語とする場合が例示されている。授業時間の上限はどの学校でも同じであるため、少数民族学校では、国語であるラトヴィア語と外国語の授業時間を削減して母語の授業にあてなければならない。母語や文学以外の教科は学年が進むごとにバイリンガル教育（コラム11参照）に移行する。

9年修了時には全生徒を対象に全国統一の卒業試験が実施される。基礎教育の全課程を履修し、卒業試験を受験した生徒には、基礎教育修了証書（apliecība par pamatizglītību）と10段階評価による成績通知表（sekmju izraksts）が授与される。全課程を履修できなかったり卒業試験に合格しなかった生徒には、学校報告書（liecība）が授与される。

日本の高校に相当する後期中等教育機関としては、普通教育を行う中等学校（vidusskola, ģimnāzija）と、中等職業学校（arodvidusskola, amatniecības vidusskola, arodģimnāzija, tehnikums）がある。中等学校に入学するには基礎教育修了証書と成績通知表を取得していることが要件となるが、職業学校の場合には学校報告書のみでも入学が認められる。後期中等教育は義務教育ではないが、9割以上が進学している。

中等学校は3年制で16～19歳を対象とする。全国中等教育スタンダードに従って、①一般総合、②人文・社会、③数学・自然科学・技術、④職業・専門（芸術、音楽、ビジネス、スポーツ）の4コースに分かれる。いずれのコースにおいても、必修科目8科目と選択科目3～6科目を履修しなければならない。また各学校は授業時間の10～15％を必修科目以外の学習にあてることができる。少数民族学

基礎教育学校の学年段階別授業時数（括弧内は週当たり授業時数の合計）

No.	学習領域と教科	第１～第３学年	第４～第６学年	第７～第９学年
1	言語			
1.1	ラトヴィア語	624(18)	490(14)	315(9)
1.2	第１外国語、第２外国語	208(6)	385(11)	525(15)
2.	社会と市民			
2.1	社会科	104(3)		105(3)
2.2	社会科学と歴史		245(7)	
2.3	ラトヴィアと世界の歴史			210(6)
3.	文化理解と芸術における自己表現			
3.1	視覚芸術	174(5)	105(3)	105(3)
3.2	音楽	208(6)	210(6)	105(3)
3.3	文学		140(4)	210(6)
3.4	舞台芸術		35(1)	35(1)
4.	自然科学			
4.1	自然科学	208(6)	210(6)	
4.2	化学			140(4)
4.3	物理			140(4)
4.4	生物			210(6)
4.5	地理			210(6)
5.1	数学			
	数学	416(12)	560(16)	525(15)
6.	テクノロジー			
6.1	デザインとテクノロジー	173(5)	140(4)	140(4)
6.2	コンピュータ科学		105(3)	175(5)
6.3	エンジニアリング			35(1)
7.	健康と体育			
	スポーツと健康	278(8)	315(9)	315(9)

出所：内閣府規定 No.747 (2018 年 11 月 27 日付)「全国基礎教育スタンダードと基礎教育プログラム例に関する規定」(https://likumi.lv/)

校では、この時間を用いて少数民族言語や民族アイデンティティ形成ならびにラトヴィア社会への統合に関する授業を行うことができる。ただし少数民族学校では、少数民族言語による授業は全体の4割に留め、6割をラトヴィア語で教えることが義務づけられている。中等学校卒業時には統一試験が実施され、すべての履修科目で良好な成績を収め、卒業試験に合格した生徒には、中等教育修了証書（atestāts par vispārējo vidējo izglītību）と統一試験合格証書が授与される。これらをすべて取得していることが、大学進学の際の要件となる。

中等職業教育学校は2～4年制で、職種ごとの全国職業教育スタンダードと職業スタンダードに応じた教育課程を編成している。修了者には教育水準に応じた職業ディプロマが授与されるが、大学に進学することができるのは、中等職業教育ディプロマ（diploms par profesionālo vidējo izglītību）の取得者に限られている。

大学は総合大学、専門大学とカレッジがあり、いずれにもアカデミック教育課程と高等職業教育課程を設けることができる。アカデミック教育課程では基礎科学および応用科学の教育課程が実施され、3～4年制の学士課程（Bakalaurs）と5年制の修士課程（Maģistrs）がある。高等職業教育課程は、第1段階と第2段階に区分され、いずれも2～3年制である。ただし、第2段階には第1段階修了者とアカデミック教育課程の学士課程修了者を対象とする1～2年制の短期課程もある。高等職業教育修了者には職業学士号が授与され、さらに1～2年の修学により職業修士号が授与される。博士課程は修士号取得者を対象とし、3～4年制である。

いずれの教育段階にも私学が開設されているが、国公立学校では就学前教育から中等教育まで授業料は無料である。


（澤野由紀子）

少数民族学校におけるバイリンガル教育

コラム11

澤野由紀子

学校教育は、多民族国家ラトヴィアにおいて国民としてのアイデンティティを形成する重要な役割を担っている。とりわけ力を入れているのが、国語としてのラトヴィア語の教育である。

1944年のソ連への併合後から独立まで、ラトヴィアではソ連型の学校教育制度が導入されていたが、ロシア語を教授言語とする学校とラトヴィア語を教授言語とする学校が併存した。80年代末には、前者は6～7歳から11年間、後者は12年間の初等中等普通教育が義務教育とされていた。ロシア語学校ではラトヴィア語を学ぶ必要はないが、ラトヴィア語学校では第二言語としてロシア語が必修であったため、生徒の負担が大きく、修学年限が1年多く設定されていたのである。このような形ではあるが、ラトヴィア語を母語とする子どもは母語教育を受けることができたのに対し、非ロシア系少数民族には母語を学ぶ機会は与えられず、そのほとんどはロシア語学校に通っていた。ペレストロイカ期の89年にラトヴィア語を国語と定めるとともに、ラトヴィア在住の少数民族の言語を保持し発展させることを含む言語政策が導入されると、リーガとダウガヴピルスではいち早くポーランド語、ヘブライ語とウクライナ語を教授言語とする学校や学級が出現した。独立後は、ロシア語、ポーランド語、ヘブライ語、ウクライナ語、ベラルーシ語、リトアニア語ならびにエストニア語を教授言語とする公立の少数民族学校が併存するようになり、ロマの子どもたちのためにロマ語を教える学校も設立された。95年からは少数民族のための「ラトヴィア語訓練国家プログラム」が導入され、最新の教育学理論に基づき多文化に配慮した国語教育が行われるようになった。また99年からはすべての少数民

少数民族学校におけるバイリンガル教育

族学校に母語とラトヴィア語のバイリンガル教育プログラムが導入され、ラトヴィア人と少数民族の子どもを分離せずに一つ屋根の下で学ぶことが奨励された。

義務教育修了後の中等学校（10～12学年）については、98年に国会が2004／05年度からすべての公立中等学校では教授言語をラトヴィア語とすることとを決議した。しかしながら、この決議に対して少数民族が政治的抵抗を示したため、2004年に国会はこの要件を修正し、公立中等学校のカリキュラムの6割をラトヴィア語で教授し、4割は少数民族言語で教授することとなった。

90年代から2000年代前半には、ラトヴィア国内での大学進学や就職に有利なラトヴィア語を教授言語とする学校や学級に入る少数民族の子どもが増えていったが、04年のEU加盟後はEU域内での留学や就職が可能となったこともあり、この傾向に歯止めがかかっていた。だが2018年に国会は教育法を改正し、2025年度から幼稚園を含むすべての初等中等教育機関の教授言語をラトヴィア語とすることを定めた。これに伴い、バイリンガル教育を行っている基礎教育学校においても、1～6学年では5割以上、7～9学年では8割以上の授

バイリンガル教育のモデル校となっている少数民族学校（ロシア語学校）リーガ市立古典ギムナジア：幼稚園から12学年までの幼小中高一貫制学校（筆者撮影）

業をラトヴィア語で行うこととなった。

こうした中で注目されているのが、移民のためのラトヴィア語教育である。ラトヴィアには移民の流入はまだそれほど多くはないが、90年代から旧ソ連地域からの移民などその数はじわじわと増えている。一時的滞在者、永住を希望する難民など、それぞれの立場によってラトヴィア語学習のモチベーションは異なるが、子どもから成人までを対象とする第二言語としてのラトヴィア語教授のための教材開発や教員研修に、少数民族に対するバイリンガル教育のノウハウを活かすことが期待されている。

教育科学省少数民族教育問題審議会委員でもあるリーガ市立古典ギムナジア校長のアリエフス氏（左）と90年代末に同校にバイリンガル教育の導入を勧めたラトヴィア大学言語学部教授で国会議員のドルビエテ氏（右）。テーブルの上にあるのは同校が開発に関わったバイリンガル教育用の数学と自然科の教科書。（筆者撮影）

32

女性と社会

★意識と現実★

本章は、2008年の経済危機の影響・結果を指摘することにより、ラトヴィア社会における女性の役割の現状を伝えることを目的としている。

ラトヴィアの政治と社会生活において、女性は重要な役割を担っている。女性も大統領となり、バイラ・ビチェ・フレイベルガ氏が1999年から2007年の2期を務めた。現在は女性が国会の議長を務めている。これまで3期にわたり国の会計検査官を務めているのも女性である。同時に、セイマ（ラトヴィアの国会）での女性の割合は、1993年の14％から現在の23％へ上昇した。政府でも女性は少数派である。バルディス・ドンブロウスキス氏が首相を務める現政権（2014年現在）では、国務大臣14人のうち、女性は4人だけだ。

ラトヴィアでは以前から女性が多く活躍している分野として、教育（87％が女性）やヘルス・ケア（同86％）、文化（同69％）、行政（同67％）などがある。これらの産業は、政府予算による支援が比較的少ない分野である。このため、ラトヴィアの女性は　キャリアを積み、高い地位に就くことができる。また、国の成長と福祉に関する産業において女性が多くを占めている。

表１　男女別の平均賃金（ユーロ）

	2005	2009	2012
男　性	354	732	728
女　性	290	614	606
男性賃金に対する女性賃金の割合	81.9	83.9	83.2

出所：ラトヴィア中央統計局（2013年10月16日現在）

実際、上のデータが示しているのは、ラトヴィアにおける複雑な男女平等の構図である。ラトヴィアの政治空間には、ある特徴がある。政治や行政で上級ポストになればなるほど、女性が就くのは難しく、障害に阻まれるのだ。国会や政府に目を向ければ分かるように、ある程度の主要な意思決定のプロセスは男性が独占している状態だ。

地方自治体の状況は、国の政策決定の仕組みにとても似かよっている。地方の審議会や評議会での女性の割合も全体の3分の1だ。このため、国と地方の政策決定の仕組みにおいて、男女平等を担保するための積極的な取り組みが必要だ。

しかしながら、ラトヴィア社会における女性の役割を語る上で、社会の状況を見る必要もある。ラトヴィアでは、西側諸国（大半はアイルランドと英国）への人口流失と、少子化といった、複雑な人口問題を抱えている。その結果、人口が減り続けている。人口問題は、少なくともここ5年間の政治課題となっているが、実効的な進展はない。

女性の労働市場への参画と社会的保護に関する統計データは、とても興味深いことを示唆し、ラトヴィアにおける女性の役割の実態を示しているだろう。2005年のデータ（ラトヴィアがＥＵに加盟して丸1年）と、ラトヴィアが経済危機の打撃を受けた2009年、経済危機から回復した2012年のデータを比較する。

賃金格差の説明はシンプルだ。男性がトップの管理職を独占しているのに対して、スペシャリスト、エキスパート、中間管理職の大半を占めているのが女性だ。高いポジションほど賃金が高いのは自然の流れだ。一方で、女性が男性と同等の仕事をしていながら、男性より少ない賃金で働くことに同意している場合もある。行政の現場では、最高管理職の55％を男性が占めている。統計データによると、男女の賃金差が最も多い２つの産業は、小売業と金融サービスだ。男性の賃金に対して女性小売業で73％、銀行業、保険業といった金融サービス業では61％の賃金しか受け取っていない。賃金で男女差別を受けているのは、人口の５・２％に過ぎない。

女性の方が高学歴でも、貧困に直面するリスクは男性より高い。高校と大学の卒業者のうち約65％は女性だ。

２００９年の博士号取得者のうち58％が女性だったように、近年では、博士号を取得する女性がかなり増えているという認識は、ラトヴィア人の間でも広まっている。

２００８年の経済危機は、性別による収入格差に負の結果をもたらした。また、経済危機は男女が貧困の危機にさらされるリスクを平等にもたらした。経済の後退後、貧困のリスク下にある人は主に社会政策のおかげで減った。

表２　人口に占める、性別による社会的差別や貧困の危機にある人々の割合

	2005	2009	2012
男　性	42.9	35.9	35.6
女　性	48.2	38.7	37.3

出所：ユーロスタット http://appsso.eurostat.ec.europa.eu/nui/submitViewTableAction.do（2013 年 10 月 16 日現在）

政策展開は論争の的となる傾向がある。厚生省（福祉省）は女性が出産後すぐに仕事に復帰できる環境を作るべきだと考えているが、実際は、復職しようとしても1歳から6歳の子どもを預かる施設が十分にないため、この仕組みは実現しない。こうした状況は、子どもが入学したら自宅にいるか、ベビーシッターを雇う、私立の幼稚園に通わせるという選択を女性に迫ってきた。しかし、ベビーシッターや私立の幼稚園にかかる費用は決して安くはなく、女性はジレンマに直面するのだ。ベビーシッターを利用したり、私立幼稚園に通わせると多くの場合、女性が受け取る賃金の半分、時にはそれ以上かかることもあるからだ。

賃金の格差は、労働市場と教育の柔軟性とともに分析されるべきである。実際のところ、女性は男性より高学歴だが、家での子育ては女性のキャリアに悪影響を及ぼす。自宅での子育ての間、女性はスキルを失うので、復職後、より多くの時間を割き、生活費を捻出したり、新しい技術や知識を得たりするために、不十分な資源を再配分しなければならない。

性別による賃金格差は、将来の社会保障にも影響している。ラトヴィアでは、社会保障は国民が収入に応じて支払った社会貢献への費用で賄われている。すなわち、収入の少ない人ほど、受けることのできる社会保障（社会的利益）が少ないことを意味している。経済的観点から見ると、女性はある種の「輪」（サークル）に位置している。女性は学歴が高いにもかかわらず、出産によりキャリアの進展は阻まれる。家庭と仕事の両立を図る方法を探るために、子育て前のようなキャリアアップを確保するための多大な努力をしなければならない。女性は家庭と仕事の均衡を保とうとまで努力している上に、女性は平均的に男性よりも貧困のリスクにさらされている。シングル・マザーの場合、貧困に直面するリスクは著しく高まる。

政策レベルでは、厚生省は男女平等に関する政策展開に対して責任を負っている。２０１２年に政府が承認した最新の政策は、活動（行動）の主な方向性を見越した内容となった。男女の役割に関するステレオタイプ（固定概念）の変化、男女ともに健康的なライフスタイルを送ること、そして、労働市場での男女平等――こうした活動（行動）は、労働市場における主たる問題を反映してのものである。

ラトヴィア社会における女性の役割を十分に説明するために、考え方や心理的側面についても触れておこう。２０１２年に行われた「安心感」に関する調査では、女性は平均的に男性よりもやや心配する傾向にあるという結果が出た。女性は、自身の健康、社会保障、生活費の工面、失業、路上犯罪についてより不安を抱いているという結果も出た。一方で、労働市場での競争に対する不安感は、やや低い。これは、一般的に女性は学歴が高いため、職を探すのは簡単だと感じているからである。統計データによると、女性の失業率は14・２％であるのに対し、男性の失業率は16・０％にのぼる。

世論調査によると、男女平等について回答者の40・７％が平等の権利であり、負っている義務も性別間で平等だと回答した。一方で、回答者の27・９％は、男女は平等の権利を有するが、それぞれ性別が負う義務は異なると考えている。この結果が実際に意味するのは、それぞれの性別がすべきことに関してステレオタイプが存在するということだ。主に、男性は家族のために稼ぐべきで、女性が子どもの面倒を見るべきだということを意味している。

また、３分の１のラトヴィア国民は、男女平等の問題は関連性のあるものだと考えている。差別に遭った際、人々がとる最も一般的な行動は、話し合いか、何もしないことだ。話し合いは、異なる意見を表明するために有効な方法である。しかし、何も行動を起こさないことは、誰もが自身は男女平等を支持していると言っていても、すでにあるロールモデルを抵抗せずに受け入れることになる。保守的で伝統的な価値は、社会においてより尊重される。社会が、それぞれの性別が負うロールモデルの変化に対して少し恐れを抱いている。

最後に、２０１３年の「男女格差指数」では、ラトヴィアは世界で１２位だった。ラトヴィアは、女性に対する教育とヘルス・ケアの機会について、とても高い評価を獲得したのだ。ただ、女性の経済活動への参画、政治的権限の付与に関しては、賃金格差をなくし、政治参加への門戸を開くために、ラトヴィアではいまだに政策を導入しなければならないのが現状である。

（イヴェタ・レインホルデ／中野由佳訳）

コラム12

長内恵子

リネンに賭ける女性

ラトヴィアの家庭ではリネン（麻）がいろいろな場面で使われている。キッチンタオル、テーブルクロス、テーブルマット、ナプキン、バスタオル、バスマット、ベッドリネン、カーテンやソファーの生地、そして衣服に及ぶほどラトヴィア人はリネン好きだ。なぜならリネンは吸水性や速乾性、保湿性にも富み一年中生活に欠かせない特性があり使いやすい。夏には涼しく、冬には暖かい。

ラトヴィアでは土産物を含めてさまざまなリネンが街中で見られるが、その自然の素朴なリネンをかくもエレガントにデザインし、洗練されたインテリアやファッションに情熱を注いでいる女性がいる。

ライマ・カウグレ（Laima Kaugre）64歳、STUDIO NATURAL のオーナー兼テキスタイルデザイナー。

ライマは母親が機織りをしているそばで育ち小さいころから織物に親しみを覚えていた。ラトヴィア芸術大学でテキスタイルを学び、1972年に卒業後プロを目指しヨーロッパで行われたテキスタイルの展示会に多くの作品を出展し各国から注文を受けるようになり、1995年に現在のスタジオをオープンした。

大きな窓から光が差し込みテーブルに何気なく置かれている麻のショールを優しく包み込む。お気に入りの壺には別荘から摘んできた花々がいつも活けてあり、モダンなソファーセットのサイドテーブルにはガラスのピッチャーにたくさんのミント、ライム、キュウリの入った冷たいミネラルウォーターが用意されている。入口のそばの天井までの高さの棚の上には、ぎっしりとショールやテーブルリネンが積まれている。ところどころに置かれているハンガーレールにはライマデザインの麻のワンピース、ジャケット、スカート、コートなどがさりげなく掛けられている。このスタジオに入った瞬間にライマのオーラに包まれてリネンの魅力を再発見する。ここでライマは、事前の予約のうえ来店した人々に個別に丁寧に対応する。ゆっくりと時間をかけてスタジオの中の作品を手に取り自分の好きなものを選んでいける。ワクワクするような感覚で何か特別なリネンに出会えそうだ。迷っている人には、ライマは言葉を交わしながら何色が合うか、どんなデザインが合うかを見極め上手にアドバイスしてくれる。スタジオの上の実際に機織りをしている場所へ案内してくれて製品がどのように織られているのか見学することができる。そこには5台の大きな機織り機があり、職人たちが黙々と織っている。一つの商品ができあがる工程は長く複雑だが、その一つひとつに心がこもっているからこそ出来上がりの風合いが豊かで、ライマのショールを一度羽織ると肌を優しく包み込む感触が忘れられなくなる。感じの良いスタッフがラッピングをしてくれている間にライマは自分の好きな日本茶でもてなしてくれる。抹茶も好きな大の日本好きだ。そして一緒に飲みながら、話しながらアーティストの横顔を垣間見ることができる。

ライマのデザインを見ていると彼女の独創性や品性が伝わってくる。決して妥協することのない信念のある仕事ぶりは彼女がリネンに賭ける強い思いに他ならない。

「リネンは私の人生のすべて。長い経験と教育で培われたからこそ、私はリネンがよくわかるようになった。この素材を愛し、素材に価値を置き、誇りに思う」とライマは言う。

ぜひ訪れてほしい。（要予約、電話番号：+371-6731-5914）

33

NGOの活動

★1991年以降★

ラトヴィアの市民活動は、1918年に独立して間もない頃から始まっていた。子どもたちはガールスカウトやボーイスカウトの活動に加わり、大人も団体や組合などで慈善活動やボランティアに取り組むなど、多くの国民が市民活動に積極的に参加していた。だが、1938年当時、国内で205団体あったスカウト組織は、ラトヴィアがソ連へ編入された翌年の1941年に非合法となった。国内のスカウト組織の代表を務めていたカーリス・ゴッペルスは射殺され、各スカウト団体のリーダーの多くも逮捕や殺害されたり、シベリアへ追放されたりしたのである。

ソ連時代には、市民による組織的活動は疑いの目を向けられ、反愛国主義者であると見なされることが多々あったのである。当時は、集団的な行事への参加が共産党により推進され、共産主義少年団であるピオネールのような組織のメンバーであることが将来の成功の前提条件となっていた。ピオニールのような「社会的組織」で「積極的に」活動していた人たちが中心的な地位にあるとみられることが多く、一方、社会を変えようとして異なる組織に参加していた人たちは反ソビエト主義で、危険な人物であると見なされてきた。また、そういった組織は違法であるとされることが多く、組織の情報も検閲の対象となった。

1980年代半ばにはゴルバチョフのグラスノスチ（情報公開）が始まり、さまざまな問題に対処する市民活動が動き始めた。その中でも主要な大衆運動の一つが、環境とラトヴィア文化を守りたい市民を結集した「環境保護クラブ」（VAK）だった。1987年当時、出版業界や報道機関はこのクラブの活動について印刷物を発行することを禁じられていたが、翌88年には、10万人以上がNGO（非政府組織）であるこのクラブが組織したデモに参加したのである。ラトヴィア独立への関心は、「ヘルシンキ86」「ラトヴィア民族独立運動」といった他のNGOの間でも瞬く間に高まっていった。なお、「ラトヴィア民族独立運動」はラトヴィアの独立回復後に政党LNNKとなった。88年になると、「ラトヴィア人民戦線」も組織され、ほんの数カ月のうちに国内全域で10万人余りがこの組織にかかわっていった。

ラトヴィアが独立を回復すると、NGOのリーダーの多くが国会議員や政府機関の指導者となり、国の再建に取りかかった。しかし、その中で不均衡な状況が広がり始めたのである。計画経済から市場経済への転換期には、皆が新しいことを学ばなければならなかった。新しい言語にビジネスの方法のほか、司法や金融の制度など共産主義が破壊した多くの仕組みや体制づくりを学び始め、国民たちは国造りと自らの居場所を模索して奔走していた。だが、一方で、多くの国民は40年に及んだ占領に蝕まれ、物事に対して受け身になってしまっていたのだ。こうした国民の態度は、「経済、社会、政治依存による学習性無力感の遺産」だとされた。積極的に活動する国民と、受け身のままの国民との間で格差は大きくなり、解決しなければならない問題となった。

ラトヴィアの独立回復後は、海外にいる亡命系ラトヴィア人が中心となって、民主化にとって重要な鍵を握るさまざまな仕組みづくりを支援することで、ラトヴィアの計画経済から市場経済への転換を手助けした。国民がみな積極的になるには、市民社会を支援することが必要だとの認識を真っ先に持ったのは、海外の寄付者たちだったのである。オランダのオレンジ基金、民間のソロス基金、アメリカ政府の米・バルト・パートナーシップ・プログラムなどは、市民主導の仕組みの醸成を促した。1994年から2004年には、ラトヴィアでの国連開発計画、デンマーク政府、ソロス基金の支援により、NGOセンターの本部とNGOの地域センター6カ所が設立された。初期に設立されたNGOの多くは、福祉の分野を担うものだった。障がい者や女性団体、人権団体、少数民族といった分野の団体が影響力をもつようになり、こうした団体はNGOの会員や社会を支援するだけでなく政治改革のプロセスにおいても主導権をとった。また、政治的過程にも加わり、国と地方の両方で法の整備に助言するようになり、政府の政策展開にとって大きく貢献した。例えば、1995年の1年間だけでも国は7つの社会福祉関連の法律を制定という成果を上げることができた。

1997年に開催されたNGOフォーラムは、ラトヴィアで初めての試みであり、さまざまなNGO組織で活動している人々が互いの組織について知る機会となった。フォーラムはNGOで活動する人々同士の出会いの場となり、互いに市民活動には力があり、正当であるとの認識を深めたといえよう。

NGOは、省庁との連携を展開させた。2000年には、農務省は、農業部門で働く人の組織化を促すようになった。大小さまざまな規模の農家、養豚、穀物、果樹など異なる農産物の生産者さらに、小規模の協同組合など、幅広い農業者に対応した政策が、このような取り組みを通して進められていった。農務省は、政策決定が必要な時にすべてのNGOに話し合いのテーブルに着いてもらうといった、政策作りの優れた仕組みを作り上げた。一方、環境省は、環境保護クラブや他の環境関連のNGOと緊密に連係をとった。NGOが環境保護に必要な資金を得られる「環境保護基金」を初めて環境省が実施した。

1991年から2004年にかけて交代を繰り返したラトヴィアの政権は、NGOの取り組みや助言を喜んで受け入れてはいたものの、その時々の政権によるNGOへの支援はわずかであった。というのも、1990年代に政府関係者の多くは、市民活動は民間企業や団体だけが支援すべきだと考えていたからだ。一方で、民間サイドにとっても支援は難しかった。ラトヴィアの独立が回復してから、国内でNGOに寄付する習慣が再構築されておらず、海外からの寄付に頼るということは、NGOが第三者からの支援を模索できることを意味していたのだ。

ラトヴィア社会の中で人々が協力し合うような状況にしなければならないと考えた海外の寄付団体は、2002年には、国が活動を統合する事務局を設立する支援をした。2003年には、欧州委員会から手厚い支援を受けて事務局が入念に作り上げた市民社会強化プログラムが内閣の承認を得た。このような支援の背景には、欧州委員会が、市民活動が担う役割の重要性を認識し、ラトヴィアのEU加盟の前提条件として市民活動の強化を望んでいたことがある。2004年のEU加盟でラトヴィアが発展に向けての一定の成果をあげたとみた海外の篤志家たちは、ラトヴィアに対する支援から次第に手を引いていった。

現在ラトヴィアでは1500団体を超えるNGOがある。中には、公益組織もあり、その中で評判の高いZiedot.lv（寄付）は、助けが必要な人と支援したい人のニーズを束ねてインターネット上の活動を展開している。

ラトヴィアのNGOの重要な役割は、政治的な政策決定の過程に参加するだけでなく、共に助け合う「共助」のスキルを身につけることにもある。政治参加は、政府に対する信頼を高めることにつながるうえ、よりよい政策決定のために効果的だからだ。共助は国民の相互信頼感を一層高め、加速する社会の変化に国が対応するために、社会や政府に対しても信頼を醸成することができるだろう。そのようなNGOが市民に広めた助け合いの精神は、例えば、2008年から2011年にかけての金融危機の際にもみることができたといえよう。

（マーラ・シーマネ／中野由佳訳）

リーガの市庁舎広場にあるブラックヘッドの会館（福原正彦撮影）

クルディーガ旧市街の家並み（福原正彦撮影）

Ⅵ

政治と経済

34

ラトヴィア憲法と政治体制

★生き延びた「国のかたち」★

ラトヴィアは1991年にソ連からの独立を回復した。だが、その憲法と政治体制には100年近い歴史があると聞くとどう思うだろう。不思議に感じるかもしれないが、これは人々の間のアネクドートや小話の類ではなく、ラトヴィア政府の公式見解である。1918年に最初の独立を獲得したラトヴィアは、その後1940年のソ連「併合」によって多くの世界地図から一度は姿を消した。だが、ラトヴィアの中には、約50年間のソ連時代は違法かつ無効な「占領」だったとみなしていた人々も多く、その思いが結実したのが1990年5月4日の独立回復宣言であった。同宣言内では、ラトヴィアは「実質的には」独立を失ってしまっているけれども、「法的には」独立を失ったことなど一度もない、という解釈が示され、実質的な独立の回復に向けた移行期間へと入ることが述べられた。翌1991年8月21日には、この移行期間が終わり完全な独立を達成したことが宣言された。諸外国は91年8月の宣言後にラトヴィアの独立を承認し、またソ連もそれに続く同年9月6日にラトヴィアの独立を承認したが、ラトヴィア国内では90年5月の「法的」独立宣言の方が（国民の祝日とされるなど）重要視されている。

第34章

ラトヴィア憲法と政治体制

このような経緯から、ラトヴィア政府の公式見解では、ラトヴィアは「法的には」すでに建国100年近い歴史があるということになっている。ゆえに、そのスタンスに基づき1922年に採択されたラトヴィア共和国憲法（Satversme：サトヴェルスメ）を、改正を加えつつ今もなお利用している。憲法は基本的な政治枠組みを決めるものであるため、当然、政治体制も過去のものを引き継いでいる。ラトヴィアでは、自由で民主的な選挙によって国民から選ばれた議員が構成する一つの議会と、議会に責任を負う内閣によって運営されることになっており、わが国と同じ議院内閣制に分類される。国家元首として大統領もいるが、国民が直接選ぶのではなく議会からの間接選出であり、象徴的役割が主で内政に深く関わる主体ではない（詳細後述）。つまりラトヴィアの日常の政治は、議会とそこに責任を負う内閣が担っており、首相が実質的な政治リーダーといえる。

ラトヴィア国会（筆者撮影）

議会（Saeima：サエイマ）は一院制で、その定数はぴったり100だ。ラトヴィア人口の約2万人に1人は国会議員ということになるので（ちなみに日本の場合は衆参あわせて約16万人に1人）、国民と政治の距離感は相対的に近いといっていいだろう。国会議員には21歳から立候補でき、18歳以上のラトヴィア市民が投票することができる。地方議会も含め、外国人は永住権者であっても立候補および投票することはできない（ラトヴィアの「非市民パスポート〈第29章参照〉を持つ者も同様である）。議員の現在の任期は4年で、法案を審議して採否を決め、条約の批准や予算決定をし、首相の任命（あるいは不信任）を行う。ちなみにラトヴィアの国会議事堂は、リーガ旧市街の飲食店や露店がひしめくエリアから歩いて1分もかからない街中にあり、ネオ・ルネサンス様式の優雅な姿をしている。

首相は、議会の過半数の支持を受けた者が任命される。大統領が候補を推薦し、議会が最終的な承認を行う。基本的には選挙で勝利した勢力から首相が選ばれることが多いが、ラトヴィアの制度上では国会議員でなくとも首相になることができるため、ビジネスマンやEU関係者が首相になったこともある。行政の事実上の指揮官として、各担当大臣を任命して内閣を組織しラトヴィア政治を司るが、いざ議会から不信任決議を突きつけられてしまった場合には、ラトヴィア憲法上の原則としては内閣総辞職することとなっており、つねに現行の議会に対して責任を負わなければならない（ただし実際には大統領との調整次第で、議会側の解散総選挙を目指すこともできる）。

ラトヴィアの大統領は、先述したとおり国家元首としての象徴的意味合いが強く、その権限は本来とても小さい。戦時における最高指揮官としての地位や、万が一議会が暴走してしまったときにそれを抑えるためのわずかな権限があるだけだ。法案を提出することはできるが、必ず首相か担当大臣の副署（つまりお許し）を必要とする。しかし、ラトヴィアの議会および内閣は良くも悪くも流動性が高く変化が激しく、首相は頻繁に交代し、政治は混乱と停滞に直面することが多いため（第36章参照）、その際に大統領が存在感を放つ。その極めて限定的な権限を最大限活用して現実政治に影響を及ぼすことがしばしばあるのだ。EU加盟条件に反するような民族主義的法案を議会が可決した後に、最後の砦としてその法案に拒否権を行使したり、遅々として議論を進めない議会や首相に対して、議会解散提案権（解散には国民投票が必要）をちらつかせて仕事を進めさせたり、といった具合だ。大統領を国民からの直接選出制にする案（専門的にいえば半大統領制への体制移行案）がときどき話題になることもあるが、いまのところ具体的な憲法改正案をまとめるまでには至っていない。

司法に関する規定は憲法上あまり多くない。ラトヴィア憲法では非常時の軍事法廷の開廷が容認されているが、この軍事法廷では、つい最近の2012年まで死刑が認められていた。ほかの欧州諸国が90年代に続々と死刑を全面廃止する中、ラトヴィアだけが非常時における死刑廃止に抵抗し続け、2004年のEU加盟から8年間、EU内で唯一死刑制度を残す国であった（執行はされていない）。なぜラトヴィアだけが強硬に抵抗し続けていたのか、筆者にはその理由は判然としない。だがいずれにしても、死刑の全面廃止を加盟条件に掲げているEUの中で、実はラトヴィアという例外が存在していた事実は興味深い。

ラトヴィア憲法における、人権規定についても少し触れておこう。1922年の憲法制定当時は政治体制や手続きに関する規定だけで、人権規定は存在していなかった。現在も、ほとんどの条文は政治制度とその運用規定に割かれているが、独立回復後に基本的人権を保障するための諸規定が追加された。憲法

国会（内部）（筆者撮影）

は国民が国家を縛るためのもの、という立憲主義の理念に基づき、ラトヴィア憲法には国民に対する義務規定が一切含まれていない。例外的に憲法112条の最後には「初等教育は義務である」という一文があるが、条文全体としては国家の側に課された義務（国民に対して教育機会を提供する義務）に関する規定となっている。

ここまで見てきたラトヴィアのさまざまな政治のルールは、比較政治の観点から言えばさほど特異なものではない。しかし最大の特徴は、やはり冒頭に記したように、その過去とのつながりの強調であろう。たとえば、独立回復後最初の選挙は1993年に行われたが、その名称は「ラトヴィア共和国第5回国会選挙」であった。では第4回はいつ行われたのか？　そう、第4回国会選挙はソ連による「占領」前の1931年である。このような数え上げ方は、同じバルト三国のエストニアやリトアニアでも行っていない。半世紀におよぶソ連時代を経て憲法を復活させた（「復活」という言葉も、彼らの公式見解からすれば不適切なわけだが）ラトヴィアの政治空間においては、1918年の独立からの継続性というラトヴィア独自の歴史認識が大事にされているのだ。

（中井　遼）

コラム13

個性豊かなラトヴィアの政治家たち

中井 遼

民主主義国家では一般の人々が政治家を選ぶ。ゆえにその国の政治家を見ればその国の人々や社会がわかるといっても過言ではないだろう。ここでは、昨今のラトヴィアで存在感を放つ政治家たちについて簡単に紹介したい。

元・首相のドンブロフスキス（Valdis Dombrovskis）は日本でも知られているかもしれない。2002年に31歳の若さで財務大臣に抜擢され、EU加盟後には欧州議員として予算委員会に属するなど、財政の専門家である（以前は物理学の研究者であった）。経済危機後の2009年1月に大規模デモを通じて当時の内閣が倒れると、ブリュッセルから呼び戻される形で首相職に就いた。インタビュー等でめったに笑顔を見せない彼は、冷静かつ厳粛に人員削減と歳出カットを行うことで奇跡的な経済回復を達成し、ラトヴィアの首相としては異例の長期政権を担当した（2014年に辞任し現在は欧州議員に復帰した）。国際的エリートで学者肌、マシーンのような彼だが、こと対ロシア関係や歴史認識問題では、民族主義的な主張を熱く展開する一面もある。

対照的ともいえるのが、ウシャコフス（Nils Ušakovs）である。リーガで生まれ育ったが、ロシア語系住民だったため独立回復当初は国籍を持っておらず、一度はジャーナリストとして働いていた。国籍取得後に新たに結成されたロシア系政党の党首として任命され、民族間調和と弱者保護を訴えて2009年に33歳で首都リーガの市長（日本でいえば都知事相当）となった。もともとリーガはロシア語系住民が多い街であったが、彼のもとで初めて、少数民族政党およびその出身者が市政を掌握したのである。表情豊かで社交的な彼は、ロシア語系住民に寄り添う歴史イベントを動員したり、社会保障プログラムを実施したりなどして、近年急速に知名度を上げている。

彼らより上の世代で著名な政治家といえば、おそらくヴィーチェ＝フレイベルガ（Vaira Vīķe-Freiberga）の名前があがるだろう。第二次世界大戦中にソ連の手から逃げる形で家族らと西側諸国へ移り住み、成人後はカナダで大学教授の職にあったが、ラトヴィアの独立回復に伴い帰国し、１９９９年からの2期8年を大統領として務め上げた。この世代には、彼女のように西側諸国に亡命して生き延び、北米で教育を受け育ち、独立回復後にラトヴィアに帰国して活躍した者が少なくない。２００６年の国連事務総長選出過程で、最後まで潘基文とその座を争ったことはあまり知られていない。

もう一人、日本ではまったく知られていないが、ラトヴィアの政治家を語るとき、レンベルクス（Ainars Lembergs）の名を外すわけにはいかない。ソ連崩壊以前の88年からヴェンツピルス市長を20年以上務め、市長としての権力とヴェンツピルスの石油権益を活用して莫大な富を有する。政党「緑・農民連合」を半ば裏から支配しており、地方にありながら国政に強大な影響力をもつ。このような怪しげなイメージどおり、２００５年より汚職の疑いでさまざまな捜査を受けているが、多くの世論調査等で、一番人気を示すのが、彼なのである。エリートでもなければロシア語系でもない普通の人々、とくに貧しい農村の人々から、彼は強い人気を得続けているからである。

35

選挙と政党システム

★混沌から脱却するか★

第34章でも触れたとおり、ラトヴィアは議会を中心とした政治を行っており、議会で選ばれる首相（および内閣）とそこで活躍する政党が政治の基本的担い手となる。一院制であるラトヴィア共和国議会（Saeima：サエイマ）選挙では、ラトヴィア全土を5つの選挙区（4つの歴史的地方区分＋リーガ市）に分け、100ある議席を比例代表制によって分配する。そのため無所属での当選はできず、政党を基盤とした選挙戦が展開される。このようなルールそのものは国際比較の面から見ても決して特異なものではない。全国で5％の得票率を得られなかった政党は議席の分配の対象からはずされるなど、小政党の乱立を防ぐ仕組みも用意されている。

しかし、ラトヴィア政党政治最大の特徴はその不安定性・変動性にある。ある学術研究によると、ラトヴィアは民主化から2011年までの間に20の政権が成立しており、その平均存続日数は351日ということだ。同研究は、民主化を果たした他の中東欧諸国10カ国も等しく分析しており、ラトヴィアは全11カ国中で最多の政権数と最短の平均政権存続日数を示している。隣国のエストニア（12政権・597日）やリトアニア（12政権・

527日）の数字と比べてもその特徴は明らかだろう。この背景には、多数の政党が選挙ごとに現れては消えていくという、不安定なラトヴィア政党政治の状況がある。何の基盤も持たない政党が選挙の直前に現れて、国民に耳触りのいい言葉を投げかけて議席を得るのは毎回のことであるし、議会の第一党になってしまったということも数回ある。ある選挙で登場した政党が次の選挙を待たずに消滅していくということも日常茶飯事であり、不祥事や汚職が明るみになった政党が、責任の所在をうやむやにするために分離政党を作ったり他党と合併して新政党を作ったりすることもしばしばだ。

このようなことになってしまった背景には、複数の要因が絡んでいると思われる。まず一つの遠因は旧共産党関係者の大多数を公職追放してしまったことだろう。彼らは、（ラトヴィアにとって憎むべき）ソ連体制に与（くみ）した者たちであったが、同時に政治・行政のプロでもあった。彼らが一掃された代わりに政治の場に参入してきたのは、多くが理想と学識はあるが政治経験のない議員であり、当選して馬脚を露わしては離合集散を繰り返した。また、民主化後の中東欧諸国の多くでは、生き残った旧体制エリートたちが体制移行後の不満層の声を集約する機能を果たしていたが、ラトヴィアでの彼らはロシア語系有権者との連携という特殊な戦略をとったため、民主化・市場化後に不満を抱くラトヴィア系有権者は、むしろ選挙ごとに現れる（ラトヴィア系の）新興政党へ期待を寄せる土壌が形成されていた。さらに、政治の力を利用して私腹を肥やそうとする新興企業家「オリガルヒヤ／オリガルヒ」の存在も無視できない。ラトヴィアは中東欧諸国内でも珍しく政党助成金の制度がないため政党の資金源のほとんどは企業や個人の献金によって支えられていた。そのため、一度国政に進出できた政党でも存続が難しく、むしろ金満政治家が立ち上げた（事実上の）個人政党の方が有利ですらある。

実際、世界中の汚職を調査・研究している機関が90年代後半に中東欧各国の汚職指数も発表するようになった際、ラトヴィアは中東欧の中で1番目か2番目に汚職がはびこる国とされてしまった。政治家の汚職・金満政治を嫌って、政党助成金制度を排除した結果、かえって汚職と金満政治を助長したというのはいささか皮肉な結果である。

上記したような（どちらかといえば）好ましくない傾向は近年薄れつつあり、一部の政党は組織化を進めているが、いまなおラトヴィア政治の一側面であるため、変動多きラトヴィア政党政治の要約は決して容易ではない。だがここでは、2014年の時点で存在し、おそらく今後数年は存続しているだろう政党を四つピックアップして紹介してみたい。ある政党が存在するということは、それを支持するラトヴィアの人々がいるということであり、ラトヴィア社会の縮図でもあるからだ。

「統一」（Vienotība）は、2010年にその名を得た一見新しい政党だが、事実上は2002年から存在した政党「新時代」（Jaunais Laiks）の後釜である（そこに複数の小政党が合流したので統一という名前になったようだ）。「新時代」は当時の中央銀行総裁によって立ち上げられ、「統一」となった現在に至るまで、新自由主義的な経済政策を掲げて市場原理の追求と大胆な支出カットを主張している。それと同時に、汚職や腐敗の払拭も重要な政策の一つだ。これまでの選挙では、大体上位1～3位の議席率を取っているので、中道右派政党の雄といえるだろう。高学歴・高所得のエリート層の支持が比較的強い政党であるが、国内の民族問題に対しては穏健なラトヴィア民族主義的傾向を持ち合わせている。

「緑・農民連合」（Zaļo un Zemnieku Savienība）は複数の政党による連合である。緑の党（Latvijas Zaļā Partija）は名前からするとエコロジー政党のように見えるが、ソ連当局による開発反対運動がその源流にあるため、かならずしも環境保護そのものを第一義的な目的として立ち上げられた政党ではなかった。農民連合（Latvijas Zemnieku Savienība）は、長い歴史を持ちつつも現在は事実上、石油産業都市ヴェンツピルス市を牛耳るレンベルクス（コラム13参照）の強い影響力下にある。これらの合併勢力たる緑・農民連合は、単に地方農村の利益の代弁者としての面だけでなく、ヴェンツピルス市のあるクルゼメ地方の地域政党のような面も持つ。近年ではその連合名の示すように、環境保護の名の下で他国の石油産業プロジェクトを批判することもあるが、その背景には、自党の支持母体（石油産業）を守るためのライバルつぶしという思惑があることには留意しておこう。

「調和センター」（Saskaņas Centrs）は、ロシア語話者住民の利益保護と、民族間の宥和を目指し立ち上げられた政党連合である。90年代から存在していた少数民族政党から分離する形で、2005年に誕生したのでその歴史はまだ浅いが、やや穏健な親ロシア人志向と再分配志向の中道左派的な経済プログラムを兼ね備えることで一挙にその支持を拡大した。いわゆる少数民族政党ではあるものの、ラトヴィア人有権者の中にもわずかながら支持者がいることは見過ごせない。ロシア語話者の多い、首都リーガ市や、東部ラトガレ地方で圧倒的な強さを誇り、2011年および2014年総選挙では議会第1党の地位に躍り出た。しかし、他のラトヴィア系政党からは、歴史認識やロシア語の扱いに関して決定的な溝があると認識されているため、連立交渉において排除されており、国政ではいまだ政権に参加したことはない（2014年現在）。

「祖国と自由のために／ラトヴィア国民独立運動」（Tēvzemei un Brīvībai/LNNK）は、ラトヴィア民族主義を掲げるナショナリスト政党連合である。もともとラトヴィアの独立回復運動を率いてきた勢力が手を結んでできた政党であり、浮き沈みの激しいラトヴィア政党政治の中で唯一、一貫して議席を獲得し、その時々の政権を支えてきた歴史がある。独立回復以降、徐々にその人気を失ってきたが、EU加盟後にラトヴィアが歴史認識問題で西欧諸国に批判されることが増えてくると、それに呼応するように再び息を吹き返すようになってきている。支持率低下への対策の一環として、2011年には極右団体の「すべてをラトヴィアのために！」(Visu Latvijai!) と政党連合を発足させており、同連合名である「国民連合」(Nacionālā Apvienība) で報道されることも多くなってきている。

現在（2014年10月）のラトヴィアには75の政党が登録されている。2000年以降だけに絞っても、筆者の知る限り20近い政党が国会で議席を得て、そしてその多くが消えていった。まさしくラトヴィア政治は混沌であるといってよい。しかし、ここで紹介した4政党は、それらの中でも比較的、組織的な基盤がしっかりしており、堅実な議席獲得の実績がある政党である。今後、党名などには変化があるかもしれないが、政党そのものはしばらく残り続けるだろう（特に、4つ目に紹介した政党は、今後「国民連合」の呼称の方が浸透、定着するかもしれない）。本書刊行後もしばらくの間は、本章が意味のある情報を読者に提供できていることを、一著者としては願うばかりである。

（中井 遼）

36

ラトヴィア政治と外交

★民族問題・歴史認識問題を中心に★

「政争は水際まで」という言葉があるが、国内政治の影響をまったく受けない外交というのは、洋の東西を見渡したところでどこにもないといって過言ではないだろう。特に、自由な言論が許容されている民主主義諸国であればそれは当然の現象であって、ラトヴィアもまたしかりである。ラトヴィアの外交について、個々の関係について解説したものは第Ⅶ部の各章にそれぞれ詳しいものがある。ここでは、それらのラトヴィア外交の争点が国内のどのような利害や対立とリンクしているのか、あるいは国内でどんな論争を引き起こしてきたのかにについて解説していく。

こんにちのラトヴィア外交の戦略を、誤解を恐れず大雑把にまとめてしまえば、「ラトヴィアを支配してきたロシア（人）の影響をできるだけ退け、また西欧・北米諸国との軍事・政治・経済的つながりを強化して、その独立を確かなものにする」といったものになるだろう。歴史的な事実としては、ラトヴィア人がつねにロシアに抑圧されていたわけではないし（ラトヴィアの1918年の独立を即座に承認したのは革命当時のソヴィエト政権である）、西欧諸国がつねにラトヴィアの庇護者だったわけでもないのだが、今日のラトヴィア政府発表や観光ガイドでの案内などでは、冒頭のような見解が明に暗に表明されることが多い。しかし、このような見解がラトヴィア国内のすべての人々に共有されているかといえば当然そんなことはなかったし、また実際の政治過程でも、ロシアに敵対視一辺倒で臨みつつEU圏と蜜月関係のみを構築できたわけではなかった。外交問題に関する声明やスタンスは、国内政治の状況に応じて変化を見せ、時に選挙を意識した政党のアピールや対立ともリンクしながら展開を続けてきた。

一例が、国内のロシア語系住民をめぐる、ロシア・EUそして国内政治勢力間の駆け引きである。ラトヴィア政府が90年代にロシア語系住民に採っていた厳しい諸政策は、ロシアからの批判を受けただけなく、EUの基準からみても人権侵害に当たると解されていた。特に、ラトヴィアで生まれ育ちながらも無国籍扱いになってしまう子どもの問題については、法改正で対応しない限り加盟交渉のテーブルにも座らせないとEUとしては異例の明言をしたほどである。独立回復直後のラトヴィア系住民や政党の多くにとっては、自分たちの国民国家の再構築のために必要だと信じていた政策が、ロシアからだけでなく「西側」からも批判されることになった。この結果、90年代の半ばまでは、国内のロシア語系住民のEU統合支持がある程度存在する一方で、ラトヴィア系住民はEU統合に懐疑的という、いささか逆説的かつねじれた関係が存在していた（現在はこの関係は逆転している）。EU加盟やロシアとの外交関係改善を重視したラトヴィア系政党の一部は、ロシア系政党と協力しつつ国籍政策の緩和にこぎ着けたが、より民族主義的なラトヴィア系諸政党はこれを奇貨とし、政敵を攻撃する選挙キャンペーンに利用した。1998年総選挙では、国籍法緩和に動いたラトヴィア系政党に対し、

「ラトヴィアを殺そうとしている」「ロシア語系住民に国籍を与えるべきではない」といったトーンの批判があふれ、批判された政党が全議席喪失に追い込まれた一方、ラトヴィア民族主義勢力は全体として議席を増やすことになった。もっとも、選挙が終わってしまえば、勝利したラトヴィア系右派諸政党たちも、緩和された国籍政策を本気で元に戻すようなことはせず、そのままEUのご機嫌を伺い続けて今日に至っている。

EU加盟後に国内政治と外交の関係で論争となっているのが、歴史認識をめぐる問題である。EU圏に加盟したことにより、それまでのラトヴィアの歴史認識と「ヨーロッパ」の歴史認識の間にあった潜在的なズレが、白日の下にさらされてしまったのだ。最大のイシューが、第二次世界大戦中にソ連と戦ったラトヴィア人部隊を追慕する式典をめぐる論争である。一部のラトヴィア系住民にとって、ソ連と戦ったラトヴィア人部隊は民族的英雄であり、また同式典は存命中の従軍兵の労をねぎらう機会でもあったが、問題は彼らが当時のナチス・ドイツ占領下で、当初は志願制、のちに強制徴兵により構成されたナチス武装親衛隊部隊（武装SS）だった点にある（また彼らを称揚する3月16日の名もそのままずばり「部隊追慕日」〈Leģionāru Piemiņas Diena〉である）。本式典に対する態度は、90年代からすでにラトヴィア系住民の中でも分かれ

部隊追慕日の様子（筆者撮影）

ており、ヴィーチェ＝フレイベルガ元大統領が「真の愛国者ならばこのような式典には参加しない」と表明していたように、この論争はあくまで歴史認識論争であって、かならずしも国内の民族的分断とは結びつかない。むろん、ほとんどの住民はこの式典に直接関わりを持つことなどもないのだが、なにより式典前後は国内中のテレビや新聞がその報道に注力するため、政治家にとっては国内有権者の目を惹きつける絶好の機会なのである。それでもEU加盟前はラトヴィア国内の論争、あるいはせいぜいロシアとの言い争いのレベルですんでいたが、EU加盟後この問題は大きく燃え上がる。いうまでもなく「ヨーロッパの歴史観」において、ナチス肯定はタブーであり、半ば過剰反応ともいえる拒否反応がEU諸国から見られた。また、ラトヴィア人部隊への初期志願者にファシスト団体「雷十字団」メンバーが多くおり、彼らがドイツ占領下のラトヴィアで行われたユダヤ人虐殺に積極的に関与していたことが明らかになってきたことも、論争の拡大に拍車を掛けた。2007年の式典の際には多くの「西側」欧米メディアが押しかけ、時にはラトヴィアをファシスト賞賛国家であるかのようにこき下ろす見解も見られた。このような見方に対しては、ラトヴィア国内からも同意と反発の双方が示されたし、欧州議会議員にして右派大物政治家のロベルツ・ジーレなどは強硬な反論を行っている。

欧州対独勝利記念日をどのように祝うかという問題も国内政治勢力との分断とリンクして、国際政治と国内政治の結節点の一つとなっている。ラトヴィアは旧ソ連下にあった名残りから、5月9日を対独勝利記念日として認識する向きがある。だが、欧州における第二次世界大戦の終結は、ソ連のラトヴィア支配の再開も意味していたことから、今日ラトヴィア国内で5月9日を戦勝記念日として祝うのはもっぱらロシア語系住民とその政治勢力であるロシア系政党である。筆者の調べた範囲では、5月9日の式典に参加する人数は国政選挙の年に増加する傾向があることから、この国際的な式典が政治的に利用されている可能性はきわめて高い。他方で近年、従来対独勝利記念日を祝わない傾向の強かったラトヴィア系諸政党の中にも、西欧諸国と同じように5月8日に記念式典を開催したり、支持者に参加を呼びかけたりするようになっている。またあるいは、同じ5月9日である「ヨーロッパの日」の式典をぶつけることで対抗することも見られている。欧州の政治において、5月8、9日は外交的契機の日にもなっているが、それをどのような文脈で捉え、またどのような政治勢力が推進ないし批判しているかは、国内でも多種多様な状況がある。国際社会におけるラトヴィアの立ち位置を見る際には、このような国内の論争状況も考慮しなければ理解できないことも多いのである。

（中井　遼）

37

ラトヴィアの経済史

★帝政期からEU加盟後まで★

ラトヴィアの経済史において、ラトヴィア人自身がその主体を担うようになったのは、帝政ロシア時代の1861年に農奴制が全廃されてからのことである。現在のラトヴィアは、ロシア帝国のリーフラント県（ヴィゼメ）とクールラント県（クルゼメ）、さらにヴィトヴェスク県西部（ラトガレ）から構成されており、ヴィゼメとクルゼメではそれぞれ1819年と1817年に農奴制が廃止されていたものの、単に土地を持たないまま自由な身分になれるだけにすぎず、元農奴たちが土地を購入できるようになるには、1861年の農奴解放令を待たなければならなかった。1880年代から1890年代にかけて土地購入が進み、1914年までには、全土の39％がラトヴィア人農民により所有された。とはいえ、ラトヴィアの土地の大部分は依然としてドイツ人領主やロシア人領主に保有されており、ヴィゼメやクルゼメのラトヴィア人農民が有する土地面積の平均が42～47ヘクタール程度であったのに対し、領主らの私有地の平均面積は2000～2500ヘクタール程度もあった。解放された農奴は労働者となって、地方から都市へと流入し、新しく発展していた工業分野で働くようにもなった。

第一次世界大戦以前まで、ラトヴィアは２００年近くにわたって帝政ロシアの一部であった。19世紀後半から20世紀初頭にかけてロシア帝国は劇的な経済的変化を経験し、その変化がロシア帝国の経済的成長に与えた意味については今でもさまざまな経済史学者による議論はあるものの、ラトヴィアにおける資本主義的発展の影響は明確であった。19世紀後半から20世紀前半のラトヴィアでは、鉄道網の発達によって交易と都市が著しく成長した。鉄道は、バルト海に面したリーガ、ヴェンツピルス、リエパーヤなどの各都市を、ロシア帝国における重要な交易港や工業拠点へと変化させた。リーガやリエパーヤは急速に工業化し、資源需要や機械需要を刺激する一方、ロシア内地への重要中継拠点となった。ロシア第三の工業拠点であったリーガは、工場数や労働者数、生産額の年間増加率で、サンクトペテルブルクやモスクワすらも上回っていた。上記のラトヴィア3港（都市）が帝政ロシアの交易拠点として、ロシアの経済成長に貢献したのは事実である。１９１３年のロシアの貿易額のうち、輸出額の28・2％および輸入額の20・6％は、ラトヴィアにある三つの港が占めている。ラトヴィアを通じた国際貿易の一部にはラトヴィア領内の経済成長に刺激されたものもあったが、その主たる役割はロシア内地への中継地としてのみのものであった。また、１９１３年のラトヴィア領内での総生産（額）のうち、63％はロシア内部で消費され、ラトヴィア国内の需要は26％、外国へ輸出されたのは11％であった。工業・農業機械や化学肥料、一般消費財などの重要輸入品もまた、ラトヴィアの3港を通じてロシア内地へと届けられた。

第一次世界大戦はラトヴィアをひどく荒廃させた。１９１８〜２０年の独立戦争と１９１９〜２０年の対ベルモント戦争も経済復興と発展を阻害した。ラトヴィアとソヴィエト・ロシア間の平和条約

第37章

ラトヴィアの経済史

は1920年8月11日に締結されたが、産業は破壊され、工業機器は大戦初期のうちにロシアに引き上げられ、人口も一挙に減少していた。国家と人々が通常どおりの経済活動を再開して復興に向かうことができたのでは、ようやく1920年になってのことである。独立は果たしたものの、戦間期のラトヴィアは、ヨーロッパの周辺に位置する開放経済として、戦争によって壊滅した経済の再建だけでなく、ロシアという巨大な市場の喪失という問題にも取り組まなければならなかった。それゆえに、自国経済を欧州向け・世界向けのものに転換する必要があった。第一次世界大戦以前には、ロシア帝国有数の工業拠点であったラトヴィアは、農業や林業に頼った経済復興を行わなければならなかった。国家の法的・経済的基礎から改革すべく農地改革が実施され、経済生活は大きく変化した。制憲議会によって1920年9月16日に制定された農地改革法に沿い国有土地債権が制定され、国土全体の61%、農耕地の45%が名義変更を受け、かつての大土地所有者たちにはそれぞれ最低限の土地（およそ50ヘクタールだけ）が残されたにすぎなかった。農地改革によって、平均17・1ヘクタールを有する5万4243人の新たな農家が生み出された。ラトヴィアは工業部門と経済管理システムを備えた典型的小農業国となった。戦間期を通じてラトヴィアは、農林業産品の輸出に深く頼っていたが、その主要輸出産品は、木材、合板、製紙、紙製品、バター、亜麻（リネン）、ベーコン、皮革であった。ラトヴィア国内需要については、国内産業でおおよそ満たすことができていた。

1934年のウルマニス首相によるクーデターの後、国家の経済統制は強化された。新しく創建したラトヴィア信用銀行を通じて民間企業は国有企業化し、イタリアのファシストをまねた評議会システムが作られて4つの評議会が経済活動を管理した。農業はなお経済の主要部門であったが、体制側は、農業活動をより集産的・中央的・統制的なものへと再編成した。主要輸出品は依然として、バター、ベーコン、木材などであった。工業分野では国有企業が多く作られ、ラジオ、航空機、電話機器といった新しい工業部門が発達し、1937年にはVEF（国立電機工場）が世界最小カメラ「ミノックス」を開発・生産しはじめた。成長する工業部門に電力を供給するため、ダウガヴァ河では1936年にチェグムス水力発電所が、2700万ラッツを投じてスウェーデン企業との協力によって建設されはじめた。この発電所は7万キロワットの電力を生み出し、1939年に国内初の発電所として操業を開始した。

1939年のモロトフ・リッベントロップ秘密議定書により、バルト諸国はソ連の影響圏内に組み込まれることが既定路線となり、1940年6月にラトヴィアは赤軍に支配され、8月に正式にソ連へと併合された。1941〜44年にはドイツ軍に支配されたが、1945年に再びソ連に奪還された。戦後すぐに、ソ連経済システム内への統合を目的として、ラトヴィア経済構造の破壊が進められた。強制的な工業発展、農業の集団化、計画経済の導入等が実施されたが、ラトヴィアにおけるソ連化・ロシア化は、その強度と範囲の広さの双方においてエストニアでもリトアニアでも見られないものであった。ラトヴィアのほとんどの農民は、1948年末ごろまでは農業集団化に抵抗しており、1949年初頭にコルホーズに参加していたのは全農民の12％にすぎなかった。そのためモスクワは集団化を（恐怖の力を借りて）推し進め、1949年3月24、25日の夜に、NKVD（内務人民委員会）は「プリボイ」（辺波・白波）作戦を全バルト領域で展開した（訳注：NKVDは1946年に解体しているため、原著者がNKVD後継の内務省もしくはプリボイ作戦に従事した国家保安省と取り違えたと思われる）。

第37章

ラトヴィアの経済史

ラトヴィアからは4万3230人のクラーク（富農）や民族主義者がシベリアや極東へと強制移住させられたが、その3分の2は女性や子どもたちであった。恐怖の効果は絶大で、1951年12月までには、全農民の98・4％がコルホーズに参加していた。強制集団化と強制移住は、戦前までの農業的成果を破壊するという経済効果をもたらした。

スターリン時代は工業発展が第一の目的であり、他部門を犠牲にしてでも工業発展が優先され、私有制の解体とともにそれが進められた。1945年以降、ロシアやソ連他地域からの原材料に依存した強制的工業化が行われ、工業力の再建と向上を目指して、自動車工場（RAF）や電子機器工場（VEF）、食品工場やベンツピルスの石油パイプライン拠点などが建設された。この工業化によって労働力需要が発生したことにより、ソ連他地域から労働人口が流入し、ラトヴィアの人口構成を急激に変化させた。ラトヴィア内の民族的ラトヴィア人比率は1939年の77％から、1959年には62％へと低下し、1989年には52％となっていた。つまり、ソ連占領期にラトヴィアの主要産業部門は農業から工業に移行したのである。1990年には、GDPの43％を工業が占め、労働人口の30％以上を占めていた。特に、1950〜60年代に行われた急激な工業化と強制的な労働力配置転換によって、農業人口は激減し、1930年の66％から1990年には16％にまで下落した。1990年のGDPのうち、農業が占める割合は20％であり、輸送通信が約8％、建設が6％弱、貿易・サービス・その他の産業が20％であった。

1991年の独立回復以降、ラトヴィアは1920年と同じ課題に直面した。すなわち欧州経済および世界経済への再統合である。集権化された計画統制経済を市場経済へと転換させるため、ラトヴィアは経済変革に向けた改革プログラムを進展させた。野心的改革の最大のゴールは、悪化した経済条件を安定へと向かわせ、私有化、規制緩和、通貨改革、民間セクター発展、市場制度生成を達成することにあった。ソ連との経済的紐帯を失った結果、市場経済化の初期にラトヴィアは大規模な退潮を経験し、実質GDPは年間50％も減少した。それにもかかわらず、ラトヴィア政府が策定した統制経済から市場経済への転換策は成功を収めた。自国通貨（ラッツ）を導入して安定させ、インフレに歯止めをかけ、安定的税制を導入して政府予算赤字を抑制し、独立した中央銀行を創設した。2004年5月、ラトヴィアは国民投票で67％の賛成を得てEU加盟国となっている。現在（2014年）、ラトヴィア経済は北ヨーロッパの開放経済国となり、欧州単一市場の一部となっているし、1999年にはWTO（世界貿易機関）のメンバーにもなっている。輸出はGDPの3分の1を支え、その地政学的条件ゆえに貿易業が大きく栄え、木材や木材製品、農産品・食製品、機械製品や電子機器産業も発展した。2006〜07年には年10％以上のGDP成長を経験したが、2008年にはひどい経常赤字や債務、世界経済の悪化によって、強烈な不況に見舞われた。2009年にはGDPは約18％沈下し、ユーロとの通貨ペッグ維持EU・IMFおよび国際的支援によって財政支援が行われるまでになった。このIMFとEUによる支援プログラムは2011年に成功裏に終了した。ラトヴィア経済は2011年に5・5％成長、2012年に5・6％成長という、その当時のヨーロッパでも最も高い成長率を達成した。しかし依然、失業率は高く、GDPは経済危機以前の水準よりまだ低い。また、ラトヴィアは2014年1月に通貨をラッツからユーロへと転換した。

（ヴィエストゥルス・P・カルヌプス／中井遼訳）

38

独立回復後の経済

★市場経済化・バブル崩壊・再建★

ソ連離脱と市場経済化

ソ連時代のラトヴィアは、リーガ車両工場、超小型カメラとして古くから有名なミノックスを含む家電工場、ヴェンツピルスの製油所・輸出港などがあり、一人当たりの所得も、ソ連平均を30％上回る比較的豊かな地域であった。しかし、独立と市場経済化にはさまざまな困難が伴った。ラトヴィアは、１９９２年７月に独自通貨ラトを導入しルーブル圏から離脱したが、92年の物価は10倍近くに跳ね上がるなど経済は混乱を極め、90～93年にＧＤＰは半分以下となった（▲56％、図1）。

93～95年、急進的な市場経済化が行われた。一律25％の個人所得税、18％の付加価値税、25％から段階的に15％に引き下げを予定した企業利潤税が導入され、また企業の民営化が進められた（詳しくは本書第42章参照）。

ところが、95年上半期、最大手のバルティア・バンクが支払い危機に陥った。実は、年率90％に及ぶ利率のラト建て預金への投資を煽っていたからだ。これに対して、ラトヴィア中央銀行は荒療治を行った。銀行資産の35～40％、家計の預金の53％を占める15の銀行を破産させたのである。預金者にはわずかな

図１　ラトヴィアのGDP成長率の推移

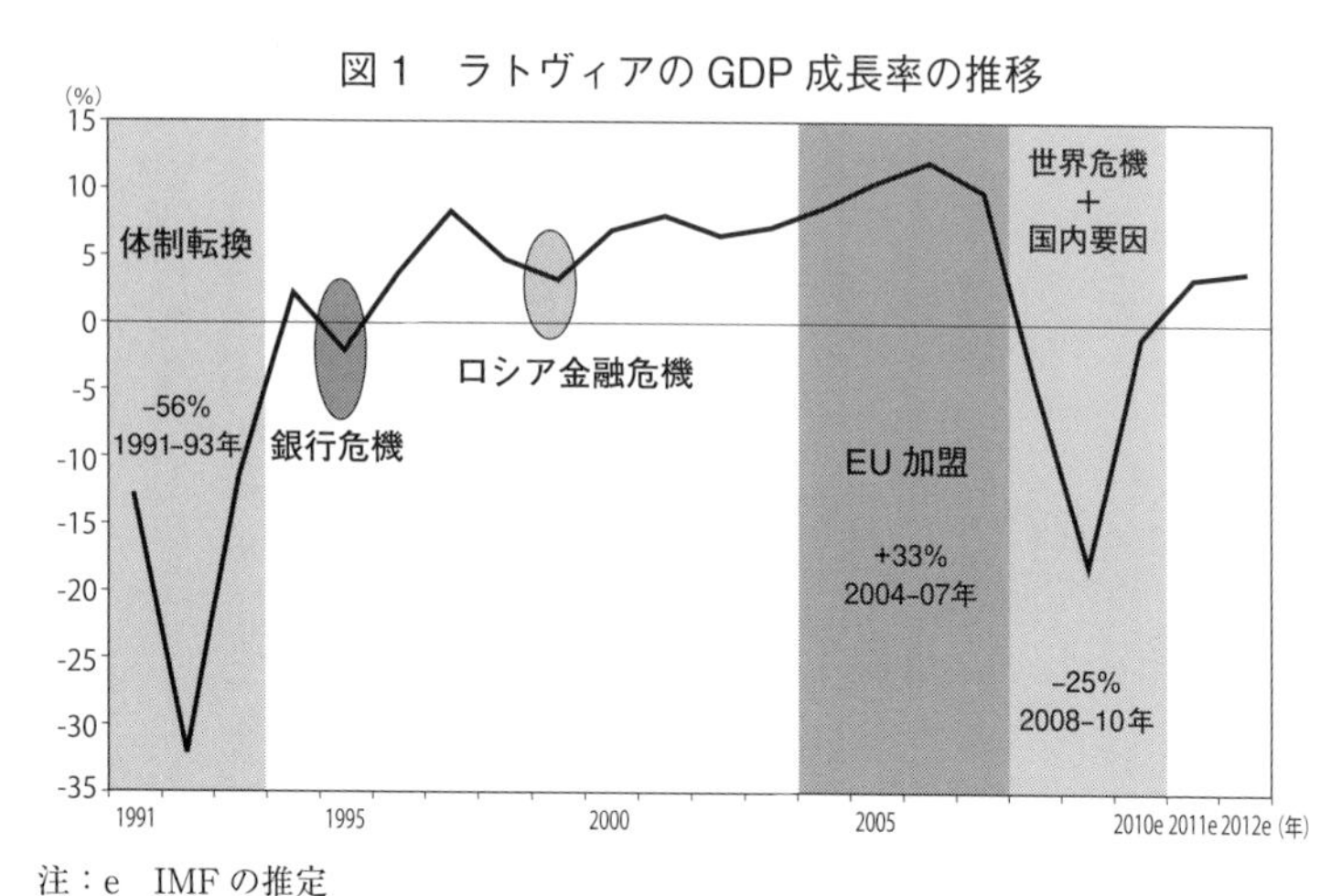

注：e　IMFの推定
出所：A. Åslund and V. Dombrovskis, *How Latvia Came through the Financial Crisis*, Peterson Institute, 2011, p. 12.

補償がなされたものの、投資家はすべてを失い、銀行は厳しい予算制約を受け入れざるを得なくなった。こうして95年はマイナス成長となった。だが、金融規律が強化されたことは、後にEU加盟やユーロ導入の条件を達成する上でプラスとなったと言えるかもしれない。

ラトヴィアは、旧ソ連の一部であったためロシアとの経済関係が深かったが、EU市場への接近を進めた。一方、ロシアも、パイプラインの輸送量・タリフ（関税）で係争が生じたため、欧州向け石油輸出ターミナルをヴェンツピルスから自国領内のプリモルスクに変えた。こうして、２０００年にはラトヴィアの輸出の65％がEU15カ国、81％がEU27カ国向けとなった。98年のロシア金融危機の影響が軽微であったのも、そのためである。

EU加盟とバブル

当時、ラトヴィアは、ソ連から独立したばかりで、一人当たりのGDPもEU平均の2割に満たず、EU加盟は無理だと思われていた。ラトヴィアは、95年にEU加盟申請をしたが、欧州委員会が加盟交渉の開始に同意したのはようやく99年のことである。だが、この間、ラトヴィアは、EUのルールを積極的に受け入れる「優等生」として振る舞い、04年に中東欧諸国とともにEU加盟を果たしたのである。

ラトヴィアは、GDPの3～4％に相当するEUからの地域格差是正のための支援（構造基金、結束基金）なども手伝って、EU加盟後3年間でGDP33％増と高成長した。だが、産業構造をみるとGDPの約5％が農業、約25％が製造業で、残りの70％近くが商業、金融、運輸、不動産、ITなどのサービス業である。輸出品といっても、木材・同製品、鉄鋼等にすぎない。高度成長を支えていたのは、消費ブームと不動産バブルであった。二桁成長の背後では、貿易赤字が続き、経常収支赤字は急速に膨らみ、対GDP比20％を超えた。外国からの直接投資も対GDP比で約8％と赤字を補填する役割は果たしたが、07年の直接投資ストックの3割近くが金融仲介、2割が不動産関連であり、製造業への投資はほとんどない。

バブルの資金源となったのは、外銀、特にスウェーデンの銀行（Swedbank、SEB、Nordea など）によるユーロ建てローンで、融資シェアの実に7割を占めた。スウェーデンは、ユーロに参加していないが、国際金融市場でユーロを調達し、子会社を通じて貸し付けた。07年、ラトヴィアの民間のローンの対GDP比は70％に、短期債務は外貨準備の3倍に達した。この背景には、05年以降、ラトヴィアがERMⅡ（欧州為替相場メカニズム）という枠組みで事実上ユーロ固定相場となっていたため為替リスクがなく、ユーロの金利も低かったという事情がある。

バブルが指摘されていたにもかかわらず、政府の対応は後手に回り、住宅バブルは破綻した。2009年第1四半期の住宅価格は、対前年同期比の60%減と世界最大の落ちこみを記録し、3年間で4倍に高騰したリーガの住宅価格は3分の1に暴落し返済不能に陥った。08年10月には、銀行資産の20%を占めるラトヴィア第2の銀行Parex Bankが外資流出の危機に見舞われた。11月、政府は、やむなく2ラトで購入という形で銀行資産の51%を買い取ったが、資金流出は止まず、預金引き出を一部凍結し、資本強化のためにGDPの4・9%相当の資金を費やし、さらにGDP2・6%相当の追加保証が必要となった。こうして、09年のGDPは▲18%と最悪を記録し、08〜10年のGDPは4分の1縮小した（▲25%）。

図2　ラトヴィアの財政収支と債務（対GDP比、%）

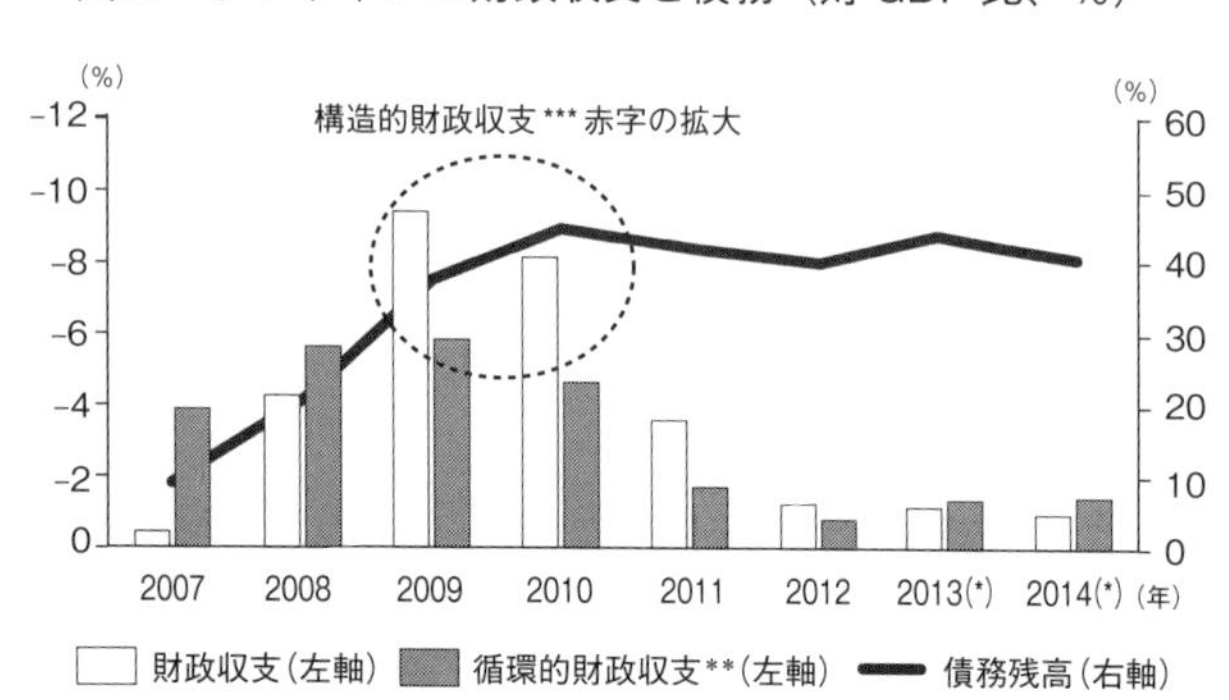

注：* 2013年春時点での予測
　** 税収や失業給付の増減など財政の自動安定化機能により景気変動の影響を受けて増減する部分
　*** 構造的財政収支＝財政収支－循環的財政収支
出所：EU, *Convergence Report 2013 on Latvia*, 2013, p. 8. に加筆。

緊縮財政と国際支援

09〜10年、ラトヴィアは深刻な構造的財政収支赤字に直面したが（図2）、事実上、通貨切り下げの選択肢はなかった。それは、対外債務を膨張させ、大量の資金を投入してきたスウェーデンの銀行危機にも波及しかねないからだ。08年末にIMFとEUの同意を得て導入された安定化・成長再生プログラムは、09年の財政をGDP7％相当も圧縮するものだった。公務員15％削減、公的部門の名目賃金15％減、政府調達25％減、付加価値税3％増、燃料・コーヒー・アルコール等の物品税の値上げ、年金削減、病院・学校の統廃合、労働市場の規制撤廃などの措置が講じられた。この結果、財政赤字は急速に減少し、ユーロ参加基準を満たすことができた。

10年に、失業率は19・5％に達したものの、GDPは▲1・3％に留まり、11年には失業率も下がり始め、GDPは5・5％のプラス成長となった。特筆すべきは、緊縮財政を進めたドンブロウスキス政権が、10年10月の国会選挙で勝利し、国民の支持を得たことである。

ただし、このハードランディングのシナリオは、潤沢な国際支援があればこそできたことである。08～11年に、ラトヴィアに対して、IMFの17億ユーロ、EUの31億ユーロ、北欧諸国19億ユーロなど総額75億ユーロの支援が行われた。これは、ラトヴィアのGDPの実に3分の1に相当する。

このように、紆余曲折を経て、ラトヴィアは、14年に18番目のユーロ導入国となった。一人当たりのGDPも今ではEU平均の6割にまで上昇した。危機にせよ支援にせよ、スウェーデンを始めとする北欧諸国の役割が大きい。ラトヴィアの将来を考える上で、バルトと北欧諸国を加えたバルト海経済圏のポテンシャルを見落としてはならないだろう。

（蓮見 雄）

39

2008年金融危機はいかに克服されたか

★世界の模範★

ラトヴィアは、2008年に発生した金融危機の世界最大の被害者であった。EU加盟の2004年より2007年にかけ実質10％前後の高い経済成長率を維持していたが、金融危機により国内総生産は25％減少し、失業率は、2010年第1四半期には20・7％に達し、欧州最悪を記録した。しかし、2010年第3四半期には前年比2・9％の成長となり、ラトヴィア経済は2年強という比較的短期間のうちに均衡を回復した。ラトヴィアはいかにして金融危機を乗り切ったのか。ギリシャなど南欧諸国が経済の対外不均衡、流動性不足に苦闘する中、ラトヴィアは危機対策の成功例として世界的に認知されることになった。これは日本経済新聞でも報じられたが、その実情は世界的にほとんど知られていない。その対策は一言で言えば、徹底した総需要抑制政策であった。それはIMF（国際通貨基金）、EU委員会、近隣友好国の支援、これら関係方面との緊密な協議の下に実施された。ポール・クルーマンを始め著名な国際的経済学者はラッツ切り下げ不可避との意見であり、実はIMF内部でも切り下げ論者が多かったが、ラトヴィア政府、大多数の識者、国民はユーロとの固定相場を維持するとの立場を取った。これには多くの理由があったが、企業、国民の銀行借り入れの大半がユーロ建てであったことが大きい。ラッツを切り下げれば借金がその分増加する。ほかに、ユーロ圏に加盟し、西欧との絆を確かなものにするという国民的悲願も大きな役割を果たした。この結果、その後「国内的切り下げ」と呼称された徹底した総需要抑制政策が実施されたのである。

２００９年、２０１０年予算において公務員給与の大幅カット、年金、社会給付水準の切り下げ、一部税金の引き上げと新設、さらには、政府省庁および医療機関職員、教員の大量解雇・早期引退を実施し、この結果経常歳出の25％が削減された。恐慌下、経済活動の縮小に伴い失業者は激増し、これに上記の公的部門の失業者が加わった。政府は一連の失業対策を取ったが、なかでも「１００ラッツ職員」と呼ばれた公的労働に従事した作業員が象徴的である。これは、月給１００ラッツ（約２万円）で道路の清掃、空き地の雑草刈りなどの公的労働に従事するものである。しかしながら、恐

主要経済指標（2012年）

GDB（名目）	2,208,400万ユーロ
GDP実質成長率	5.6%
1人当たりGDP	10,855ユーロ
鉱工業生産増加率	6.2%
消費者物価上昇率	2.3%
実質賃金上昇率	1.6%
失業率（年末）	14.9%
財政バランス	－1.2%（対GDP比）
経常収支	－79,400万ユーロ
貿易収支	－264,300万ユーロ
輸出額	987,300万ユーロ
輸入額	1,251,600万ユーロ
対日輸出額	3,500万ユーロ
対日輸入額	1,400万ユーロ
政府債務	897,700万ユーロ
外貨準備高	578,,600万ユーロ（2013年4月）
外国為替レート	1ユーロ=0.702804ラッツ（2005年1月1日固定）

慌時、この種の生活保護的な社会保障予算だけは逆に大幅に増加。さらに経済の縮小に伴い、歳入は激減し、上記一連の歳出削減、総需要抑制によっても国庫財政の見通しは立たなかった。この間、2008年年末より2009年1月に掛けて上記国際機関、近隣諸国より合計75億ユーロを借り入れる合意が成立したことが重要である。2008年9月にリーマンブラザーズが倒産し、世界中の金融機関が資金を引き上げ始めた結果、ラトヴィア市中銀行の預金量は急減し、国内金融の4分の1を占めた地元大手のパレックス銀行が倒産の危機に瀕した。政府は国内金融活動保全のため同行を国有化したが、これに同年国内総生産額の15~20%に相当する資金が必要と見込まれた。歳出の大幅削減下ラトヴィア政府にこの力なく、上記借り入れによりこれを賄うほかなかった。

危機の最中、2010年10月に定例総選挙が実施され、ドンブロウスキス首相（当時）を擁する政権与党「統一」が大勝し、25議席から33議席（総議席数100議席）に議席を大幅に増加した。これは1993年の総選挙において「ラトヴィアの道」が獲得した36議席に次ぐ歴史的大勝であった。極端な総需要抑制策により国民に耐乏生活を強いた与党勢力が大勝した。国民の間では現状に対する不満が鬱積していたが、大多数の国民は、不況に対処するには、同首相を信任し、緊縮政策を継続せざるを得ないとの認識を共有したと見ることができる。バブル経済時代に政権与党の地位にあった「国民党」などの保守・中道勢力は新党「より良きラトヴィアのために」を結成し、総需要抑制政策の見直しを標榜したが、33議席から8議席に激減した。「統一」が掲げた「ドンブロウスキスは働き続けなければならない」とのメッセージが国民の心を捉えたものと思われる。その後「国民党」は解党した。

南欧各国においてデモが頻発し、政府が緊縮政策をなかなか取れないことと比較し、危機に臨んだラトヴィア人の合理的対応ぶりは賞賛に値する。

金融危機によりラトヴィアの国の姿が変わった。ソ連時代からの遺産を引き継いでいた公的部門は贅肉を削ぎ落とし、より効率的な国になった。公的病院は59病院より35病院に、75あった公社、公団は半減し、100校以上の公的学校が閉鎖され、公職員の29%以上が解雇された。2008年8月から2009年11月の1年間に公務員の給与は平均して26%カットされた。失業者が巷に溢れ、下級職員、庶民の給与がカットされるなか、高級職員が高給を食んでいることは許されない。恐慌前、中央銀行総裁の月給は1万ラッツ(200万円)弱あったが、一時は数分の一まで切り下げられた。総理、各省大臣も同様であり、大幅に切り下げられた。高級職員の給与カット幅が特に大きかった。その後、政府職員については、首相の給与を超えることはできないとの原則が確立した。2014年現在首相の給与月額は2775ユーロ(40万円弱)である。国民一丸となって危機に対処したわけである。高級公務員の給与月額はウェブサイト上に公開されるようになった。恐慌中、社会不安、犯罪を惹起することなく、平穏裡に推移したのは、社会的に公正、公平の観念を維持することができたためである。恐慌前から、大臣の海外出

図2　経済成長率

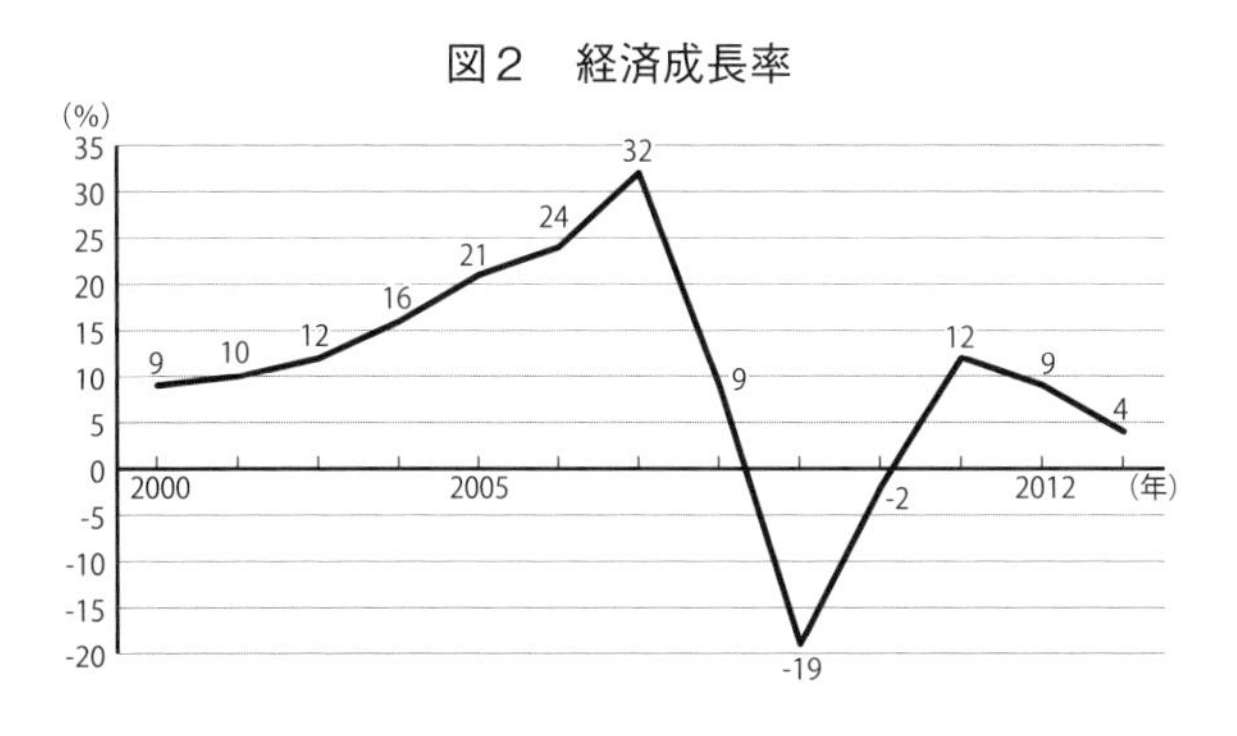

張の詳細、所要経費は公開され、断続的に報道されている。ドンブロウスキス首相は、清貧の人であり、団地生活を続けている。ラトヴィアが速やかに危機を乗り越えることが出来たのは、首相のこのような人柄も寄与したものと思われる。恐慌中はレストランの客、民間病院の患者数が激減した。公的病院でも同様であった。遊興費は当然として、医療費も支出できなくなったわけだ。当時、民間病院は診察費を割引し、患者数の維持に努めた。2012年より患者数が増加し始めた。景気が回復し始めたなと感じた時期であった。

2011年の経済成長率は5・3%、2012年は5・2%、2013年は4・1%、危機後もラトヴィア経済は欧州最高水準の経済成長率を維持している。マーストリヒト条約上の基準をすべて満たし、2014年1月1日に念願のユーロ導入を果たした。金融危機を克服し、国民念願の欧州回帰が完結した日である。アジア・タイガーに因み、ラトヴィアをバルトのタイガーと呼ぶ人もいる。ラトヴィアが危機を克服した過程、その背景、施策の詳細は、ドンブロウスキス首相とスウェーデンの経済学者アンデルシュ・オースルンドとが著した『ラトヴィアはいかにして金融危機を乗り切ったか』に詳しい。巻末を参照願いたい。わが国は、国内総生産の2倍を超える世界最大の政府債務を抱え、これが日本の近未来を暗くしている。これは返済できないと言う声が多い。薬漬けなど、医療制度、介護制度の見直し、歳出の全面的見直しが不可欠であるが、在宅介護、患者の自立についてはデンマーク、フレデリシア市の例、また、歳出の見直しについては、ラトヴィアの例が参考になる。

（長塚 徹）

40

諸産業

★産業を俯瞰する★

日本ではラトヴィア製品の認知度は低い。しかし、有名百貨店などではラトヴィア製の高級ローソクが売られていたり、ラトヴィアのIT技術がNTTコムテクノロジー社に技術供与されたりと、ラトヴィア製品は案外私たちの身近にある。本章では、ラトヴィアの産業を鳥瞰してみたい。優良企業の連絡先は巻末の一覧表を参照されたいが、その他の情報はラトヴィア投資開発公社（www.liaa.gov.lv）に問い合わせ願いたい。日本語にて対応可能である。

木材産業　木材、同産品はラトヴィアの代表的産業である。これが輸出の16%を占め、最大の輸出品目である。ラトヴィアは森の国、国土の半分以上を森林が占めているが、これは過去70年にわたる植林事業の成果である。この間、森林の面積は2倍、木材量は3倍以上になった。森林の半分は国有企業「ラトヴィアの森」の所有になり、同社が植林作業などに指導的役割を果たしてきた。他の半分は、10～20ヘクタールを所有する数百の零細所有者が占めている。近年は集約化が進み、規模が拡大しつつあり、特に北欧の生命保険会社、年金基金が長期的投資として購入している。価格が高いときに木材を販売し、ある

図1　品目別輸出入（2012年）

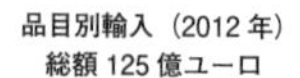

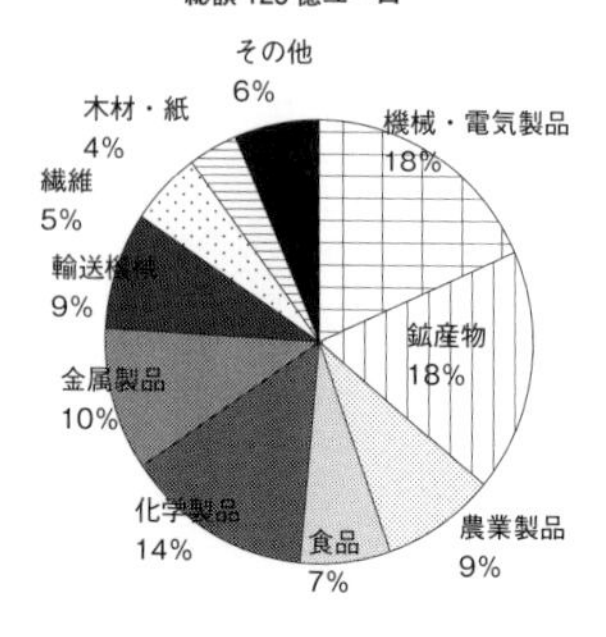

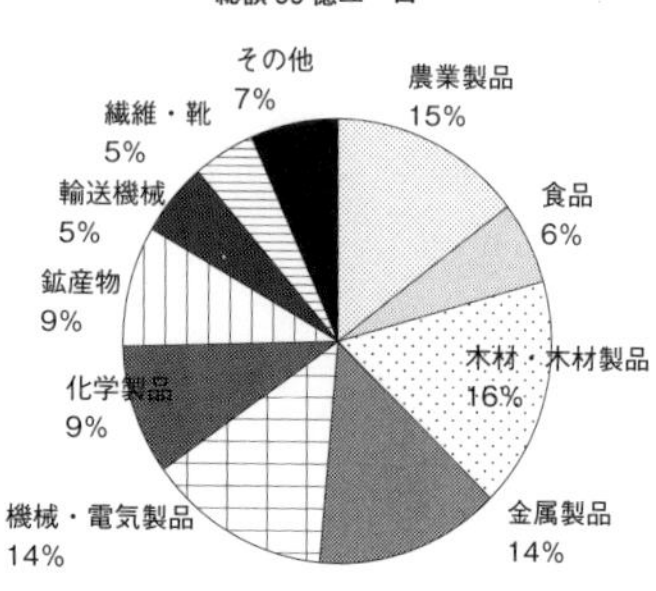

いは森林の不動産価格の値上がりを待つものである。対日輸出の7割も木材・同製品であり、相当量の製材製品が輸出されている。プレハブ・ハウス、床材、内外壁材、窓枠、ドアなどの木材製品が近隣のEU諸国に大量に輸出されている。日本の建築基準法がEU標準と異なることが障害となり、これらの高付加価値製品の直接輸出はまだ少ないが、北欧製品の一部として出荷されている。北欧家具の多くはラトヴィア産である。

食品加工業　食品加工業は製造業生産額の22%を占める最大の産業である。生産量の大部分は国内で消費されているが、相当量（輸出の27%）がリトアニア、エストニア、ロシアなどの近隣諸国に輸出されている。鰯缶詰は昔からロシア市場において高い評価を得ている。毎年多数の専門家が農業大学から巣立ち、ラトヴィア産食品の高い水準、専門性を維持している。ブルーベリー等ごく小量の食品原材料が日本向けに輸出されているほか、エミール・グスタフ・チョコレート、モトラ社製のキャヴィア等の嗜好品も輸出している。ラトヴィアにはリーガバルサムと言う薬用酒の特産品がある。日

図2　国別輸出入（2012年）

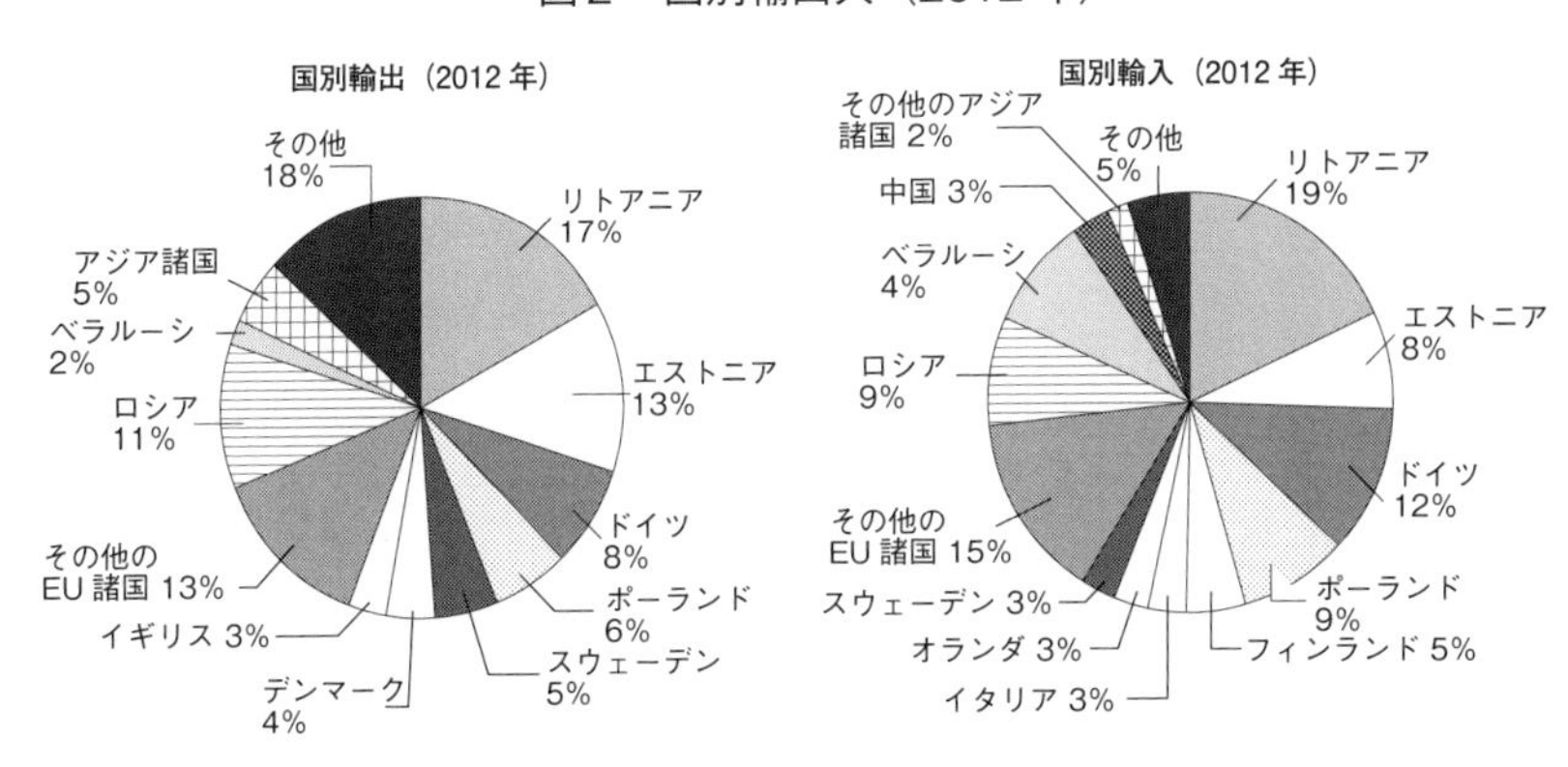

本の業者が輸入しようとしたが、ハーブの一部が日本の薬事法上許可されておらず駄目であった。お土産として持ち帰る人は多い。

化学・薬品産業　ラトヴィアには化学、薬品産業の長い伝統があり、ソ連時代には新薬の4分の1は当地で開発され、5分の1が当地で製造されていたという。薬品ではコラム15に記載するグリンデックス社およびオラインファーム社がよく知られ、グラスファイヴァー製造のVSS社、生薬のスィルヴァノルス社等合計30社以上の化学、薬品会社が活動している。薬品の開発には当地にある研究機関が大きな役割を果たした。バイオサン社、エルミ社は実験用の器具・容器製造業者として知られ、また、AMBERCRO社は研究請負業者、マダラ社は有機化粧品で有名である。ステンダース社の香りのする高級石鹸は日本を始め、世界的に販売されている。

機械・金属産業　機械・輸送機械、金属産業は製造業全体の20%を占め、その5分の4は輸出向けである。第二次世界大戦前およびソ連時代には自動車、汽車、ミニバス、トラックさらには各種軍需物資を生産していたが、昨今はこの種国際的耐久消費財の生産はなく、鉄骨構造物など、特殊少量生産、下請生産が多い。ロシア等近隣諸国より輸入した鋼鉄、アルミ等の加工生産も行われている。バルト・ロトール社はローターと称する建設機械のバケツ等を支持・回転する部品を生産する、世界でも数少ない特殊技術を持った会社である。SAF社は、無線により大容量のデータを送受信する特殊技術を得意とし、SKAN—TOOLING社は金型を受注生産している。TTS—AVIO社は大型機械、建造物、港湾等で使用する鉄骨構造物、特殊コンベアに優れ、ロシアでプラントを設置した日本企業の下請けをした。第43章に詳説するように、外資系企業も多い。

IT産業 現代社会は情報・通信インフラ上に成立しており、ラトヴィアにおいても57社がIT関係機器製造、二千数百社が各種サービスを提供するなど、合計約3000社がIT部門で活動している。冒頭でも触れたが、ザビックス社は我が国NTTコムテクノロジー社にサーバネットワーク管理システムを技術供与し、また、リアルサウンド社が開発した音響パワーイコライザーが我が国家電各社の製品に使用されている。2012年にラトヴィア企業が開発したハード、ソフトを紹介し、内外企業との連携を促進するためにITデモセンターが作られた。2013年10月、我が国有力企業代表団が訪れた。欧州共同体オープン・データ・ストラテジー関連調査を実施し、公的データが広範に、日常一般的に利用されていることを確認した。

ファッション・デザイン産業 ラトヴィアでは昔からテーブルクロス、カーテン等に麻が広く利用されており、現在でも国際的に高い評価を受けている。繊維産業の生産高は全体の4・4%と高くないが、今なお1万2000人以上を雇用する重要産業であり、輸出も多い。EU加盟国の中では相対的に労賃が低いので、近年は縫製企業が多い。距離的に近いこと、関税が掛からないことも大きい。ラトヴィアは、米国イェール大学・コロンビア大学が共同で実施した自然環境調査で世界第2位になったとおり、自然に優しい国であり、このような伝統、環境の下、多くの独創的な製品が生まれている。日本の有名百貨店ではムニオ・キャンデラ社の高級蝋燭が売られ、ガラス製装飾品のANGEL社も日本で活躍している。

金融業　ラトヴィアは北欧のスイスといわれるほどに金融業の盛んな国である。ソ連からの再独立後の急速な経済発展を背景に北欧系の銀行が相次いで進出した。人口200万人の小国であるが、合計20行の市中銀行が活動している。これら市中銀行の預金の半分は外国人、特にロシア、CIS諸国からの預金である。近年、滞在許可取得の取次ぎが重要な事業になった（第43章参照）。金融危機の結果、融資が焦げ付き、銀行は大量の不動産を抱え込んだが、滞在許可制度に伴う不動産の売却により多数の被債権者が救われ、銀行のバランスシートは改善した。金融危機の際、地元銀行の最大手パレックス銀行は不渡りを出す直前に国有化され、その後、負債を切り離し、CITADELE銀行に改名、再編された。同行の業績は好調であるが、国の資金を大量につぎ込んだ経緯があるため、同行を売却し、資金を回収することが課題となっている。ちなみに、破綻処理に当たっては国際的投資銀行の支援、助言を必要とし、ノムラ・インターナショナルが選任されたが、当時テレビに映る同行職員は西洋人であった。リーマンブラザーズ破綻に際し野村證券は同行から多数の職員を引き取ったが、この人達が助言したわけである。

（長塚 徹）

市場経済への道――文明史的意義

コラム14

長塚 徹

計画経済の行き詰まり、ソ連の崩壊により多数の国有企業が倒産した。モスクワからの生産指令がなくなり、流通機構も機能を停止した。ラトヴィアにおいても事情は異ならず、1991年のソ連崩壊、独立回復前後、経済は混乱し、年により年間約1000％の超インフレになった。生産は激減し、多くの事業活動は維持できなくなったが、生き残った企業もある。

白樺製の合板を製造するラトヴィアス・フィニエリス社、薬品会社グリンデックス社、チョコレートのライマ（NP Foods）社等である。いずれもラトヴィアでは大手企業である。フィニエリス社は、ソ連時代は梱包用の低品質合板を製造、ソ連内に供給していた。1980年代後半に小規模の国境貿易が許可され、フィンランドの業者に家具等に使用する高品質の製品輸出を開始した。経済混乱時に全面的に輸出に切り替え、1992年には製品の95％は輸出向けとなっていた。すなわち、同社は、極めて早い段階から輸出市場の開拓に努力、これに成功し、爾来輸出中心である。

グリンデックス社は、抗癌剤フトラフルを開発し、1965年には日本の大鵬製薬との協力関係を開始し、同社にフトラフルを供給してきた。ソ連時代は、大鵬がソ連外の唯一の取引先であり、この外貨収入が命綱になった。いずれも外貨収入があったことが超インフレと経済混乱を乗り切る手立てとなった。所有者は変わっても、産業単位で見れば、食品産業、木材・同加工業、薬品製造業は生き残った。需要があり、売れる商品を作ればビジネスは成立する。

ライマ社は1870年創立の名門企業であり、その強力な地盤で激動期を乗り切ることができた。他方、機械・電気産業は多くが倒産した。

それは、これらの有力企業は製品の大部分を軍需向けに生産していたからである。ソ連崩壊とともに軍需需要が消滅した。また、輸出といっても、大部分の機械・電気製品には国際競争力がなかった。計画経済は人類の壮大な文明史的実験であった。ソ連は何度も自由化を試みたが、いずれも失敗、ゴルバチョフがその非を悟り、社会全体に渉る本格的な自由化を開始し、結果としてソ連は崩壊した。中国も共産党の一党独裁下、国有企業は多いが、経済は市場経済原理で動いている。日本は世界でもっとも成功した社会主義国、数値目標を持った混合経済ともいわれた時代もある。政府は、市民の安全と社会の安定を確保し、環境を保全し、国民の最低限度の生活を保障するなど、幾多の活動、規制を行う。経済についても、企業が自由、闊達に活動するための条件整備が欠かせない。ひるがえって、世界の最先端を行く老人大国日本は文明史的な転換点にある。失われた20年と呼ばれる長期の経済停滞、歳入の2倍に及ぶ歳出の継続、この結果、世界最大、国内総生産の2倍超の政府債務を抱える国になった。日本はどうなるのか。政府は負債を払い戻すことができず、ガラガラポンになると言う人がいる。平成30年頃に円の価値が急減するとの見方もある。規制撤廃、社会経済の構造改革、これに伴う歳出の根本的見直し、抜本的削減が解であるが、2015年10月現在これが始動する見通しはない。アベノミクス新旧6本の矢には歳出の見直しが欠けている。「一億総活躍相」も言葉遊び、日本の姿を根本的に変えて行く必要があるが、その道は市場経済への道よりも険しい茨の道。今は平時、日本は平和な国である。指導者、国民にこの難題に取り組む進取の気概は感じられない。リーガから日本を遠望するとこのように感ずる。

コラム15

ランドブリッジ——境界にある国

長塚 徹

ラトヴィアは境界にある国である。西に西欧、北に北欧、東および南にロシア、CIS諸国を擁し、古来欧州通運の十字路にあった。

産業革命以前には、ダウガヴァ河が大陸深く水運の便を提供していた。源流域ではドニエプル河に近接している。これを下ると黒海から南欧に出る。ダウガウピルスの博物館に行くと、青銅製のブローチ、腕輪など多くの装飾品が展示されている。北欧ヴァイキングのものと同じである。ヴァイキングがダウガヴァ河沿いに勢力を伸ばしていたわけだ。ヴァイキング船は軽く、乗組員が皆で抱えてドニエプル河に出ることができた。

リーガは、中世にはハンザ同盟の主要港として繁栄し、ロシアの穀物、地元のリネン、西欧からの塩、ワインなどを売り買いした。ロシア帝国時代にはラトヴィアは極東のウラジオストックとともに外洋への出口であった。日露戦争の時にはバルチック艦隊はリーガ西方200キロにあるリエパーヤ港に集結し、艦隊を編成、同港より出航した。同市の海岸には今なおニコライ聖堂が威容を誇っている。ニコライ二世が戦勝祈願ミサをした場所である。冷戦時代にはソ連潜水艦が同港より出航、大西洋に出て米海軍潜水艦と対峙していた。

時代は変わったが、ラトヴィアが西欧、ロシア、CIS間の交通、通運の要衝であることは変わらない。リーガ、ヴェンツピルス、リエパーヤの三港を通過する貨物の8割はロシア、CIS諸国間との三国間輸送である。これら三港は不凍港であり、冬季も活動する。シベリア鉄道はモスクワで終わらず、リーガまで通じている。モスクワ、サンクトペテルブルクに連日国際列車が出ており、午後出発、翌朝到着する。

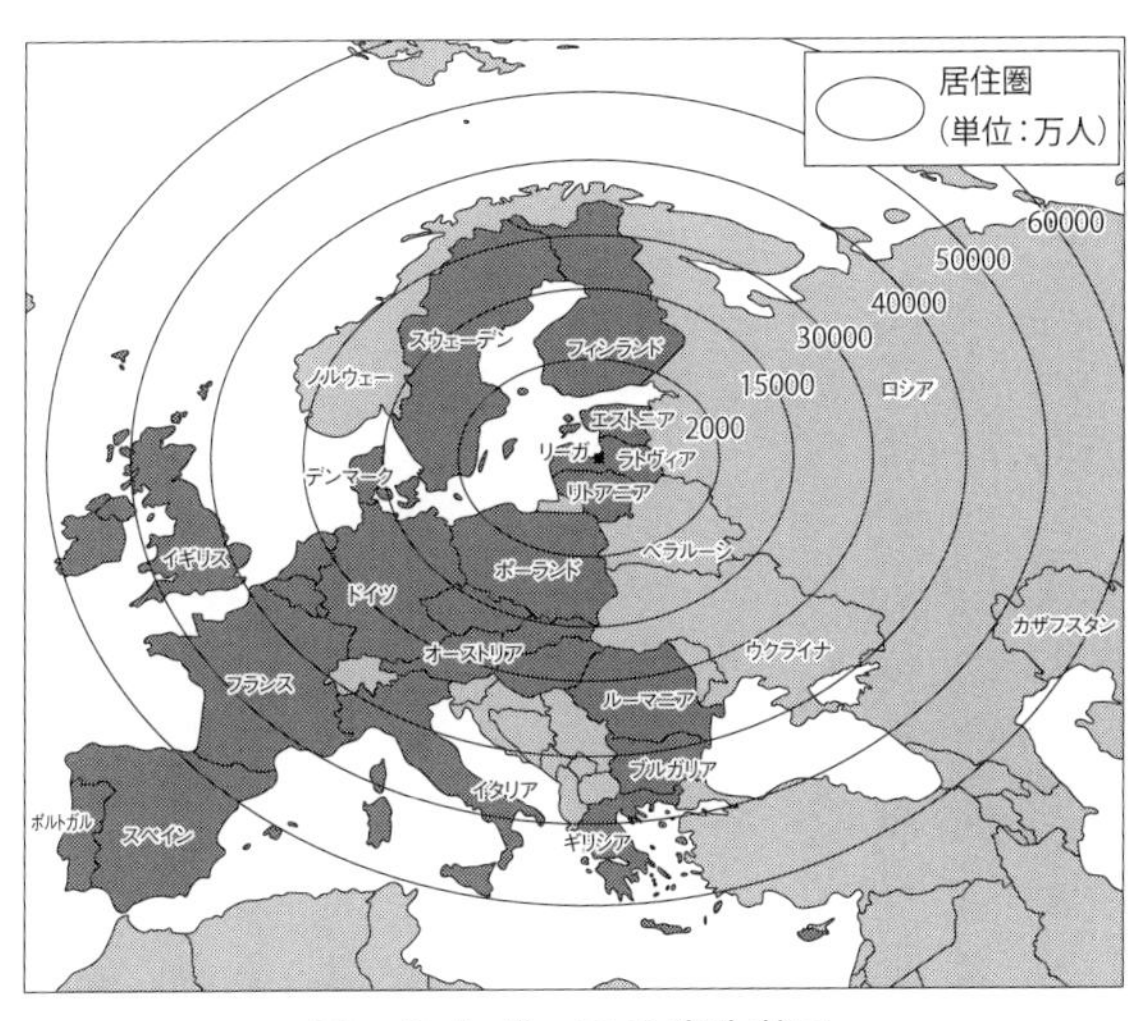

図　ラトヴィアの地政学図

ソ連からの再独立後も鉄道の幅員は1520ミリであり、世界で最も広いロシア基準を変えていない。あまり知られていないが、アフガニスタンに展開している米軍の食糧など、非戦闘用物資はその大半がリーガ港からロシア国内数千キロの道のりを経て、アフガニスタンに輸送されていた。鉄道と並びトラック輸送も重要である。国内東西、南北に道路が交差しており、大型トラックがロシア、西欧間を行き来している。ロシアとの国境通過点は数箇所あるが、時期、時間帯により通関のために長蛇の列ができる。リーガよりストックホルムにはフェリーが連日運航し、ヴェンツピルスからは、これもスウェーデンのニーネスハムンにフェリーが運航している。ラトヴィアの諸港からは、ロッテルダム、ハンブルクなど多数の港に定期船が運航している。日本、極東地域への海路は約1カ月強、シベリア鉄道は約2週間、それでも海運の方が安く、貨物の大半は欧州航路を利用している。

ロシア国内を見ると、ウラル山脈の西側、人口の多いロシア中心部は欧州側より、山脈の東側は鉄道で直接輸送した方が割安という。

リーガはバルトの中心に位置する地域最大の都市であり、リーガ空港はバルト最大、国有バルティックエアーも地域最大である。西欧の空港を見ると、日本、極東からはリーガが最短であるが、現実にはヘルシンキがハブ空港になっている。2007年天皇皇后両陛下がラトヴィアを訪問された折には特別機が、2009年JTBが500名以上に上る観光団を組織した際には、日航機2機が日本よりリーガに直行した。2013年4月に三井物産の子会社、ポルテック（Portek）社がリーガの港湾会社RUT社を購入した。同社は、シンガポールを本拠としているが、実質的には日本資本であり、これが日本からの最初の本格的投資である。

境界の国と言えば、故武官小野寺信を忘れることができない。武官は第二次大戦中ストックホルムに在勤、東部戦線におけるドイツ軍の苦戦を報告し続け、日米開戦の非を唱えた。ドイツ軍の降伏3カ月前、ヤルタ会談でソ連の対日参戦が合意されたとの情報を入手し、東京に打電したが、要路に伝わらなかった。この結果、日本はソ連に終戦の仲介を依頼し、貴重な時間と多くの人命を失った。武官は1935年より3年間リーガの日本公使館に勤務した。この時代に築いた情報網が武官の情報ソースになった。今でも白亜の瀟洒な三階建ての建物が残っている。現在は韓国大使館が入っている。ロシア大使館の南100メートル、1ブロック先にある。戦後、ソ連封じ込め政策を立案したアメリカ外交官ジョージ・ケナンも戦前リーガに在勤していた。

41

体制転換

★独立からEU加盟へ★

迷走する市場経済化

ソ連からの独立とともに、ラトヴィアは体制転換への道に入るが、それは同時に経済混乱と経済危機のときでもあった。体制転換に伴う経済的なショックが強く、経済は数年のうちに半減するほどに縮小し、1995年の銀行危機もそれに拍車をかけた。さらに、ソ連経済と深く結びついた経済構造が独立と転換に伴い強烈な経済後退を引き起こしたのである。エネルギーのトランジット貿易にも関わって相対的にロシアとの経済関係が強いこともあり、1998年ロシア危機もまたラトヴィアに負に影響したが、2000年代には欧州のなかでも最も成長率の高い国にあげられている（次頁図1）。1999年にWTO（世界貿易機関）に加盟し、2004年にEUに加盟するが、ラトヴィアは国際的要因に反応する形で市場経済化を推進したと考えられる。ラトヴィアの一人当たりGDP（購買力平価）は欧州平均に対して1995年の25％から、2001年38％、2013年67％に上昇している（Eurostat Data）が、その水準は欧州の支援対象エリアであることを示唆する。

体制転換後、IMF（国際通貨基金）の指示に従って、総合

図1　ラトヴィアのGDPと消費者物価の変動

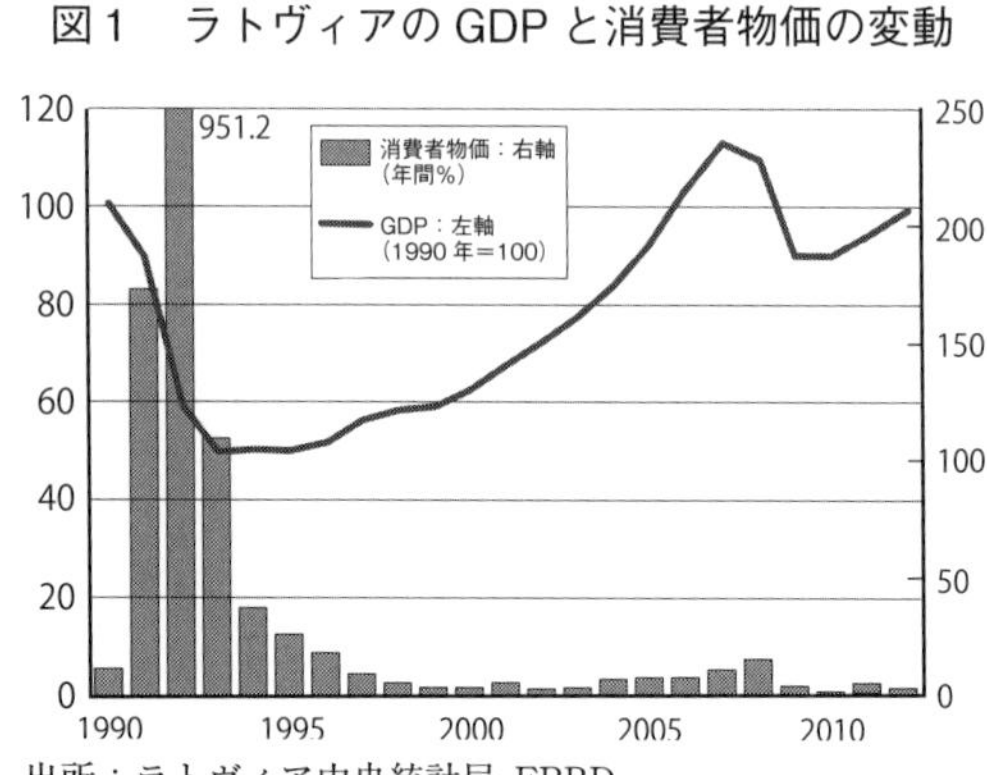

出所：ラトヴィア中央統計局, EBRD.

的なマクロ経済安定化のための改革パッケージが採択され、貿易自由化、価格自由化、規制緩和に続き、民営化および市場の制度構築が実施されたが、法的な基盤の整備は遅れ、いち早く通貨理事会を設立し自由化に邁進したエストニアに比べて改革のスピードは遅く、本格的に自由化・安定化・民営化政策が推進されるのは経済が成長に転ずる1990年代半ば以降のことであった。EUに準拠して競争法が定められ（1998年）、企業活動の基盤となる商法も2000年に発効するなど、主にEU加盟を視野に入れた市場の制度構築が行われた。

緊縮政策は財政面に見られ、政府財政は移行後、ロシア危機後の1999年を除きGDPの3%以内の赤字に抑えられており（欧州のマーストリヒト基準以内）、総じて均衡が取れている。ただし、2008年世界経済危機で同年対GDP比マイナス4・4%、2009年マイナス9・1%、2010年マイナス8・1%と悪化した（その後に回復している）。そのため、ラトヴィアの政府累積債務は2007年期末まで対GDP比9%と欧州の中で優等生の水準であったが、その後2010年44・5%にまで悪化し、2013年38・1%にある。

為替政策は同じバルト諸国のなかでも独自の対応をとる。ラトヴィアは当初ロシアルーブルを用いたが、1993年には独自通貨ラッツ（LVL）を導入し、外貨準備に立脚してSDR（特別引出額）にペッグされた（1SDR＝0・7997ラッツ）。事実上の固定為替レートであり、国内通貨は世界の主要通貨に対し高く評価された。消費者物価の上昇は1996年まで著しく高い比率で推移したが、緊縮政策が功を奏し、97年以降安定しEU加盟直前の時期は低い。もっとも加盟後は高いインフレ率を指し示しており、それが落ち着くのは世界経済危機以降である。ラトヴィアは物価の安定と強い通貨という経済状態を作り出したが、それは輸出には不利な条件になり、経常収支の赤字が常態化している。EU加盟後、2005年からラッツはユーロにペッグされERMⅡ（欧州為替相場メカニズム）に加わり、さらに2014年にユーロに加盟した。市場における規制緩和の度合いを指し示す世界銀行の『ビジネス環境の現状』（*Doing Business*）ではラトヴィアは2014年報告書で24位にランクされ、体制転換の結果としてそのパフォーマンスの高さを示唆する。

政治化する民営化

民営化は、所有権の移転と国家・自治体の事業領域の縮小、市場経済の基礎ともいうべき私的所有権の保障と私的なビジネスのイニシアティブの高揚を目的に実施されたが、それは同時にラトヴィアに固有の条件であるソ連占領期の国有化などによる資産に関する公正の回復や、国籍問題といった政治的な課題と緊密に結びついていた。それゆえに、小民営化（小売や住民サービスなどの自治体所有企業の民営化）はいち早く進められ、公開入札や直接の戦略的投資家への売却などの方法が用いられたが、大規模民営化が開始したのはおおむね1990年代半ばであり、エストニアに比して遅れたものであった。実際、移行当初の民営化の成果は乏しい。法制度の不備、不安定な金融制度、資産評価の困難さだけでなく、ラトヴィアの独立にかかわり、旧所有者の返還要求（1993年初時点で1万4958件の要求）と他の民族に占有されるという恐怖心、売却への心理的抵抗感が民営化の遅れに作用していた。

1994年に民営化庁を設置して政策転換し、1995年に民営化プログラムが採択され、民営化庁と法の整備が民営化を促し、国際入札で戦略的投資家に売却された（表1）。いち早く資産（土地）の返還が行われるとともに、2種類の民営化証書（バウチャー）が交付され、1995年に証書を用いた民営化が始まった。証書のひとつは、総額29億ラッツの民営化証書であり、全国民を対象に居住期間に基づいて交付された。このバウチャーの交付は1993年に発行され、居住期間1年に対し1バウチャー交付された。バウチャーは取引可能で、国有企業の株だけでなく、土地・住宅の取得にも利用された。もうひとつは、補償バウチャーであり、返還方式に対応したものであった。1940年6月ソ連に占領される以前のラトヴィア人の要求に応えるもので、第二次世界大戦でラトヴィアを後にした者にも44年以前に居住していた1年に対し1バウチャーが交付された。バウチャーの87％はラトヴィア人に対して交付され、まさに世論が民営化を誘導したといっても過言ではない。いずれについても外国人がそれを使って購入することが可能であっ

表1　工業部門における所有構成（総生産額の比重：％）

	1993	1994	1995	1996	1997	1998	1999
国家	65.0	49.2	41.9	32.4	28.8	25.0	18.5
地方政府	3.6	4.0	4.8	4.3	3.8	3.5	3.9
私有	17.8	26.9	31.2	42.4	49.0	50.8	54.1
政府と混合	13.6	19.9	22.1	20.9	18.8	20.7	23.5

出所：Ministry of Economy Republic of Latvia, *Economic Development of Latvia Report*, 2000, p.118.

た。1996年には国家予算への税債務が資本に転換され、1997年には土地私有化が行われた。

ラトヴィア型大衆民営化政策こそが民営化の実績を引き上げた。なお、2013年5月末時点で、240万人の国民が1億1238万の証書を受け取り、それにはソ連時代の強制移住や亡命などで政治的抑圧を受けた者と法的に承認された者4万人余への交付も含まれる。また、12万人ほどの旧所有者とその相続人が801万の返還証書を受け取った。株、住宅、土地の取得に用いられ、返還証書は主に土地に用いられた。この時点で、民営化証書のおよそ95・3%が利用された。バウチャーの利用水準は2000年代に確実に上昇した（図2）。

図2　民営化証書利用水準

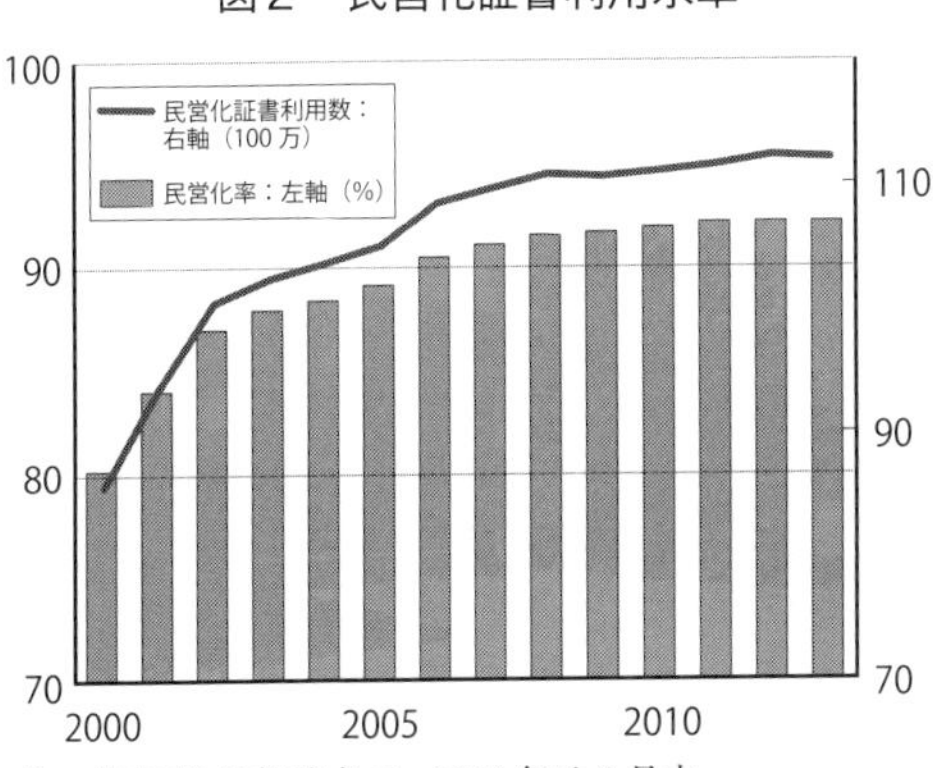

注：各年10月初時点で、2013年は5月末。
出所：Ministry of Economy Republic of Latvia, *Economic Development of Latvia Report*, 2000-2013.

90年代半ばの売却額の半分以上はバウチャーに依拠しており、住宅民営化、返還は漸進的であった。金融機関もまた1990年代には政府の支配下にあり、民営化は総じて漸進的であった。その後、銀行は主にスウェーデンの銀行に所有され、外資への依存度はきわめて高い。

主にインフラに関連する大規模な国有企業は民営化されず、それは独占の規制が問題視された結果でもあった。こうして、バウチャーにしても、国家の手に残す大企業の選択にしても、ラトヴィアの民営化は政治的な色彩を強く帯びていた。それでも民営化の水準

図3　私的部門の比重（%）
出所：Ministry of Economy Republic of Latvia, *Economic Development of Latvia Report*, 2000, 2001, 2002, 2003.

は上昇を続け（図3）、私的セクターは2005年にGDPの75%を占め、それは他のEU新規加盟国と等しい水準であった。2003年民営化のための国家戦略が承認され、2005年9月民営化完了法が採択され、完了の手続きが定められている。ただし、同法はその後修正され、民営化要求の検証の延長などが盛り込まれている。また、エネルギー企業や石油トランジット企業などの持ち株は国家の手中にあり、国家が保有する持ち株会社（capital company）が国家持ち株を監督している。

体制転換コスト——人口問題と労働市場の歪み

概して多くの体制転換諸国に共通する現象として、人口の減少がある。転換のショック、国の解体と流出、新しい制度への不適合がそれをもたらしたのであり、ラトヴィアではソ連からの独立において国籍問題が存在したことから、急激な人口減少と民族間の摩擦も生じた。図4は人口の減少だけでなく、老齢化の水準の上昇が明らかになる。人口は1990年のピーク266・8万人から自然減と移民による流出のために減少する。転換直後の1992~95年の時期と世界経済危機を経験する2009~10年の時期の落ち込みは大きく、2014年初までに66・7万人（25%）減少している。とくに、ロシア語系住民（ロシア人、ベラルーシ人など）の減少は大きい。ただし、海外への移民の増加はＥＵ加盟後に再び増加しており、それはイギリス、アイルランド、スウェーデンなどの門戸開放の影響である。言い換えれば、ラトヴィアの人口流出はロシア・旧ソ連からＥＵにその方向を転換させている。また、65歳以上人口が占める比率（老齢化比率）は上昇しており、同じ時期に11・8％から19・1％になっている。財政負担の増加と労働力供給の逼迫が人口問題からうかがわれる。

図４　人口推移

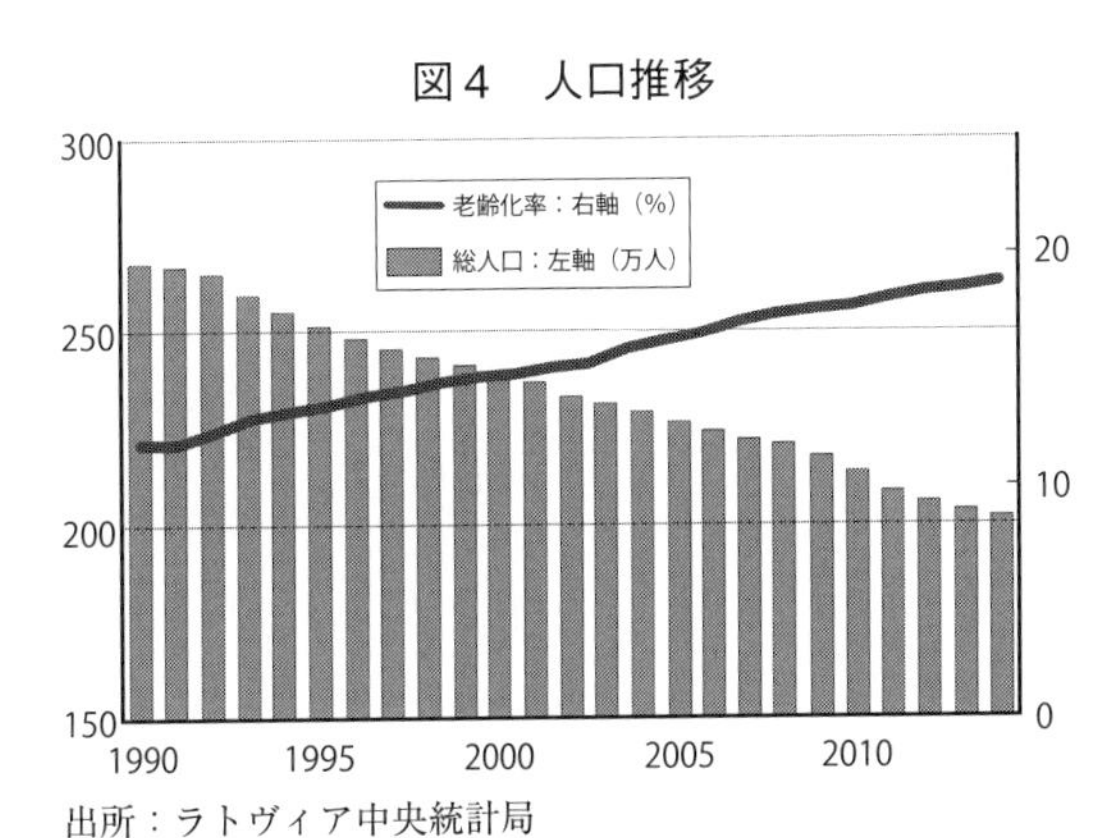

出所：ラトヴィア中央統計局

体制転換と経済危機の歪みは労働市場に直接に失業、あるいは雇用の不安定化という形で出現する。体制転換直後に、失業率は急上昇するが、その後経済成長とともに減少を示し、２００７年には６％程度にまで低下する。しかし、世界経済危機の打撃により、失業率は再び上昇している（図５）。失業の打撃は、地域、民族構成において均質なわけではない。危機後の回復により２０１１年から失業率は再び低下しており、さらに２０００年代を通してラトヴィアの実質賃金の上昇は高く、労働コストが上昇している。

人口の推移と雇用を重ね合わせると、今後労働市場は求職者の能力と求人内容の間のミスマッチを別にすれば、労働力不足が生ずる可能性が考えられる。Europe 2020 Strategy（２０１０年欧州理事会承認、ラトヴィアのプログラムは２０１１年に承認）は２０２０年までに労働参加率を引き上げることとも

図５　失業率の推移

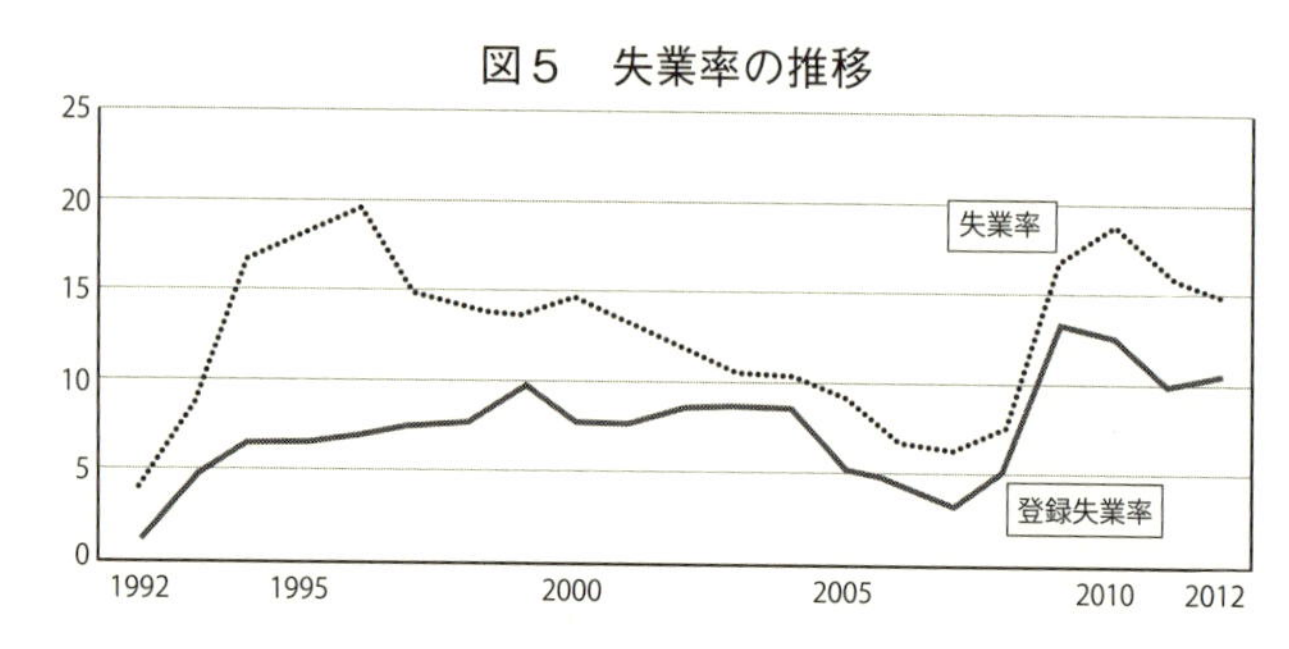

注：失業率は求職中の非就労者の労働人口（15 － 74 歳）における比率を示す。
出所：Ministry of Economy Republic of Latvia, *Economic Development of Latvia Report*, 2000-2013.

に、外国人労働者の受け入れの拡大を提起している。外国人労働者では在外ラトヴィア人を誘導することが課題でそのための再移住支援計画が含まれており、ここでもラトヴィアの特殊性が顔を覗かせる。

体制転換はさらに経済格差を引き起こした。所得格差を指し示すジニ係数は１９９６年０・30から２００５年のピーク０・３８９に上昇し、その後２０１２年０・３５２に低下している。さらに、社会的移転を含まない貧困比率は２００４年40・３％から２００７年に37・７％に低下した後、２０１０年に再び46・８％にまで上昇している。ここでも世界経済危機の影響が大きい。

実質賃金の上昇と失業率の低下に見られるように、ラトヴィアの生活水準は上昇し、雇用環境は改善しているが、なお失業、経済格差、貧困の大きさ、さらには今後縮小し高齢化する人口において、他の欧州先進諸国との格差もまた観察される。

（溝端佐登史）

42

外国企業の誘致

★経済を発展させる★

国際としての外資誘致

外資誘致はラトヴィアの国策である。

１９９１年、ソ連からの独立回復後、外資は経済発展に必要不可欠と認識され、歴代政府は投資環境の整備に努力してきた。この実施主体として、１９９３年にラトヴィア投資開発公社が設立された。公社は、広報活動、すなわち、ホームページの維持、情報の提供、調査団の派遣・受け入れ、内外ビジネスパートナーの紹介、外国人来訪者の案内、会合への同席・支援、工場敷地等不動産物件の紹介、国内的諸手続きの支援、国内外におけるセミナーの開催、投資後の事後サービスなどを提供している。公社はまた、投資に障害となる制度を除去するために、政府、地方自治体、大学・研究機関などと連携し、調整に当たっている。

このような一連の施策の結果、ラトヴィアの投資環境は卓越したものになった。法律上、外国企業を差別することはなく、外国人は、ラトヴィア企業を１００％所有することができる。農地には一部制限があるが、土地、不動産の購入、所有にも制限はない。さらに、外国投資家協議会（ＦＩＣＩＬ）とラトヴィア政府は、定期的に協議を行い、投資、外資系企業の活動に障害となる事例を洗い出し、改善に努めている。

一人当たり国民所得は1万ユーロ強、西欧、日本の半分、3分の1程度であり、法人税は15％と欧州最低の一国である。所得税は累進制でなく、24％一律。付加価値税は21％。社会保障掛け金は雇用者負担分23・59％、被雇用者10・5％、欧州各国の各種税負担率を比較した場合、ラトヴィアはイギリスにつぐ第7位に位置する。国内4カ所に経済特別区があり、経済特区内に設立された企業には、一定の条件の下にさらに有利な税制上の恩典が与えられる。

EU内の取引には関税は掛からない。EU構造改革資金を原資とする企業支援措置も重要である。イノベーション、新技術・製品開発、高度技術・人材の導入など、一定の条件を満たすラトヴィア法人に対し資金の一部を贈与する制度があり、外資系企業も直ぐにこの恩恵を受けることができる。2013年年末にホールディグ会社制度が導入され、これら企業の外国送金が非課税になった。

地政学的位置も重要である。ラトヴィアは境界にある国であり、欧州通運の十字路にある（コラム15参照）。ロシア系人が多いことに加え、歴史的関係から住民の大多数はロシア語に堪能であり、最近は英語もよく通じるほか、年長者を中心にドイツ語を話す人も多い。ラトヴィアは、このように制度上、地政学上、また、国民の資質、生産諸費用から見てもたいへん良好な投資環境を提供している。第40章で見たとおり、北ヨーロッパ的な合理性を備えた、沈着な国民である。

このような外資誘致政策が功を奏し、国内には多数の外資系企業が活動している。スーパーマーケットはリミ（RIMI）、マキシマ（MAXIMA）など外資系が圧倒的に強く、街角に見かけるキオスクもノルウェー系のナルヴェセン（Narvesen）が多い。リーガ市の中心地に立つ高級ショッピングセンター、ガレリヤ・センター（GALERIJA CENTRS）ガレリヤ・リーガ（GALERIAJ RIGA）も外資系だ。ラトヴィアには銀行が多いが、最大手のスエドバンカ（SWEDBANKA）、セブバンカ（SEB BANKA）ノルデア（NORDEA）、DNB（デーエヌベー）バンカ（DNB BANKA）はいずれも外資系である。ガソリンスタンドを見ても、スタート・オイル（STAT OIL）、ネステ（NESTE）、ディナ（DINA）など大手は皆外資系である。製造業についてもロシアのウラルヴァゴンザヴァド（Uralvagonzavod）、コットン・クラブ（Cotton Club）、ドイツのアーゲーアー（AGA）、ブッヒェル・ショーリンク（Bucher Schoerling）、アメリカのジェルドウェン（JeldWen）、オランダのブラバンティア（Brabantia）、VDL（ヴェーデーエル）グローエップ（VDL Groep）、スエーデンのプロクマッティク（Plockmatic）など多くの外資系企業が活動しているが、機械産業では、前章「諸産業」でみたとおり、金融、小売、石油販売業に比較すれば地付きの業者が多い。近年には韓国サムスング・テクノロジー（Samsung Technology）などのシェアード・サービス・センターが数箇所設置された。諸費用の低さ、ラトヴィア人の言語力を買った動きである。

２０１０年７月より主要都市で10万ラッツ（14・２万ユーロ）、農村で５万ラッツ以上の不動産を購入し、銀行に20万ラッツ以上の預金をし、あるいは起業した外国人に対し５年間有効な滞在許可を与える制度が導入された。２０１４年１月までの３年半の間に旧ソ連圏を中心に１万人弱の外国人が許可を取得し、６・４億ユーロ以上の外資が導入された。金融不況対策の一環として取られた措置であるが、これがラトヴィア経済の強力なカンフル剤となった。

ラトヴィアの滞在許可を取れば、ＥＵ内どこでも自由に移動、滞在できる。最近は中国人からの申請が多く、2014年1月までに581人が許可を得た。けれどもその大半はロシア人であり、安定した西欧で老後を過ごすことを考える人たちという。日本をはじめ相続税がある国は多いが、ラトヴィアにはない。前述のとおり、所得税が累進制でなく、一律24%であることも含め、日本人も資産家はラトヴィアで老後を過ごすことを考えることもできよう。銀行が不動産物件を紹介しているが、詳細はラトヴィア投資開発公社に照会願いたい。自然災害がほとんどないことも注目に値する。地震、台風はなく、春先に雪解け水で河の沿岸が冠水する程度である。

起業の促進

ラトヴィア投資開発公社は、国内における起業も積極的に支援している。事業構想を持つ人は係官と協議することができる。構想の実現性、事業展開の仕方、会計、事務所等不動産・所要人員の確保、関連法令、納税などの各種手続き、市場調査、資金の手当てなど、事業に必要な知識、方法、諸手続きにつき指導を受けている。輸出支援も公社の重要な任務であり、世界14カ国に駐在する公社の代表による市場調査、各国企業との接触・会合の予約取り付け、企業代表者への同行・案内、会合への同席・支援など、輸出振興のためにラトヴィア企業に全面的に協力している。新規事業者に対してもこの種支援活動を説明、多くの可能性につき紹介、指導している。また、定期的にセミナーを開催し、各国市場の紹介、その特性、注意点など、輸出支援活動を展開している。新規事業者をはじめ、希望者は誰でもセミナーに参加することができる。国内各所には、テクノロジー・インキュヴェーター、技術移転センターが設置され、技術の導入、企業間の協同作業体制も取られている。開発銀行、抵当銀行などの公的開発銀行があり、通常より低利の資金を貸し出し、金融面での指導、協力を行っている。毎年11月には公社の主催する「事業アイデア賞」および「企業の秘密」などの公開テレビ番組があり、国中より事業構想につき申請を受付け、専門家委員会の審査を経て優勝者を決定、表彰している。これら番組の最終審査は国営テレビで全国に報道される。審査員、視聴者の前で事業構想を展示、説明、デモンストレーションし、評価を受ける。これらの番組の人気は高い。

ラトヴィアは１９９１年にソ連から再独立した若い国である。投資開発公社など政府関係機関の木目細かい支援の下に多くの事業が育って来ている。

（長塚 徹）

43

地の利を活かしたエネルギー政策

★再生可能エネルギー・ガス貯蔵・地域協力★

バランスのとれたエネルギーミックス

ラトヴィアは、西の沖合に3億バレルの石油が眠っていると推定され試掘が行われているものの、石油・ガス・石炭などの化石燃料はほとんど輸入に頼っている。だが、エネルギーミックスは比較的バランスがとれている（図1）。

特徴的なのは、34％（2011年）に達する再生可能エネルギー（再エネ）である。その背景には、国土の半分を占める森林とダウガヴァ湖の恵みがある。再エネのうち15％が大型の水力発電で、85％がバイオマスなど（薪、廃材、木質チップ、バイオガス、バイオ燃料、小水力、風力）だ。熱需要の半分は木材・バイオマスによる。首都リーガの熱源の75％はコージェネ（熱電併給）で、国の熱需要の半分を占める。電力生産の66・6％、電力消費の55％が再エネで、残りがガス火力である（2012年）。水力に多くを頼るため、ラトヴィアは、雨の多い春には電力を輸出し、それ以外の時期は輸入している。また、近年、バイオマス、風力、バイオガスによる発電が増加し、2012年には対前年比33・4％増を記録している（図2）。

国内に原子力発電所はないが、リトアニアの原発建設について、エストニア、リトアニアと協力している。また、将来、カリーニングラード（リトアニアとポーランドのあいだのロシアの飛び地）で建設中の原発から電力を輸入する可能性もある。

再エネを促進するエネルギー政策

自然の恵みがあるというだけで再エネが発達するわけではない。その利用を促す政策があればこそ、である。1998年に策定されたエネルギー法は、EU指令の内容を組み込んで2011年に改定された。2014年現在、ラトヴィアは、EUの再エネ促進指令に基づいた行動計画を作成し、2020年までに再エネの割合を、エネルギー最終消費の40％、冷暖房の53％、電力需要の60％、運輸分野の10％、にすることを

図1　ラトヴィアのエネルギーミックス

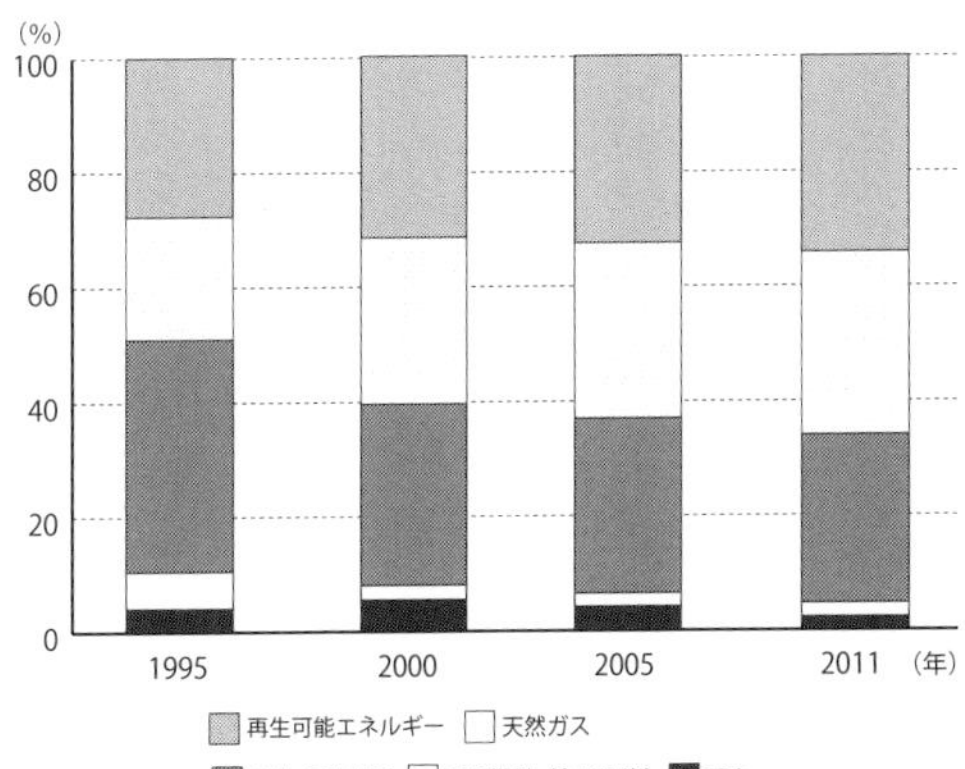

出所：*EU Energy in Figures 2013*, p.190. より作成。

図2　再生可能エネルギーによる発電量の増加

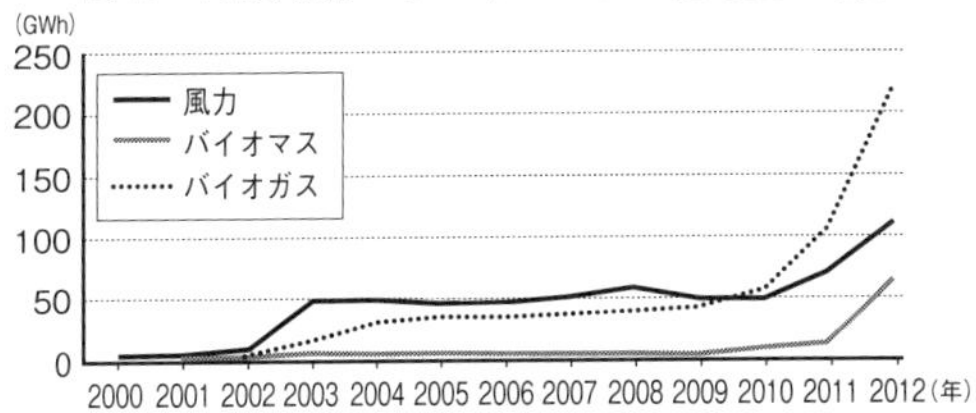

出所：http://www.csb.gov.lv/en/notikumi/higher-consumption-renewable-sources-and-volume-energy-produced-36549.html

目標としている。また、温室効果ガスをＥＵ－ＥＴＳ（ＥＵの排出取引制度）対象部門で21％削減（対２００５年比）、ＥＵ－ＥＴＳ対象外の部門でも17％増に留めることを目指している。

これを実現するために、ラトヴィアは、再エネ事業者に対して、優先給電、固定価格買取制度（ＦＩＴ）、投資補助金、税金減免、あるいはコージェネに対する投資補助金、運輸分野での割当制や税金の減免などの政策を導入してきた。

だが、例えば、コージェネへの優遇措置は、国内の自然エネルギーではなくロシアからのガス輸入を支援する結果となっているなど制度の不備が指摘されるようになった。すでにラトヴィアは、ＥＵ加盟国の中でも最も多く再エネを利用している国の一つであり、これ以上の支援策は必要ないとの意見もある。２０１４年1月より15の風力発電に対する補助金は廃止され、また経済省は４ＭＷ以上のガス・コージェネに対するＦＩＴを停止し、２０１４年に義務的購入量も46％削減することなどを提案している。今後の課題は、大規模な電力事業者支援ではなく、各家庭で再エネを広く利用できるように制度を改善していくことであろう。

輸入に依存するガスと石油

ガス火力は出力調整しやすい。ラトヴィアが、出力変動の大きい再エネ利用を進めつつ、調整電源となるガス利用を拡大してきたことは、電力の安定供給という点で賢い選択だ。しかし、ガスや石油をほぼすべて輸入に頼る。エネルギー貿易の赤字はＧＤＰの５・４％（２０１１年）に相当し、大きな経済負担となっている。ラトヴィアは、石油精製施設がなく、ロシア、ベラルーシ、リトアニアから鉄道やパイプラインで石油精製品を輸入している。また、ガスは全面的にロシアに依存しており、これは潜在的な供給リスクとなっている。幸いラトヴィアには、ガス貯蔵に適した地質構造があり、インチュカルンス地下ガス貯蔵施設は44億立方メートル（実働は23億立方メートル）のガスを貯蔵できる。夏は、ここにガスを貯蔵し、冬は、国内だけでなく、リトアニア、エストニア、ロシア西部にガスを供給し、周辺諸国のガス安定供給に貢献している。

供給の安全保障対策として2009年に打ち出されたのが、BEMIP（バルトエネルギー市場相互接続計画）である。BEMIPは、バルト海周辺諸国のフィンランド、エストニア、ラトヴィア、リトアニア、ポーランド、ドイツ、デンマーク、スウェーデンが参加するプロジェクトで、ノルウェーもオブザーバーだ。これは、国境を越えて送電網やパイプライン網を結びつけバルト海地域全体で電力やガスを相互融通することを目指している。電力について、現在、ラトヴィアはIPS／UPSシステム（CIS統合電力システム／ロシア統合電力システム）の一部である。将来、ラトヴィアで電力改革が進めば、リアルタイムで電力の売買ができる北欧電力市場（ノルド・プール）にも参加する展望が開ける。合わせてEUとロシアの電力系統の接続も重要な課題だ。

もうひとつの対策がLNG（液化天然ガス）ターミナルの建設である。ガス貯蔵施設のあるリーガが有力候補地と言われているが、フィンランドが参加するならばエストニアに建設するのが望ましいとの意見もあり、まだ確定していない。

BEMIPやLNGターミナルが、将来、ラトヴィアのエネルギー安全保障を高めるのは間違いない。だが建設投資を具体的にどう進めるかという問題があり、即効薬ではない。

デカップリングは道半ば

ラトヴィアは、他のEU諸国と同様に、デカップリング（エネルギー利用や温室効果ガスを増やさないで経済成長を図ること）を目指し、2016年にエネルギー消費を9％（2001〜05年平均比）削減することを目標に掲げている。確かに、2001〜07年には、ラトヴィア経済のエネルギー集約度（単位当たりの経済活動に要するエネルギーの量）は37％低下したが、経済危機後は再び上昇し、ラトヴィアは、EU加盟国の中でも最もエネルギー集約度の高い国に留まっている。しかし、炭素集約度（エネルギー消費量単位当たりの二酸化炭素排出量）という点では、EU加盟国の中でも最も低い国の一つである。その最大の理由は、再生可能エネルギーの利用である。BEMIPによって周辺諸国とエネルギーインフラを接続し、電力やガスを安定確保し、同時に再エネ利用を拡大していけば、いずれ持続可能な低炭素社会への展望が開けるかもしれない。だが、デカップリングは、まだ道半ばである。

（蓮見 雄）

国際関係

44

EU加盟国としてのラトヴィア

★高まる存在感★

第一次世界大戦が終了した1919年の独立から20年後、ラトヴィアは単に地理的な意味だけではなく、経済的・政治的・民主的価値観からもヨーロッパ諸国の一員になっていた。しかし、三つの占領——1940年のソ連支配、1941年のナチス・ドイツ支配、そして1945年のソ連による再占領——を経て、ラトヴィアはヨーロッパから引き離され、ラトヴィアの経済・政治・社会を、全体主義と冷戦の論理の下、抑圧を余儀なくされた。だから、ソ連が崩壊したとき、ラトヴィアの人々にとって将来どうすべきかの目標は自明であった。それは、完全な独立を回復し、民主的価値観を受け入れることで、ヨーロッパに回帰することであった。

独立運動の最初期から、ラトヴィア政府は親ヨーロッパ的立場をとっていた。公式の表明こそなかったものの、1990年5月4日の主権確認宣言の表明にあわせて、政治家も社会全体も、欧米世界に回帰するためにラトヴィアのEUおよびNATO加盟を目指して議論をし始めた。これは、ロシア軍が1994年に撤退を完了した後、最初の公式声明が発表され、ラトヴィアの外交政策上の戦略的目標として示された。ラトヴィアは１９９５年にＥＵ加盟申請を行い、その後のさまざまな実質的・包括的改革を経て、２００４年にＥＵ加盟を実現して祝杯を挙げた。

ＥＵ加盟以降、さまざまな指標は、ラトヴィアの急速な成長を示している。ラトヴィアはＥＵ内で、もっとも急速なＧＤＰ成長率を達成し（12%）、またもっとも顕著な所得上昇を見せた（産業分野によって、所得は2倍あるいは3倍にさえなった）。国家経済は安定的構造を獲得し、他の開放経済諸国と同様にその競争性を高めていった。その後、ラトヴィアは深刻な経済危機の影響にさらされたが、政府はインフレ抑制と財政健全化によってこの危機に対応し、結果としてラトヴィアは２０１４年のユーロ圏入りを許された。危機に突入してからずっと実施していた諸改革が功を奏し、ＥＵの中核に舞い戻ることができたのであり、ユーロ圏に加入したことにより、ラトヴィアはＥＵの経済的・財政的成長を支える一国になったのだ。

農業、ＩＴ、地域開発、教育、社会政策などの多くの産業分野が、ＥＵ基準によって近代化された。ラトヴィアは、欧州共通外交安保政策の実装にも積極的に参加し、東方パートナーシップ諸国（ＥＵが進める近隣との協力構築政策の一つ、ＥＵ加盟を目的とはしない）の対象であるグルジア、モルドヴァ、ウクライナへのＥＵ拡大を支援している。バルト諸国と北欧諸国の協力も新しい局面を見せ始め、ＮＢ６（ノルディック・バルティック・シックス：デンマーク、フィンランド、スウェーデン、エストニア、ラトヴィア、リトアニア）はＥＵ内での投票に際して事前に見解を調整している。この環バルト海領域における域内協力の成功により、それは今やＥＵレベルの環バルト海領域戦略へと昇華している。ラトヴィアは欧米世界との関係堅持を強く支持しており、またロシアに対しても、ＥＵが存在するおかげで実務的に対応できるようになっている。

ラトヴィアは、2015年にはEUの政策決定機関であるEU理事会の議長国を務める予定である。つまり、ラトヴィアは6か月にわたってEUの首相となり、欧州理事会議長や欧州委員会委員長とあわせて、対外的にEUを代表することになる。ラトヴィアが依拠する原則は、参加・成長・持続可能性であり、議長国に課された務めとして競争性・QOL（クオリティ・オブ・ライフ）そしてEUの国際的役割を増進にも邁進する。EU加盟から10年が経ち、ラトヴィアは民主主義諸国の中で枢要な地位を占めるようになっただけではなく、EU諸国が向かうべき道の形成にも寄与するようになったのである。

（ジャネタ・オゾリナ／中井遼訳）

45

ラトヴィアを翻弄するロシア

★幼少時代の故郷リーガ★

リーガは13世紀にドイツ系リヴォニア騎士団よって創られた風格と、ハンザ同盟の拠点として繁栄を誇ったアールヌーボー洋式建築が建ち並ぶ品格ある美しい港街である。1930年代のリーガでは道行く人々が公用語ラトヴィア語と格式あるドイツ語、ロシア語3カ国語を日常語としていたので、対ソ連情報を収集する最適な任地としてラトヴィア共和国は日本で重要視されていた。

第一次世界大戦後のラトヴィア独立から間もなく18周年を迎える1936年から38年という平和で豊かな時代、そこで私は幼い時を過ごす幸運に恵まれた。父・日本陸軍武官小野寺信の秘書ニーナは3カ国語をこなし、家事係ゼルマはラトヴィア語を、そして運転手シェンクはドイツ語。リーガに同行された私と弟を公園で遊ばせ面倒をみてくれたナースのワリーはドイツ語を話すドイツ・ラトヴィア人。緑に覆われた小さな丘と池のある公園へ通った彼女との日々は夏でも冬でも楽しい思い出に満ちていた。イースターのときには父母も一緒に郊外のユルマーラ海岸のホテルで過ごし彩色された卵を探す。クリスマス・イヴにはクリスマス・ツリーのある部屋でプレゼントを

筆者が住んでいたアパート(1936年)

贈られる期待に心が弾んだ。普段父の仕事を手伝う母は忙しかったが、頻繁に招かれる私と同年代の父の武官仲間の子どもたちの誕生日パーティーに母と一緒に出席するのは嬉しかった。私の誕生日パーティーにはクッキー入れの折紙の作り方を母から教えてもらい、いまだに誰も知らない私の得意技である。

私が2年間暮らした平和な任地ラトヴィアに別れを告げた1938年のイースターの頃、まさにその翌年8月23日にドイツとソ連間で締結された悪魔の取引・独ソ不可侵条約締結は、ラトヴィアの独立を奈落の底に落とした。40年8月5日にソ連領に取り込まれ世界地図からラトヴィアの国名が消されることになった。

40年のバルト三国のソ連への併合前に故国を後にして亡命した人々の中には、ラトヴィアで父が確たる信頼の絆を築いた友人も多く、彼らこそ、私が楽しみにしていた誕生日パーティーの幼友達たちの親であった。ヨーロッパを離任した父が41年に日本から中立国スウェーデンに転勤になり、そこでリーガ時代の友人に再会することになろうとは誰が予想しただろうか。

50万のソ連軍は、独ソ不可侵条約で支配圏を容認されたバルト三国に圧力をかけ、40年7月22日ラトヴィアのウルマニス大統領ほか政府要人、反ソ・インテリ層を逮捕、貨車でシベリアへ追放した。

第45章 ラトヴィアを翻弄するロシア

また、ドイツ系ラトヴィア人はドイツへ追放、反ソ連のロシア人、ラトヴィア人もシベリア奥深く追放された。このときラトヴィアなどバルト諸国から多くの人が手漕ぎボートで中立国スウェーデンを目指して、バルト海を500キロ隔てた対岸へ逃げたという。エストニア、リトアニア兼任の在ラトヴィア日本公使館は40年8月末までに閉鎖され私の義父・大鷹正次郎日本公使と家族、館員は全員ラトヴィア出国を余儀なくされた。このときのことは後に幾度も聞かされた。

第一次世界大戦終結後、ベルサイユ条約批准は翌1919年だったが、振り返れば、民族自決の理念で欧州に多くの国が独立したのは1918年である。しかしバルト三国と総称され民族、言語、歴史も宗教も違うエストニア、ラトヴィア、リトアニアが独立を獲得し自由を享受したのは22年間に過ぎなかったのだ。敗戦賠償処理の混乱から1933年にヒトラーがドイツ宰相に選出されてから次第に彼の野望が露骨となり、38年3月オーストリア併合、38年9月末ミュンヘン条約でチェコのドイツ人居住地帯併合、39年3月チェコ占領、スロヴァキアにドイツ傀儡政権樹立、39年8月23日独ソ不可侵条約締結、ポーランドは2国で分割され、同年9月1日にドイツはダンツィッヒ、ワルシャワ爆撃でポーランド攻略を開始、第二次世界大戦の幕が切って落とされたのである。1940年にバルト三国はソ連邦に併合されることは独ソ間の暗黙の了解事項と言われている。

しかし独ソ不可侵条約は締結後、早くも41年6月破棄されてドイツ軍は対ソ連進攻「バルバロッサ作戦」を開始。ソ連の圧制からの解放、再独立の救世主としてドイツ軍を歓迎したラトヴィア人の期待ははずれドイツ軍はラトヴィアのユダヤ人狩で恐怖に陥れた。やがて冬将軍の到来とともにドイツ軍はスターリングラード攻略戦線に苦戦してソ連戦線の撤退を余儀なくされた。

45年5月ドイツが連合軍に降伏してヨーロッパ戦線は終結を迎えた。結局スターリンの計画通りバルト三国、東欧諸国はソ連支配圏に編入された。80年代の4年間東欧圏プラハで暮らした私にはラトヴィア人の痛みが真に身に沁みる。

1938年に別れを告げた後、ラトヴィアは40年に独立を奪われ、ようやく91年に再び独立回復を果たした。94年の秋、ラトヴィアを想う母を連れて、私は56年振りにリーガを訪れた。リーガで大歓迎してくれたのは金髪のマーラ・シマニウスであった。彼女の一家は、39年にアメリカへ亡命。アメリカ国籍を取得したマーラは英語教師として岩手県胆沢町に派遣された。母の著書『バルト海のほとりにて』を読んでマーラは私の母と知り合い意気投合してラトヴィアに独立に声援を送り続けていた。祖国独立の気運が高まってきた90年頃、マーラは日本を去ってドイツからラトヴィア独立回復運動に参じ、91年の独立と同時に新政府の顧問として大活躍を始めた。

かつての日本公使館（筆者撮影）

リーガに降り立った母はエスプラナーダ広場にそそり建つリーガの象徴・自由記念碑の無事を確認し喜んだ。母の記憶でかつての我が家、バズニツア・イエラの建物は見つかった。しかし共産党政権下のアパートは1人あたりの居住面積の割当てに従い内部は分割され、外見は判別できても建物の中は全く昔の雰囲気がなくなっていた。40年8月まで義父・日本公使が職務に励んだ日本公使館の外見は昔そのままの姿で結婚式会館になっていた。私は毎日通った公園を探しまわりソリで滑った傾斜のある市内の公園を探しあてた。ダウガヴァ河に面した蒲鉾型が連なる高い天井のリーガ大市場では懐かしい酸っぱい香の黒パンも売っていた。市場の前で売り物を両手にニコリともせず並び客を待つのはロシア女性だろうか。ソ連支配時代に駐留したロシア人のラトヴィア移住奨励政策の結果、人口の4分の1を占めるロシア人問題は今でもラトヴィアの抱える難題と聞いた。2004年からEUに加盟したラトヴィアは困難な財政問題を見事に克服しているが、ラトヴィア語を理解せずラトヴィア国籍を取得してもロシア人はEU市民権を得られるのだろうか。「ドイツへ追われたドイツ人6万／ナチスに殺されたユダヤ人7・5万／ナチスに殺されたラトヴィア人2・5万／国外亡命者11・5万／ソ連に絶滅されたラトヴィア人34・1万／56年までにソ連からの移住者は全人口の25％」と *American People's Encyclopedia* (1963) の統計は、39年から41年までの変遷を如実に物語っている。

ヴァレリアとの記念撮影

リーガ滞在中に母は一通の手紙を受け取った。37年頃わが家に招かれ民俗衣装で出席したヴァレリアからである。再会の涙にくれながらシベリア奥地に放り出され夫はそこで殺されたこと、辛うじて生還した、今は経済学者のヴァレリアとの話は尽きなかった。マーラにはリーガの広大なラトヴィア独立英雄墓地を案内され、無残に荒れ果てたソ連兵士の墓地に変身した様を説明された。

2014年リーガがEU文化首府になったお祝いに私は再びリーガを訪ねた。夜空を彩る祝賀花火は人々の表情を明るく照らした。新しく完成した国立図書館蔵書移動のために寒さをいとわず何キロにも及ぶ長い列を作っての図書のリレーの列に私も加わってみた。両陛下がご訪問されたソ連占領博物館で館長から大歓迎を受け、いつの間にか「賓客」という高名な雑誌に取材を受ける光栄に浴した。さかのぼって45年2月のこと、父はラトヴィア勤務時代に築いた友情の絆のお蔭で中立国スウェーデンからソ連の対日参戦・ヤルタ密約電報を送信したが、まさにヤルタが位置するウクライナのクリミア半島をロシアへ併合した本年1月末のニュースとマレーシア航空機撃墜事件は、「お伽話はもう終わった」というマーラからのメールで多数のロシア人口を抱えるラトヴィアをウクライナ問題は再び大きな不安に陥れていることを知らされた。バルト諸国の人々が手をつないで独立に向けた大合唱の響きを送り続けた日々は忘れられない。そしてラトヴィアは父の平和の強い志を私に与え続けてくれる心の故郷である。

（大鷹節子）

コラム16

リーガの博物館で出会った日本

白石仁章

リーガを訪れ、中世の面影を今に残す街並みを歩いていると、すっかりその美しさに魅せられてしまい、しばし日本を忘れてしまう。しかし、その街で日本を思い出させる出会いが2つも待っていたことを紹介したい。

戦争博物館を訪れたときのことだ。この博物館は、かつては火薬塔で、部屋が細かく分かれ、中世から現代に至るまでの戦争に関する展示物が並んでいる。さて、次の部屋には何が待っているか？　期待しながら幾つ目かの部屋に入ると、係員の女性が筆者の顔を見るなり、にこにこと温かい微笑みを浮かべながら椅子から立ち上がり、「あなたはぜひこれを見ていきなさい」と、ある展示品の前に導いてくれた。

そこに展示されたのはほかでもない大きな日の丸の旗だったのだ。なぜここに日の丸の旗が？　英文の解説を読むと、第二次世界大戦終結直後、樺太でソ連軍の捕虜になった日本兵に対し、ソ連軍に徴用されたラトヴィア人の医師が大変親切に接したそうだ。彼ら日本兵は、帰国の途に就くこととなった際、この日の丸の旗に「武運長久」と大書した上で、各自の名前を署名し記念に贈ったというのだ。

敗戦直後の時期、捕虜となった日本兵にしてみれば精一杯の感謝の表現だったのであろう。このような知られざる日本とラトヴィアの交流を示す貴重な展示品に出会えたことは素敵な幸運であった。親切な係員の女性に丁寧にお礼を言って部屋を辞した。

次に占領博物館を訪れた。ここはラトヴィアがソ連により併合され、その後ナチス・ドイツによる占領を経て、１９９０年代まで続いたソ連の統治に関するさまざまな展示物を見ることができる。この博物館には２００７年5月に天皇・皇后両陛下がバルト三国をご訪問された際にも訪れている。すなわち、ラトヴィアの人々にとって特別な思い入れのある博物館なのだ。

同博物館の展示物の中でひときわ目をひくのが、両陛下もご覧になったシベリアの収容施設＝ラーゲリを再現したものだ。ソ連は、バルト三国併合後多くの人々をシベリアに送ったが、彼らに与えられたラーゲリは、非常に粗末なものであったことがわかる。その前に立ったとき、多くの日本人が犠牲になった「シベリア抑留」が脳裏に浮かんだ。ラトヴィア人の中にも同様の苦しみをしいられた人々がいたことに思いを馳せ、深い同情の念を禁じえなかった。

「是非、写真を撮りたい」と思ったが、今度の係員は先の親切な女性とは雰囲気が違い、髭面の気難しげな男性だった。恐る恐る「写真を撮ってよいですか」と尋ねると、彼はキッと厳しい表情を向けてくるので、これはダメだと覚悟を決めた。ところが、彼はまったく予想外の言葉を口にした。真剣な表情で「どうぞ、写真を撮っていってほしい、これだけではなく、この博物館の展示品はすべて写真を撮ってよいから。ぜひ、君の国の人たちに我々の辛い歴史を伝えてほしい」と言うのだ。写真を撮り、礼を言うと、とても温かい微笑みで応えてくれた。

現在のリーガの街は、大変美しく平和そのもので、苦難の歴史を感じさせるものは少ない。しかし、人々の記憶として、辛かった日々の思いが今なお鮮明に残っていることを実感し、しかもその思いは日本人と共有できる部分があることを知りえた体験であった。

再現されたラーゲリを前にして両陛下が詠まれた和歌があるので、紹介しておきたい。

「シベリアの凍てつく土地にとらはれし
我が軍人（いくさびと）もかく過ごしけむ」

46

史料に残る ラトヴィアと日本の関係

★日本・ラトヴィアインテリジェンス協力★

戦前の日本外交、特に戦間期と呼ばれる第一次世界大戦後から第二次世界大戦が勃発するまでの時期においては、対ソ連情報の収集は極めて重要な課題であった。日本のすぐ近くに位置する大国、そして、日本との間に多数の懸案を抱えていたソ連の動向を探ることは日本外交の運命を左右する重大事であったといっても過言ではあるまい。それゆえに、「ソ連の脅威」に対抗するために共同歩調をとれる国々は、日本にとって重要なパートナーとなり得たのであった。

そのような国の一つがラトヴィアであった。ラトヴィアは、大戦終結直後の1918年11月18日にロシアから独立を宣言した、「すなわち、ベルサイユの子」と称されるヨーロッパで新たに独立した国の一つであった。かつてのロシアはソ連となり、ロシア革命後の混乱が収まれば、ラトヴィアにとって外交的脅威をもたらす存在となる。日本とラトヴィアが協力関係を強めていくこととなったのは必然的結果であった。

日本は、1923年5月、リーガに出張所を設けたところ、改めてラトヴィアが対ソ情報蒐集上、この上なく重要な地であることに気づき、出張所から公使館に、さらにはラトヴィア公使館がバルト三国の他の二国エストニアとリトアニアの公使館を兼ねるというように、徐々に拡充していった。この公使館拡充は、戦前期日本とラトヴィアの交流の一端を明らかにするかと思われるので紹介することとしたい。

ラトヴィアの独立宣言から約2年後の1921年1月26日、日本はラトヴィアを国家承認した。ちなみに同日エストニアも承認し、リトアニアは翌年12月20日に承認した。しかし、いわゆるバルト三国の中でもラトヴィアの扱いは別格であった。先述のように国家承認から2年後にはリーガに在ポーランド公使館の出張所を設けたのだが、このときラトヴィアに派遣された人物こそ外務省の中でもロシア通で有名であった上田仙太郎であった。

上田は、流暢にロシア語を操り、また情報蒐集・分析能力に長けていた。第一次世界大戦勃発直前に在ロシア大使館に少壮外交官として派遣された芦田均（戦後首相）は、大先輩である上田がロシアに革命が起こる危険性を察知していたと回顧録『革命前夜のロシア』（文藝春秋、1950年）に記している。

そのような上田にとってリーガ派遣は、まさに適材適所であり、到着後は水を得た魚のごとくソ連に関する情報を本省に送り続けた。その成果は外務省記録ファイル「里賀情報」（「里賀」はリーガの宛字）全4冊として残っている。約3年の勤務の間にここまで膨大な情報を送り続けたことも驚嘆に値するが、その内容は建国期のソ連の動向を伝える超一級の史料である。

上田は、リーガが対ソ情報収集に最適の地であるとして、職員増員、さらには小規模な出張所ではなく本格的な公使館を設置することを本省に要請し、上田がリーガを去った後、1929年になって公使館が設置されることとなった。当初は、駐ドイツ大使がラトヴィア公使を兼任したが、やがて臨時代理公使が常駐することとなり、上田の衣鉢を継ぐロシア語に長けた外交官たち、杉下裕次郎、渡辺理恵、七田基玄などの名前が並ぶ。彼らもソ連関係の情報はもちろん、ラトヴィアをはじめバルト三国の内政や外交に関する情報を送り続けたのであった。

ラトヴィアからの情報が役立った例を一つ挙げることとしたい。1936年に当時ヨーロッパ在勤の日本外交官の間では、イギリスとソ連の関係が急速に親密化しているとの情報が流れていた。ソ連が欧州諸国との関係を良好化して、それら諸国を味方に日本牽制へ乗り出すというのは、想定される最悪のシナリオであり、そのような悪夢が現実になりつつあると感じられたのだ。

その年6月に吉田茂が駐英大使に着任したが、彼の目には、「ソ連がイギリスに急接近」とは映らなかった。そこで、9月21日、佐久間信駐ラトヴィア臨時代理公使に電報を通じ意見を求めた。佐久間は、同23日、ソ連が西からのドイツ、東からの日本による「脅威」を牽制するため、ことさら「対イギリス接近」を誇大に宣伝しているとの分析を伝えた。この報告を受けて吉田は、10月1日発の電報で、ヨーロッパ情勢はドイツを中心に動きつつあり、イギリスは、ドイツと敵対する意志はない様子である。また、イギリスはフランスとの伝統的親善関係は重視しているが、フランスがドイツへの対抗上友好関係を深めつつあったソ連（前年、両国間に相互援助条約が結ばれた）と必要以上に友好関係を深める意向は有していないと報告した。

吉田は、当時日独防共協定締結の風説が流れ（11月25日締結）、それによって日英関係が悪化することを危惧していたようだ。それゆえに、イギリスとソ連の接近を過大評価し、ソ連と対抗するためにドイツと結ぶことを「危険視」していた。今日、吉田の観測が正しかったことは「歴史」が証明していると言えよう。

その在ラトヴィア公使館に臨時代理公使ではなく、正式な公使を送り、同公使館にエストニアおよびリトアニアを兼轄させるという案は、公使館開設から2年後の1931年に杉下臨時代理公使が要請したことに端を発する。同年勃発した満洲事変は、日ソ関係を著しく緊張させた。さらに、国際連盟からの脱退は、日本にとって欧州情勢に関する情報を入手する貴重な「場」の喪失を意味した。ラトヴィア公使館の拡充およびエストニアとの情報面での協力の早期実現が緊急課題として浮上した。この時、外務省に同調したのが陸軍参謀本部であった。これは、在ラトヴィア公使館付陸軍武官であった小野寺信少佐の強い意向によるものであった。

ちなみに、外務省、小野寺武官ともにエストニアとの情報面での協力を非常に重視していたが、リトアニアはさほど重視していなかった。これは戦間期にリトアニアがソ連と国境を接しておらず、バルト三国の中では比較的ソ連と良好な関係にあったことに起因する。

外務省と陸軍参謀本部の前に立ちはだかったのが大蔵省であった。外務省提出の昭和十年度予算案における「在ラトヴィア公使館に専任公使配置に関する費用」は査定0円で却下され、翌年も大蔵省は本件支出を認めなかったのであった。

これに対して一日も早い実現を願う外務省は、専任公使常駐費支出が実施されるまでの臨時的な外務省限りの措置としてラトヴィアに専任公使を派遣し、エストニア、リトアニアを兼任させる案をまとめた。本件は、1936年12月19日に閣議案が起草され、同23日付で発令となった。いささか特殊な事例になるが、ようやく外務省の要望がかなったのであった。

初代の専任公使には、佐久間臨時代理公使がそのまま昇格した。1937年3月17日、同公使はラトヴィア側の大歓迎のもと、大統領官邸（リーガ城）にウルマヌス大統領を訪れ、信任状を提出したのであった。

これ以降、ラトヴィア公使館は欧州における日本の耳目としてそれまで以上に重要な役割を担い続けた。ソ連によるラトヴィア併合後も日本側は同公使館を総領事館として存続することを願い、ソ連相手に執拗に交渉した。結局、この願いはソ連の容れるところとはならなかったが、このような交渉が行われたこと自体、在ラトヴィア公使館が当時の日本外交においていかに重要であったかを端的に象徴していると言えよう。

（白石仁章）

コラム17

ラトヴィア人の日本観

黒沢 歩

ラトヴィア人は親日的である。そこには、日露戦争でロシアに勝利したアジアの小国への潜在的な好意がある。「ロシアがなければ、日本とは隣国同士だ」と、親近感を強調する政府要人も多い。日本製品の品質に対する信頼も強く、「日本人は古来の伝統を頑(かたく)なに守りながら、新技術を開発してきた」と賞賛されることがある。さらに、俳句の自然観は、ラトヴィア民謡ダイナスに共通すると、漠然と思われている。

サクラ、フジヤマ、ゲイシャ、サムライは、外国人が日本に連想する古典的なイメージであり、それはラトヴィアでも例外ではない。特に旧ソ連圏に生きた人々は厳しい情報管理下にあって、書籍を通じてのみ諸外国の事情を知りえた。先に挙げた俳句もしかり。俳句は、ロシア語訳、ラトヴィア語訳で、幅広い層に実に熱心に読まれていた。日本人なら俳句をたしなんで当然と思っている節があり、「一句詠んでくれ」と言われてたじろぐ人もいよう。

旧ソ連圏でベストセラーとなった日本文化を論じた書物に、1970年にモスクワで出版されたオフチンニコフ著『桜の枝』がある。これがラトヴィア人に及ぼした影響の大きさを思い知らされる。「日本の子どもは就学前は何をしても決して叱られない。学校に入ったとたんに、厳しい規律の下に育てられる」と信じられているのだ。この記述に彼らは強く驚いたのだ。

さらに個人的な体験を一つ。ラトヴィア人にお茶を出され、二杯目を勧められて断った。それでも「いかが?」とくり返すので、特に飲みたくもなかったが「じゃあ」と頂いた。すると、「やっぱり。日本人には少なくとも三度は確かめないと、なかなか本心を明かしてもらえない。芥川龍之介の『手巾』そのものだ」と言うのだ。

コラム17

ラトヴィア人の日本観

ラトヴィアにおいて書かれる詩や文学で引き合いに出される日本人は、得てして無口で規律正しく、働き者で清潔好きである。時間に正確であるからこそ、融通が利かないと風刺されることもある。ラトヴィア映画へのエキストラ出演を日本人が依頼されたことがある。そこで求められた姿と動きは、眼鏡をかけてカメラを首からぶらさげ、周囲をキョロキョロと見まわし、ひたすら写真を撮ることであった。

和風はこのところの流行である。世代差はあるが、禅仏教への憧れは強く、柔道や空手をたしなむ人は自ずと日本人の師を敬う。リーガのオリンピック競技場の柔道場に嘉納治五郎の大きな顔写真が掲げられ、そこでは幼い子どもまでもが正座に四苦八苦しながら、修練に勤しんでいる。ミニマリズムは日本の美とされ、それに類したデザインのレストランは「クール」とされる。別荘に和風庭園を作る人あり、寿司キットを購入して自宅で寿司パーティに興じる人あり。Jume（ユメ）、Umami（ウマミ）などと看板を掲げる店があるので覗いてみると、やはり和風レストランだ。国立オペラ座においては、ずばり『マンガ・オペラ』なるものが上演されたことがある（2011年）。戦闘と死というテーマを、動きと感情を抑えて、まるでロボット化した歌手たちが歌いあげた舞台は、なんと大好評を博した。

「自己抑制に長け調和を乱さない日本人」というプラスのイメージは、東日本大震災の被災者の映像によって助長された。他方、実際に日本を訪れると、携帯電話での通話や遊泳など、ラトヴィア人には個人の自由である時空間が、許可と禁止で細かく制約される社会、そして「なぜ?」と問わない日本人を見て、「ソ連を彷彿させる」と目を丸くする。その日本観にしばし苦笑しながらも、ときにハッとさせられる。

47

ラトヴィアと日本の関係

★親密さを増す両国★

ラトヴィアと日本の関係

ラトヴィアがソ連邦の支配下で抑圧と忍従に耐えていた時代には、日本が介入する余地はなかった。１９９１年８月の待望のラトヴィア独立回復後に際して、日本は早期の承認に踏み切り、友好親善関係の増進に努めている。音楽立国という世界史上珍しい歴史を持つラトヴィアとの関係を民間のボランティア・レベルで推進するために２００４年に設立された日本ラトビア音楽協会は、音楽を中心とする文化交流、さらには両国の友好親善関係の増進のために積極的に活動の幅を広げつつある。

ラトヴィア苦難の時期に手を汚していない日本に対して、ラトヴィア側も強い親近感を持ち、私が大使在任中も多くのラトヴィアの人たちから次のような言葉を聞いている。

「日本とラトヴィアは、二つの意味で重要な隣国である。第一に、ヨーロッパ諸国のうち最も距離的に近い国は、ロシアを除けば、バルト三国とフィンランドである。第二にラトヴィアと日本の間には、たった一国（ロシア）が存在するだけであり、将に隣国と言ってよい関係にある」

ラトヴィアの人々の対日親近感に比べると、日本とラトヴィアの経済関係の発展等は、まだまだ十分ではないと言えよう。

以下に、独立回復後のラトヴィアと日本の関係の展開を略記する。

1991年9月　バルト三国に日本政府ミッションを派遣
　9月6日　日本、三国を国家承認
　10月10日　日本、外交関係開設
1992年6月　在スウェーデン日本大使館がラトヴィア兼轄開始
1998年12月　日本・ラトヴィア、ノービザ協定締結
2000年1月　在ラトヴィア日本大使館開設
2004年9月　日本・ラトヴィア音楽協会発足、両国交流親善増進活動
2006年4月　駐日ラトヴィア大使館開設
2009年6月　専任駐日ラトヴィア大使着任
2009年6月　専任駐ラトヴィア日本大使着任
2012年7月　日本ラトヴィア音楽協会合唱団ガイスマ第25回全ラトヴィア歌の祭典（参加4万人超）に参加

また、日本・ラトヴィア要人往来についても記しておこう。

（往）
2007年5月　天皇・皇后両陛下
2009年10月　江田五月衆議院議長

（来）
1998年10月　グンティス・ウルマニス第5代大統領（ラトヴィアでは、1940年のソ連駐留より1991年8月21日の独立回復までの期間をソ連邦およびナチス・ドイツの違法占領であり法律上無効と考えるので、独立回復後1993年に就任したグンティス・ウルマニス大統領は、1940年当時のカールリス・ウルマニス第4代大統領に次ぐ第5代と数える）
2006年4月　カルヴィーティス首相
2009年1月　ゴドマニス首相
2009年2月　ダウゼ国会議長

以上の他に、次のような出来事があった。
1997年12月　リーガ市旧市街および新市街地ユーゲント・シュティール地域、ユネスコ「世界文化遺産」指定
1998年11月18日　ラトヴィア建国80周年記念式典
2003年11月　歌と踊りの祭典、ユネスコ「人類の口承無形文化遺産」指定

既述したように、ラトヴィアは、ナチスおよびソ連邦の支配を、国際法違反で無効な占領と考える。したがってこの国の建国は、ロシア帝国から民族統一国家として独立宣言を発した1918年11月18日である。

1998年のこの日、リーガの国立オペラ座に内外の賓客を集めて80周年記念式典が挙行され、私

と妻も出席した。式典は型通り起立、国歌斉唱から始まった。私も妻もすぐに気がついた。多くの参加者が、眼にあふれ出る大粒の涙をぬぐいもせず、腹の底から歌い上げる姿を。

「神よ、ラトヴィアに讃えあれ」と。

北海道東川ラトヴィア交流会

次に、このような公式の関係の構築に加えて、その関係を次第に確かなものにしていった一つの例を簡単に紹介しよう。

北海道中央部を代表する都市旭川市のすぐ東南にある東川町を御存知だろうか。大雪山国立公園の最高峰旭岳を町域内に持つ観光都市であり、旭川空港からも車で約10分と近接している。ラトヴィアがソ連支配から脱して待望の独立回復をなしとげつつある時、この町がラトヴィアと日本との交流活動において先駆的役割を果たしたのである。

「北海タイムス」という地方新聞の西原義弘氏（現・東川町史編集専門員）が１９９２年2月、わが国ではまだほとんど知られていなかったラトヴィアに単身乗りこんで、そこで起こっていることを数回のレポートにまとめて記事とした。戦後初のまとまったラトヴィア便りであった。また、リーガ市の写真家ダナース・ヤナイティス氏と懇意となる。

東川町は、「町おこし」の試みとして、１９８５年、「写真の町」誕生を宣言し、美しい風土とそこに住む人々の豊かな心を世界に発信する町造りをめざして、毎年、多くのイベントを実現していたが、１９９２年秋にヤナイティス氏がとりためた多くの写真をもとに、「新しい北の仲間バルト展」の一環として、「写真で見る現代史　ラトヴィアの夜明け」写真展が、東川町文化ギャラリで開催される。その際、「人間の鎖」が紹介された。そのテープ・カットに独立直後の当時の文化大臣ライモンズ・パウルス氏（国際的な音楽家、指揮者、ピアニストであり、レオン・ブリディエス作詞の名曲「マーラが与えた人生」の作曲で知られる。政治家としても著名で1998年大統領選挙に立候補するも敗退）の異例とも言える来町をわずらわしたのである。

マーラとは、古代ラトヴィアの生命と母性を象徴する女神の名前であり、歌詞は次のとおりである。

子どものころ泣かされると／母に寄り添ってなぐさめてもらった／そんなとき、母は笑みを浮かべてささやいた／「マーラは娘に生を与えたけど、幸せはあげ忘れた」

時が経って、もう母はいない／いまは一人で生きなくてはならない／母を思い出して寂しさに駆られると／同じことを一人つぶやく私がいる

「マーラは娘に生を与えたけど、幸せはあげ忘れた」

そんなことはすっかり忘れていたけど／ある日突然驚いた／今度は私の娘が／笑みを浮かべて口ずさんでいる／「マーラは娘に生を与えたけど、幸せはあげ忘れた」

ラトヴィア農村の母娘3代にわたる厳しい生活を歌っているが、「笑みを浮かべて」という一句が厳しさに負けない力強さを印象的に示している。この歌は、ロシアに入って、歌詞だけ全面的に書きかえられ、「百万本のバラ」となり、貧しい絵描きの報われない愛の歌となり、日本では、加藤登紀子 さんの歌で爆発的にヒットした。原曲の方は小田陽子さんのギター弾き語りがすばらしく、東川町でもコンサートが開かれている。

パウエル文化大臣の訪問は東川町民の感動を呼び、リーガ市にある小さな夜間日本語学校への大量の日本語教材の寄贈が実現し、東川ラトヴィア交流協会の設置に結びつくのである。

北海道東川ラトヴィア交流協会の活動は、その後も活発に続く。とりわけ、1997年に実現した高名な音楽家スクリデ・ファミリーの招聘は注目に価する。リンダ／ヴィオラ、ヤーニス・メドニス（リンダの夫）／コントラバス、バイバー／ヴァイオリン、ラウマ／ピアノの息のあった華麗な演奏は忘れがたい印象を残した。バイバー・スクリデ／ヴァイオリンはベルギーのエリザベート王妃国際音楽コンクールに優勝し、2003年わが国の日本音楽財団保有のストラディヴァリウス（ハギンス1708年製）の貸与を受け、ラウマのピアノ伴奏でわが国各地で演奏会を行い、好評を博した。

1998年のウルマニス大統領の訪日に際しては、東川で山田町長以下の代表団と会見し、親しく懇談している。山田町長の後続者松岡町長もラトヴィア親善の一層の推進に意を用い、2008年にはラトヴィア独立回復後初代駐日大使として日本との友好増進に顕著な功績を挙げたヴァイバルス大使の出身都市ルーイエナ市と姉妹都市契約を締結している。

また、ヴァイバルス大使は、日本との友好親善関係の一層の進展をめざして、2007年に那覇、

2008年に旭川、大阪の三都市に相次いで「名誉領事館」を開設した（旭川、名誉領事には井下佳和氏が委嘱されている）。旭川の開設は、東川町民の長年にわたる草の根活動が高く評価された結果であることは言うまでもない。

（藤井 威）

コラム18

リーガと神戸の姉妹都市交流

茢田 悠

2009年秋、ラトヴィア初訪問に際しぜひ見ておきかったのが、神戸からリーガに贈られた時計塔であった。独立回復を記念し贈られた塔には2つの時計が設置され、上の時計でラトヴィアの時刻を、「KOBE」の文字が刻まれた下の時計で日本の時刻を表示する。リーガの街角で静かに時を刻む時計塔の下に立ったとき、これがリーガと神戸だけでなく、日本とラトヴィアの国同士の友情をも結んでいるように感じ、神戸出身の身として感慨深く思ったものである。

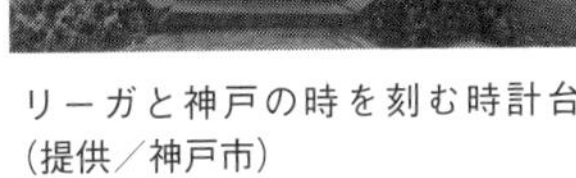

リーガと神戸の時を刻む時計台（提供／神戸市）

リーガは現在約30の都市と姉妹・友好都市提携を結んでいる。1964年フィンランドのポリ市との姉妹都市提携が最も歴史が古いが、神戸との提携も1974年と、交流関係は長く深い。

リーガと神戸は1974年に姉妹都市提携を結んだ際、①両市の代表団、市民生活における各分野の専門家、科学技術・文化・観光・アマチュア芸術団体・青少年・スポーツ団体代表者の交流、②市民生活ならびに教育、保健、社会保障、文化、スポーツなど市政各分野の技術交流を促進させるための情報交換、③港湾の発展と貿易の拡大のための互恵的協力に合意した。これまでにバレーボールなどスポーツ交流、ピアノや合唱団によるコンサート、写真展の開催などが行われている。提携10周年、20周年など

リーガ室内合唱団アヴェ・ソルと神戸市混声合唱団による合同公演（提供・神戸市）

の節目には、相互の市長表敬訪問、記念式典なども行う。互いの重要な出来事に際しても交流があり、先に紹介した時計塔がラトヴィア独立を祝って神戸からリーガへ、1995年に発生した阪神・淡路大震災の後には、神戸の子どもたちを勇気づけるためにと子ゾウのズゼが、リーガの子どもたち手作りの象の人形、絵、手紙と共にリーガ動物園から神戸市立王子動物園に贈られた。

神戸市長に対し、リーガとの姉妹都市提携の提案が行われたのは1972年。当時の宮崎辰雄市長によると、ソ連対外文化友好団体協議会副会長が「リーガは美しい港町で、神戸とはお似合いだ」と姉妹縁組みの候補に推薦したのが契機とのこと。翌年5月にジェメリス・リーガ市長とラトヴィア共和国対外文化協会幹事会長が神戸を訪れ、神戸市長と会談し、翌春に姉妹都市提携の調印を行うことを決定した。

1974年、神戸市長、市会議長他3名、市民を中心とした親善文化使節団がリーガを訪問し、6月18日に両市長が「神戸・リーガ友好協定」に調印、正式に両市の姉妹都市提携が成立した。使節団に対しラトヴィア側から合唱、器楽演奏、バレエ、民族舞踊等が披露され、日本側も日本舞踊、書道、華道等を紹介した。宮崎元市長は後に市民外交に関して「市民の一人一人が使節となって、姉妹市の人情と文化に直接ふれ、見、聞くことによって心の架け橋を築いていくことで観光団とその点が違うといえる。けれども、その成果は性急に求めようとしてはいけない。（中略）やはり姉妹都市も年輪を辛抱づよく重ねていって初めて、お互の心を知り友情の輪をひろげていくことになろう」と記しており、長期間にわたる「地味だが心温まる交流」を両市民に期待したことがうかがえる。

　ラトヴィアのソ連からの独立回復に伴い、１９９１年10月24日、リーガと神戸は姉妹都市提携の再調印を行った。２００１年に神戸を訪れたリーガ市代表は、次のように語ったという。「ソ連支配時代、ラトヴィア人にとって、姉妹都市である神戸が、唯一の『世界に開かれた窓』でした。私たちは、『神戸という窓』を通して世界を見ていたのです」。１９７４年の調印時より、世界情勢や私たちを取り巻く環境は大きく変化したが、市民同士の友情を育むという姉妹都市交流の意義は変わらない。リーガと神戸、今後も何世代も超えて交流が続き、深い友情が育まれていくことを一市民として願う。

コラム19

ラトヴィアの日本語教育

菅野開史朗

ソ連時代のラトヴィアでは日本語を専門的に学ぶ機会がなかったが、モスクワやレニングラードの大学に進み日本語を学ぶラトヴィア人が何人かいたようである。他方、1923年に旧満洲で生まれ、日本語と中国語に堪能なエドガルス・カッタイ氏が50年代半ばにラトヴィアに帰国後、図書館勤務の傍ら日本文学の翻訳を行なっていた。彼は、ソ連時代末期から日本語の勉強会を開き、参加者の中には、後にその辣腕を発揮したブリギッタ・クルーミニャ女史がいる。90年代、私塾の形で始めた日本語学校を国立の義務教育学校にまで発展させた。同校は各界で日本語を活かして活躍する若い世代の人々を輩出している。90年代末にクルーミニャ女史は同校を去って再び私塾を開き、日本語学校はリーガ文化学校として再出発し、日本人講師によって日本語教育は続けられている。

高等教育機関での日本語教育は、90年代にラトヴィア大学で日本語の授業がカッタイ氏らにより始まり、外国語学部に東洋学科が発足、現在は人文科学部アジア学科の言語モジュールの一つとなっている。なお、同学科には日本学専攻の他に中国、中東、南アジア専攻があり、2013年度には朝鮮語などが新たに開講された。現在もラトヴィアの大学で日本語の専門課程があるのはラトヴィア大学のみである。

この他、一般人対象の日本語講座が筆者の勤める夜間学校など数か所で開設されている。

ラトヴィアで日本語を学んでも就職などに直結するわけではなく、日本は地理的に遠く、身近に日本人もまずいない。では、その学習の動機は何であろうか。多くの場合、純粋に日本という国への関心が学習のきっかけなのだが、関心の対象はさまざまで、伝統文化以外にも最近は、アニメなどサブカルチャーに親しむ若い人も多い。しかし何といっても、ラトヴィアの人々は外国語学習の重要性を身にしみて感じているということがある。英語やロシア語に堪能なだけでは競争にならないことから、日ごろさまざまな外国語に関心を寄せており、その一つとして日本語を選ぶのである。また、近隣諸国の言語ならとりあえず現地に飛び込めばよいが、日本は地理的に遠く費用がかさむので、自国にいながら学べる絶好の機会ととらえて受講する人も多いといえよう。もちろん、日本へ仕事や観光、親族や友人訪問のため渡航することになり、少し勉強しておきたいという人も中にはいるが、全体から見ればあまり多くない。

ラトヴィアの在留邦人は30名前後であり、国内で日本人と接する機会は多くはない。日本人常勤講師はラトヴィア大学に1~2名、文化学校に1名勤務している。しかし近年、ラトヴィア大学と交換協定を結ぶ大学から交換留学生が来るようになっており、またSNSで日本人の友人を作るなど交友関係を広げている。留学生だけでなく、研修旅行などで学生のグループが短期間ラトヴィアを訪問することもあり、最近では山形大学や昭和女子大学、茨城キリスト教大学の学生のグループが教官の引率で来訪した。その際、ホームステイの受け入れなどで積極的に動いてくれる若い人たちがいるのは頼もしい。

日本への留学は協定校への留学のほか、文部科学省奨学金などを受けることもできる。とはいえ、日本の物価高などを考えるとまだまだ敷居が高いのが現実だ。いろいろな点でもう少し間口が広くなればよいのではないだろうか。

ラトヴィアを知るための文献・情報ガイド

❖ラトヴィア全般について

「地球の歩き方」編集室『地球の歩き方 バルトの国々』改訂第9版、ダイヤモンド社、2013年

❖歴史について

アンドレス・カセカンプ『バルト三国の歴史――エストニア・ラトヴィア・リトアニア　石器時代から現代まで』小森宏美・重松尚訳、明石書店、2014年

志摩園子『物語 バルト三国の歴史――エストニア・ラトヴィア・リトアニア』中公新書、2004年

鈴木徹『バルト三国史』東海大学出版会、2000年

❖第二次世界大戦期の思い出（当時のラトヴィアに関わりがあるもの）

小野寺百合子『バルト海のほとりにて――武官の妻の大東亜戦争』共同通信社、再改定版、2005年（朝日文庫、1992年）

小野寺百合子『バルト海のほとりの人びと――心の交流をもとめて』新評論、1998年

岡部伸『消えたヤルタ密約緊急電――情報士官・小野寺信の孤独な戦』新潮選書、2012年

岡部伸『「諜報の神様」と呼ばれた男』PHP研究所、2014年

サンドラ・カルニエテ『ダンスシューズで雪のシベリアへ』黒沢歩訳、新評論、2014年

新関欽也『第二次大戦下ベルリン最後の日――ある外交官の記録』NHKブックス、1988年

❖社会について

黒沢歩『ラトヴィアの蒼い風——清楚な魅力のあふれる国』新評論、2007年
黒沢歩『木漏れ日のラトヴィア』新評論、2004年
中井遼『デモクラシーと民族問題——中東欧・バルト諸国の比較政治分析』勁草書房、2015年
中津文彦『ラトビアの霧』講談社文庫、1991年
芳賀日出男『ヨーロッパ古層の異人たち』東京書籍、2003年

❖言語について
菅野開史朗「ラトビア語」梶茂樹・林徹・中島由美編『事典 世界のことば141』大修館書店、2009年
堀口大樹『ニューエクスプレス ラトヴィア語』白水社、2013年
村田郁夫『ラトビア語基礎1500語』大学書林、1998年
村田郁夫「ラトビア語」『言語学大辞典』三省堂

❖芸術について
ノラ・イクステナ『ソビエト・ミルク——ラトヴィア母娘の記憶』黒沢歩訳、新評論、2019年
フセヴォロド・オフチンニコフ『桜の枝——ソ連の鏡に映った日本人』早川徹訳、サイマル出版会、1983年
マルタ・グラスマネ『ラトビアのミトン』黒沢歩訳、民族衣装センター「セナー・クレーツ」、2016年
ギドン・クレーメル『ギドン・クレーメル 琴線の触れ合い』カールステン井口俊子訳、音楽之友社、1998年
高野史緒編『21世紀東欧SF・ファンタスチカ傑作集 時間はだれも待ってくれない』東京創元社、2011年
『ラトヴィア民話集』和爾桃子訳、北海道東川町、2012年
日本対外文化協会日ロ歴史を記録する会編『日露オーラルヒストリー——はざまで生きた証言』彩流社、2006年
野村真理「一九四一年リーガのユダヤ人とラトヴィア人——ラトヴィア人のホロコースト協力をめぐって」(前・後編)『金沢大学経済論集』第30巻第1号、第2号、2009~10年
アネテ・メレツェ『キオスク』黒沢歩訳、潮出版社、2021年
ヤーニス・ヨニェヴス『メタル94』黒沢歩訳、作品社、2022年
ヤン・ライニス『青い夕べの遠い響き——ヤン・ライニス詩集』赤松徳治訳、麻耶出版社、1981年

❖ウェブサイト

・新聞社

『日（ディエナ）』（*Diena*）▶www.diena.lv

『独立朝刊新聞』（*NeatkarīgāRītaAvīze*）▶www.nra.lv

『ラトヴィア新聞』（*Latovija Arīze*）▶www.la.lv

・テレビ局

ラトヴィア・テレビ▶www.ltv.lv

ラトヴィア独立テレビ（ＬＮＴ）▶www.lnt.lv

ＴＶ３▶www.tv3.lv

・ラジオ局

ラジオのストリーミング放送▶www.eradio.lv

ラトヴィア・ラジオ▶www.latvijasradio.lv

ラジオ・ナバ（Radio NABA）▶www.naba.lv

・観光情報その他

ラトヴィア観光情報（城や屋敷を改装した宿泊施設の情報）▶www.latvia.travel.lv

リーガ観光案内▶www.liveriga.com

カルンツィエマ通り▶www.kalnciemaiela.lv

民話の家ウンディーネ▶www.undine.lv

農村観光のサイト▶www.celotajs.lv

映画村 Cinevilla▶cinevillastudio.com

STUDIO NATURAL▶Bruņinieku 47, LV-1011. Tel: +371-6731-5914, URL: www.studionatural.lv

歌と踊りの祭典▶www.dziesmusvetki.tv

学校青少年歌と踊りの祭典▶www.dziedundejo.lv

経済関係公共機関、経済・工業団体、優良企業連絡先

（下記機関、団体名中、「ラトヴィア」は割愛した）

公共機関

内閣（www.mk.gov.lv）
議会（www.saeima.lv）
経済省（www.em.gov.lv）
財務省（www.fm.gov.lv）
運輸省（www.sam.gov.lv）
中央銀行（www.bank.lv）
統計局（www.csb.gov.lv）
投資開発公社（www.liaa.gov.lv）
観光庁（www.tava.gov.lv）

経済・工業団体

商工会議所（www.chamber.lv）
木材工業連合会（www.latvianwood.lv）
食品製造業者連盟（www.lpuf.lv）
化学・薬品工業会（www.lakifa.lv）
機械・金属工業会（www.masoc.lv）
泥炭生産者連盟（www.peat.lv）
ＩＴクラスター（www.itbaltic.com）
繊維・服飾工業会（www.atci.lv）
デザイン協会（www.design.lv）

優良企業

［木材］
Dailrade Koks（www.dailrade.lv） 家具・インテリア
Grandeg（ www.grandeg.lv） 木材ペレット
HUGLOCK (http://huglock.com) 建設材等の連結材
ISTABA（http://istabai.com）家屋の空調
Latlaft (www.latlaft.lv) ログハウス
Latvijas Finieris（www.finieris.lv） 合板
Ligatne（www.pf-ligatne.lv） アート紙、梱包用紙
Maffam Freeform（www.maffamfree.com） 火山岩繊維製家具
Rigas Kreslu fabrika（www.rkf.lv） 家具
VARIS Toys（www.varis.lv） 木製玩具
［食品］
Alojo Starkelsen（http://alojas.lv） 澱粉製品（お菓子）
Balticovo（www.balticovo.lv/） 鶏卵
Dobeles Dzirnavnieks（www.dzirnavnieks.lv） 製粉、穀類
Emils Gustavs (www.emilsvustavs.jp) チョコレート
Hortus（www.hortusfruits.lv） ドライ・フルーツ
Jaunpagasts Plus（www.jpplus.lv） 飼料蛋白質
Mottra (http://mottra.co.jp) キャヴィア
NP Foods（ www.npfoods.lv） チョコレート、飲料
Pure Chocolate（www.purechocolate.lv） チョコレート
Rigas Piena Kombinats（www.foodunion.lv） 乳製品
Smiltenes Piens（www.smiltenespiens.lv） 乳製品
［化学・医療・薬品］
AmberCRO (www.amber-cro.com) 医療サービス
Biosan（www.biosan.lv） 医療器具
ELMI (www.elmi-tech.com) 医療器具
Firm BF-ESSE (www.fitesten.lv) 薬品

Grindeks（www.grindeks.lv） 薬品
GroGlas（www.groglass.com） ガラスのコーティング剤
Madara Cosmetics（www.madaracosmetics.lv） 化粧品
OlainFarm（www.olainfar.lv） 薬品
Silvanols Faringo Spray（www.silvanols.lv） 医療品
Spodriba（http://spodriba.lv） 洗剤
Valmiera Stikla Skiedra（www.vss.lv） 化学製品

［機械・機器］
Autonams（www.skybrake.com） 自動車盗難防止装置
Baltic Scientific Instruments（www.bsi.lv） 蛍光分析装置
Baltrotors（www.baltrotors.lv） 建設機のローター
Evopipes（www.evopipes.lv） パイプ
PERUZA（www.peruza.lv） 食品等製造設備
RER（www.rer.lv/） モーター
Rison Inter（ www.rishon-inter.lv） 鋼材、鋼管
Rotons（www.rotons.lv/） 給水・浄水設備
SAF（www.saftehnika.com） 通信装置
Skan-tooling（www.skantooling.lv） 金型
Severstalat（www.severstallat.eu） 鋼管
Sidrabe（www.sidrabe.com） メッキ
TTS-Avio（www.tts-avio.lv/） 機械部品
United oil（www.unitedoils.lv） 自動車オイル
VALPRO（www.valpro.lv） 鉄製缶

［建設・印刷］
Arcers（www.arcers.lv） 建設
CEMEX（www.cemex.lv） セメント
Karsu izdevnieciba Jana seta（www.kartes.lv） 地図印刷
UnitedPress Tipografia（www.unitedpress.lv） 印刷
UPB (www.upb.lv) 建設等複合企業

［情報・通信］
Computers Hardware Design（ www.chd.lv） コンピューター
DEAC（www.deac.lv） ＩＴ設備・サービス
Knowledgeprice.com（http://knowledgeprice.com/）
［金融ＩＴプロバイダー］
Mikrotikls（www.mikrotik.com） 産業用ルーター
REAL SOUND Lab(www.realsoundlab.com) 音響
Tilde（www.tilde.lv） オンライン辞書
ZABBIX (www.zabicom.com) 情報インフラの構築

［ファッション・生活］
A.DEW（www.hugu.lv） 話をするテディーベアー
AMERI（www.ameri.lv） ファッション
Angel Glass（www.angel.lv/） ガラス・クリスタル食器
Lauma Fabrics（www.laumafabrics.com） ブラジャー
Baltrotors（www.baltrotors.lv） 建機のローター
Brabantia（www.brabantia.com） 家庭用品
MGS FACTORY（www.dipdap.lv） 木材製自転車等
Munio Candela（www.muniocandela.com） 蝋燭
PAA（ www.paa.lv） 浴室設備
Stenders（www.stenders-cosmetics.com） 石鹸
V.O.V.A.（www.vova.lv） ブラジャー、ランジェリー

（長塚 徹）

北條陽子（ほうじょう ようこ）［コラム 6］
ピアニスト。ペレーツィス「ピアノと室内管弦楽のためのコンチェルティーノ・ビアンコ」の本邦初演（東京シティ・フィルとの共演、2009 年）のほか、国内外でリサイタルを開催。『ラトヴィアの印象から—北條陽子ピアノリサイタル・イン・リーガ』（プラネット・ワイ、2007 年）。

堀口大樹（ほりぐち　だいき）［12, コラム 2, コラム 10］
岩手大学人文社会科学部准教授。バルト語学、スラヴ語学。著作に『ニューエクスプレス　ラトヴィア語』（白水社、2013 年）。

溝端佐登史（みぞばた　さとし）［41］
京都大学経済研究所教授・所長。比較経済システム論、ロシア東欧経済論。主な 著作に『ロシア経済・経営システム研究』（法律文化社、1996 年）、『国際比較 の経済学』（監訳 NTT 出版、2012 年）、『ロシア近代化の政治経済学』（文理閣、2013 年）。

三宅佑佳（みやけゆか）［コラム 8］
バレエダンサー。3 歳よりバレエを始め、ロシア国立ワガノワバレエアカデミーへの留学などを経て、2007 年よりラトヴィア国立オペラ座ソリスト。
2012 年 Latvijas Gāzes Balva 受賞。 2021 年より「三宅佑佳バレエスタジオ」主宰。

三宅理一（みやけ りいち）［24］
藤女子大学教授。建築史、遺産学、地域計画。工学博士。主な著作に、『モルドヴァの世界遺産とその修復』（西村書店、2009 年）、『パリのグランド・デザイン —— ルイ一四世が創った世界都市』（中央公論新社、2010 年）、『限界デザイン』（TOTO 出版、2011 年）、『デザインで読み解くフランス文化 —— クロニクル 1960』（ 六耀社、2014 年）など多数。瀋陽市ユネスコ世界遺産登録の業績に対して瀋陽市栄誉市民、日仏学術交流の業績に対してフランス政府より学術教育功労勲章（オフィシエ等級）を授かる。

森川はるか（もりかわはるか）［16］
立教大学大学院文学研究科超域文化学専攻博士課程前期課程修了。文化人類学専攻、研究テーマはラトヴィアの文化と合唱。寄稿「魅力あふれるラトヴィア」（『地理 10 月号』古今書院。2012 年）。

イヴェタ・レインホルデ（Iveta Reinholde）［32］
ラトヴィア大学社会科学部政治学科准教授、ラトヴィア大学政治学科卒、ラトヴィア大学（Ph.D. 2005 年）。

任し、現在に至る。著作「情報小国日本の生き方」『外交フォーラム』1989年2月号。

中野由佳（なかの ゆか）[26, 32, 33]
読売新聞英字新聞部記者。

ウギス・ナステビッチ（Ugis Nastevics）[22]
翻訳通訳案内士・写真家。

布川由美子　（ぬのかわ　ゆみこ）[19]
ロンドン大学大学院ゴールドスミス校ロシア音楽学研究科修了（音楽学修士）。現在、リトアニア国立カウナス工科大学博士課程在学中。リトアニアの作曲家・画家チュルリョーニス、プロコフィエフ、ジャポニスム研究。主な著作に、『チュルリョーニス ピアノ作品集（原典版）』（ダリウス・クチンスカスと共編著／ヤマハミュージックメディア、2011）、Wiesna Mond-Kozłowska (ed.) *Stanisław Wyspiański - Mikalojus Konstantinas Čiurlionis: The Neighbouring of Cultures, the Borderlines of Arts*（論文集、共著／Wydawinctwo Wam: Krakow, 2013）がある。

野村真理（のむら まり）[30]
金沢大学名誉教授。社会思想史・西洋史専攻。主な著書に『ウィーンのユダヤ人――19世紀末からホロコースト前夜まで』（御茶の水書房、1999年）、『ガリツィアのユダヤ人――ポーランド人とウクライナ人のはざまで』（人文書院、2008年）、『ホロコースト後のユダヤ人――約束の土地は何処か』（世界思想社、2012年）など。

蓮見 雄（はすみ ゆう）[38, 43]
立教大学経済学部教授・ユーラシア研究所事務局長。EU経済、EU・ロシア関係、エネルギー政策。主な著書に『琥珀の都カリーニングラード――ロシア・EU協力の試金石』（東洋書店、2007年）、『拡大するEUとバルト経済圏の胎動』（編著、昭和堂、2009年）、『欧州グリーンディールとEU経済の復興』（編著、文眞堂、2023年）。

福原正彦（ふくはら まさひこ）[2]
トラベルライター、編集者。主な仕事に『地球の歩き方 バルトの国々』『地球の歩き方 Plat ジョージア』（株式会社地球の歩き方）など。

藤井 威（ふじい　たけし）[47]
1962年東京大学法学部卒業後、大蔵省入省。19年間を主計局で国家予算編成事務に従事。主計局次長、経済企画庁官房長、大蔵省理財局長、内閣官房内閣内政審議室長を歴任し、1996年退官。1997年9月から2000年10月まで、駐スウェーデン特命全権大使兼ラトヴィア特命全権大使。帰国後、2004年より2011年まで、日本ラトヴィア音楽協会副会長、会長、2007年4月より2012年3月まで佛教大学社会福祉学部特別任用教授などを務める。主著に、『福祉国家実現へ向けての戦略――高福祉高負担がもたらす明るい未来』（ミネルヴァ書房、2011年）、『スウェーデン・スペシャル〈3〉福祉国家における地方自治』『スウェーデン・スペシャル〈2〉民主・中立国家への苦闘と成果』『スウェーデン・スペシャル〈1〉高福祉高負担政策の背景と現状』（新評論、2002～2003年）。

澤野由紀子（さわの ゆきこ）［31, コラム 11］
聖心女子大学文学部教育学科教授。比較教育学、生涯学習論。主な著書に「バルト諸国における外国籍児童生徒の就学義務に関する法的基盤と制度的支援に関する調査 ── ラトビアを中心に」（外国籍児童生徒就学義務研究会編『外国籍児童生徒の就学義務をめぐって Ⅰ』2014年）、『統合ヨーロッパの市民性教育』（共著、名古屋大学、2013年）、『揺れる世界の学力マップ』（共編著、明石書店、2009年）。

志摩園子（しま そのこ）＊［4, 5. 6. 7, 8, 10, 11, コラム 1］
編著者紹介欄を参照のこと。

マーラ・シーマネ（Māra Sīmane）［33］
ラトヴィア共和国首相府クロスセクター調整センター顧問（またはアドバイザー）、国際経営学修士（ Vermont, USA）

白石仁章（しらいし まさあき）［46, コラム 16］
外務省外交史料館課長補佐。著書として『プチャーチン ── 日本人が一番好きなロシア人』（新人物往来社、2010年）、『諜報の天才 ── 杉原千畝』（新潮選書、2011年。同書の増補・改訂版が『杉原千畝 ── 情報に賭けた外交官』新潮文庫、2015年）、『六千人の命を救え！ ── 外交官・杉原千畝』（PHP研究所、2014年）、『戦争と諜報外交 ── 杉原千畝たちの時代』（角川選書、2015年）がある。

ブリギタ・ゼパ（Brigita Zepa）［27］
ラトヴィア大学社会科学部社会学科教授、ラトヴィア大学歴史哲学学部卒、ラトヴィア大学学位（社会学、1992年）。

田中愛子（たなか あいこ）［15］
日本女子大学人間社会学部教育学科卒。2012年よりラトヴィアに在住。現地ではツアーガイド、日本語学習支援を行っている。

鶴田宜江（つるた のりえ）［17, コラム 5］
京都大学大学院人間環境研究科共生文明学専攻修士課程修了。文化人類学。主な著作に「アルスンガコラム」（中田早苗編『ラトビアの手編み靴下』誠文堂新光社、2014年）のほか、ドキュメンタリー映画『Ruch and Norie』（Ināra Kolmane 監督）への出演など。

中井 遼（なかい りょう）［27, 34, 35, 36, 37, 44, コラム 13］
北九州市立大学法学部准教授。比較政治学。おもな著作に “The Influence of Party Competition on Minority Politics: A Comparison of Latvia and Estonia,” *Journal on Ethnopolitics and Minority Issues in Europe*, 13(1), 2014,「中東欧新興民主主義国の投票規定要因：有権者個票データによる分析」（『選挙研究』30巻1号, 2014年）、『デモクラシーと民族問題 ── 中東欧・バルト諸国の比較政治分析』（勁草書房、2015年）。

長塚 徹（ながつか とおる）［39, 40, 42, コラム 14, コラム 15］
国際基督教大学社会科学科卒。1964年外務省入省、ノルウェー、イラク、ラトヴィア等に在勤し2005年定年退職。同年ラトヴィア投資開発公社日本コーディネーターに就

〈執筆者紹介〉（50音順、＊は編著者）

大鷹節子（おおたか せつこ）［45］
日本チェコ友好協会名誉会長、中欧能楽文化協会・実行委員会代表。主な著作に『チェコとスロバキア ── 歴史と現在』（サイマル出版会、1992年）、『チェコとドイツ ── 愛と憎しみの関係』（読売新聞社、1998年）、『私はチェコびいき ── 大人のための旅案内』（朝日新聞社、2002年）、『戦争回避の英知 ── 和平に尽力した陸軍武官の娘がプラハで思うこと』（朝日新聞出版、2009年）。

長内恵子（おさない けいこ）［コラム12］
青山学院大学卒。主な著作に、絵本『さくら リーガへ行く』（*SAKURA RĪGĀ*）PĒTERGAILIS, 2012. がある。

ジャネタ・オゾリナ（Žaneta Ozoliņa）［44］
1957年生まれ、ラトヴィア大学社会科学部政治学科教授、ラトヴィア大学歴史哲学学部卒、キエフ大学学位（Ph.D.1987年）。

河原祐馬（かわはら ゆうま）［29］
岡山大学大学院社会文化科学研究科教授。国際政治学。主な著書に『外国人参政権問題の国際比較』（編著、昭和堂、2006年）、「エストニア共和国の「民主化」と「安定」」（岡山大学法学会編『法学と政治学の新たなる展開』有斐閣、2010年）、『移民と政治』（編著、昭和堂、2011年）。

ヴィエストゥルス＝パウルス・カルヌプス（Viesturs-Pauls Karnups）［37］
ラトヴィア大学経済・経営学部准教授。

バイバ・カンゲーレ（Baiba Kangere）［26］
ストックホルム大学バルト研究所名誉教授。

苅田 悠（かんだ はるか）［コラム18］
東京大学大学院総合文化研究科地域文化研究専攻修了。地域研究・言語社会学。

菅野開史朗（かんの かいしろう）［1, 3, 13, 25, 28, コラム3, コラム9, コラム19］
ラトヴィア大学講師。翻訳家。バルト・スラヴ語学。主な著作に「ラトビア語の伝聞法をめぐって」『スラヴ研究』第48号（北海道大学スラブ研究センター、2001年）、「ラトビア語」『言語』32巻第11号（大修館書店、2003年）、「ラトビア語（Latvian）」『事典　世界のことば141』（大修館書店、2009年）。2014年逝去。

黒沢 歩（くろさわ あゆみ）［9, 14, 18, 20, 21, 23, コラム4, コラム7, コラム17］
ラトヴィア語翻訳・通訳。主な著作に『木漏れ日のラトヴィア』（新評論、2004年）、『ラトヴィアの蒼い風』（新評論、2007年）、主な翻訳に『ダンスシューズで雪のシベリアへ、あるラトヴィア人家族の物語』（新評論、2014年）。

〈編著者紹介〉
志摩園子（しま そのこ）
昭和女子大学大学院生活機構研究科・人間社会学部教授。主な著作に『環バルト海 —— 地域協力のゆくえ』（共著、岩波書店、1995年）、『下位地域協力と転換期国際関係』（共著、有信堂、1996年）、『ポーランド・ウクライナ・バルト史』（共著、山川出版社、1998年）、『ヨーロッパ統合のゆくえ』（共著、人文書院、2001年）、『物語　バルトの歴史』（中央公論新社、2004年）、『ヨーロッパの東方拡大』（共著、岩波書店、2006年）、"Dimensions and Geopolitical Diversity of 'the Baltic'-then and now-", (*Regions in Central and Eastern Europe -Past and Present-*, Slavic Research Center, Hokkaido University, 2007)、「ラトヴィヤをめぐるナショナル・ヒストリーの展開 —— ラトヴィヤ共和国の成立をめぐって」（『学苑　人間社会学部紀要』、昭和女子大学、2008年2月号）、"Japānas –Latvijas attiecības starp diviem pasaules kariem," *Latvijas Kara Muzeja Gadagrāmata*, IX, 2008,Riga、『変貌する権力政治と抵抗 —— 国際関係学における地域』（共著、彩流社、2012年）、「バルト３国——EUの『傘』とロシアの脅威による地域協力の変容」『新型コロナ危機と欧州　EU・加盟10カ国と英国の対応』（植田隆子編、文眞堂、2021年）他。

エリア・スタディーズ 145
ラトヴィアを知るための47章

2016年５月25日　初版第１刷発行
2023年11月10日　初版第２刷発行

編著者　志　摩　園　子
発行者　大　江　道　雅
発行所　株式会社 明石書店
〒101-0021　東京都千代田区外神田 6-9-5
電 話　03（5818）1171
FAX　03（5818）1174
振 替　00100-7-24505
https://www.akashi.co.jp
装丁／組版　明石書店デザイン室
印刷／製本　モリモト印刷株式会社

（定価はカバーに表示してあります）　ISBN978-4-7503-4361-7

エリア・スタディーズ

1 **現代アメリカ社会を知るための60章** 明石紀雄、川島浩平 編著

2 **イタリアを知るための62章【第2版】** 村上義和 編著

3 **イギリスを旅する35章** 辻野功 編著

4 **モンゴルを知るための65章【第2版】** 金岡秀郎 著

5 **パリ・フランスを知るための44章** 梅本洋一、大里俊晴、木下長宏 編著

6 **現代韓国を知るための60章【第2版】** 石坂浩一、福島みのり 編著

7 **オーストラリアを知るための58章【第3版】** 越智道雄 著

8 **現代中国を知るための52章【第6版】** 藤野彰 編著

9 **ネパールを知るための60章** 日本ネパール協会 編

10 **アメリカの歴史を知るための65章【第4版】** 富田虎男、鵜月裕典、佐藤円 編著

11 **現代フィリピンを知るための61章【第2版】** 大野拓司、寺田勇文 編著

12 **ポルトガルを知るための55章【第2版】** 村上義和、池俊介 編著

13 **北欧を知るための43章** 武田龍夫 著

14 **ブラジルを知るための56章【第2版】** アンジェロ・イシ 著

15 **ドイツを知るための60章** 早川東三、工藤幹巳 編著

16 **ポーランドを知るための60章** 渡辺克義 編著

17 **シンガポールを知るための65章【第5版】** 田村慶子 編著

18 **現代ドイツを知るための67章【第3版】** 浜本隆志、髙橋憲 編著

19 **ウィーン・オーストリアを知るための57章【第2版】** 広瀬佳一、今井顕 編著

20 **ハンガリーを知るための60章【第2版】** ドナウの宝石 羽場久美子 編著

21 **現代ロシアを知るための60章【第2版】** 下斗米伸夫、島田博 編著

22 **21世紀アメリカ社会を知るための67章** 明石紀雄 監修 赤尾千波、大類久恵、小塩和人、落合明子、川島浩平、高野泰 編

23 **スペインを知るための60章** 野々山真輝帆 著

24 **キューバを知るための52章** 後藤政子、樋口聡 編著

25 **カナダを知るための60章** 綾部恒雄、飯野正子 編著

26 **中央アジアを知るための60章【第2版】** 宇山智彦 編著

27 **チェコとスロヴァキアを知るための56章【第2版】** 薩摩秀登 編著

28 **現代ドイツの社会・文化を知るための48章** 田村光彰、村上和光、岩淵正明 編著

29 **インドを知るための50章** 重松伸司、三田昌彦 編著

30 **タイを知るための72章【第2版】** 綾部真雄 編著

31 **パキスタンを知るための60章** 広瀬崇子、山根聡、小田尚也 編著

32 **バングラデシュを知るための66章【第3版】** 大橋正明、村山真弓、日下部尚徳、安達淳哉 編著

33 **イギリスを知るための65章【第2版】** 近藤久雄、細川祐子、阿部美春 編著

34 **現代台湾を知るための60章【第2版】** 亜洲奈みづほ 著

35 **ペルーを知るための66章【第2版】** 細谷広美 編著

36 **マラウィを知るための45章【第2版】** 栗田和明 著

37 **コスタリカを知るための60章【第2版】** 国本伊代 編著

38 **チベットを知るための50章** 石濱裕美子 編著

39 **現代ベトナムを知るための63章【第3版】** 岩井美佐紀 編著

40 **インドネシアを知るための50章** 村井吉敬、佐伯奈津子 編著

41 **エルサルバドル、ホンジュラス、ニカラグアを知るための45章** 田中高 編著

エリア・スタディーズ

42 パナマを知るための70章【第2版】
国本伊代 編著

43 イランを知るための65章
岡田恵美子、北原圭一、鈴木珠里 編著

44 アイルランドを知るための70章【第3版】
海老島均、山下理恵子 編著

45 メキシコを知るための60章
吉田栄人 編著

46 中国の暮らしと文化を知るための40章
東洋文化研究会 編

47 現代ブータンを知るための60章【第2版】
平山修一 著

48 バルカンを知るための66章【第2版】
柴宜弘 編著

49 現代イタリアを知るための44章
村上義和 編著

50 アルゼンチンを知るための54章
アルベルト松本 著

51 ミクロネシアを知るための60章【第2版】
印東道子 編著

52 アメリカのヒスパニック=ラティーノ社会を知るための55章
大泉光一、牛島万 編著

53 北朝鮮を知るための55章【第2版】
石坂浩一 編著

54 ボリビアを知るための73章【第2版】
真鍋周三 編著

55 コーカサスを知るための60章
北川誠一、前田弘毅、廣瀬陽子、吉村貴之 編著

56 カンボジアを知るための60章【第3版】
上田広美、岡田知子、福富友子 編著

57 エクアドルを知るための60章【第2版】
新木秀和 編著

58 タンザニアを知るための60章【第2版】
栗田和明、根本利通 編著

59 リビアを知るための60章【第2版】
塩尻和子 編著

60 東ティモールを知るための50章
山田満 編著

61 グアテマラを知るための67章【第2版】
桜井三枝子 編著

62 オランダを知るための60章
長坂寿久 著

63 モロッコを知るための65章
私市正年、佐藤健太郎 編著

64 サウジアラビアを知るための63章【第2版】
中村覚 編著

65 韓国の歴史を知るための66章
金両基 編著

66 ルーマニアを知るための60章
六鹿茂夫 編著

67 現代インドを知るための60章
広瀬崇子、近藤正規、井上恭子、南埜猛 編著

68 エチオピアを知るための50章
岡倉登志 編著

69 フィンランドを知るための44章
百瀬宏、石野裕子 編著

70 ニュージーランドを知るための63章
青柳まちこ 編著

71 ベルギーを知るための52章
小川秀樹 編著

72 ケベックを知るための54章
小畑精和、竹中豊 編著

73 アルジェリアを知るための62章
私市正年 編著

74 アルメニアを知るための65章
中島偉晴、メラニア・バグダサリヤン 編著

75 スウェーデンを知るための60章
村井誠人 編著

76 デンマークを知るための68章
村井誠人 編著

77 最新ドイツ事情を知るための50章
浜本隆志、柳原初樹 著

78 セネガルとカーボベルデを知るための60章
小川了 編著

79 南アフリカを知るための60章
峯陽一 編著

80 エルサルバドルを知るための55章
細野昭雄、田中高 編著

81 チュニジアを知るための60章
鷹木恵子 編著

82 南太平洋を知るための58章 メラネシア ポリネシア
吉岡政德、石森大知 編著

83 現代カナダを知るための60章【第2版】
飯野正子、竹中豊 総監修 日本カナダ学会 編

エリア・スタディーズ

84 **現代フランス社会を知るための62章**
三浦信孝、西山教行 編著

85 **ラオスを知るための60章**
菊池陽子、鈴木玲子、阿部健一 編著

86 **パラグアイを知るための50章**
田島久歳、武田和久 編著

87 **中国の歴史を知るための60章**
並木頼壽、杉山文彦 編著

88 **スペインのガリシアを知るための50章**
坂東省次、桑原真夫、浅香武和 編著

89 **アラブ首長国連邦（UAE）を知るための60章**
細井長 編著

90 **コロンビアを知るための60章**
二村久則 編著

91 **現代メキシコを知るための70章【第2版】**
国本伊代 編著

92 **ガーナを知るための47章**
高根務、山田肖子 編著

93 **ウガンダを知るための53章**
吉田昌夫、白石壮一郎 編著

94 **ケルトを旅する52章** イギリス・アイルランド
永田喜文 著

95 **トルコを知るための53章**
大村幸弘、永田雄三、内藤正典 編著

96 **イタリアを旅する24章**
内田俊秀 編著

97 **大統領選からアメリカを知るための57章**
越智道雄 著

98 **現代バスクを知るための60章【第2版】**
萩尾生、吉田浩美 編著

99 **ボツワナを知るための52章**
池谷和信 編著

100 **ロンドンを旅する60章**
川成洋、石原孝哉 編著

101 **ケニアを知るための55章**
松田素二、津田みわ 編著

102 **ニューヨークからアメリカを知るための76章**
越智道雄 著

103 **カリフォルニアからアメリカを知るための54章**
越智道雄 著

104 **イスラエルを知るための62章【第2版】**
立山良司 編著

105 **グアム・サイパン・マリアナ諸島を知るための54章**
中山京子 編著

106 **中国のムスリムを知るための60章**
中国ムスリム研究会 編

107 **現代エジプトを知るための60章**
鈴木恵美 編著

108 **カーストから現代インドを知るための30章**
金基淑 編著

109 **カナダを旅する37章**
飯野正子、竹中豊 編著

110 **アンダルシアを知るための53章**
立石博高、塩見千加子 編著

111 **エストニアを知るための59章**
小森宏美 編著

112 **韓国の暮らしと文化を知るための70章**
舘野晳 編著

113 **現代インドネシアを知るための60章**
村井吉敬、佐伯奈津子、間瀬朋子 編著

114 **ハワイを知るための60章**
山本真鳥、山田亨 編著

115 **現代イラクを知るための60章**
酒井啓子、吉岡明子、山尾大 編著

116 **現代スペインを知るための60章**
坂東省次 編著

117 **スリランカを知るための58章**
杉本良男、高桑史子、鈴木晋介 編著

118 **マダガスカルを知るための62章**
飯田卓、深澤秀夫、森山工 編著

119 **新時代アメリカ社会を知るための60章**
明石紀雄 監修　大類久恵、落合明子、赤尾千波 編著

120 **現代アラブを知るための56章**
松本弘 編著

121 **クロアチアを知るための60章**
柴宜弘、石田信一 編著

122 **ドミニカ共和国を知るための60章**
国本伊代 編著

123 **シリア・レバノンを知るための64章**
黒木英充 編著

124 **EU（欧州連合）を知るための63章**
羽場久美子 編著

125 **ミャンマーを知るための60章**
田村克己、松田正彦 編著

エリア・スタディーズ

126 **カタルーニャを知るための50章**
立石博高、奥野良知 編著

127 **ホンジュラスを知るための60章**
桜井三枝子、中原篤史 編著

128 **スイスを知るための60章**
スイス文学研究会 編

129 **東南アジアを知るための50章**
今井昭夫 編集代表 東京外国語大学東南アジア課程 編

130 **メソアメリカを知るための58章**
井上幸孝 編著

131 **マドリードとカスティーリャを知るための60章**
川成洋、下山静香 編著

132 **ノルウェーを知るための60章**
大島美穂、岡本健志 編著

133 **現代モンゴルを知るための50章**
小長谷有紀、前川愛 編著

134 **カザフスタンを知るための60章**
宇山智彦、藤本透子 編著

135 **内モンゴルを知るための60章**
ボルジギン・ブレンサイン 編著 赤坂恒明 編集協力

136 **スコットランドを知るための65章**
木村正俊 編著

137 **セルビアを知るための60章**
柴宜弘、山崎信一 編著

138 **マリを知るための58章**
竹沢尚一郎 編著

139 **ASEANを知るための50章**
黒柳米司、金子芳樹、吉野文雄 編著

140 **アイスランド・グリーンランド・北極を知るための65章**
小澤実、中丸禎子、高橋美野梨 編著

141 **ナミビアを知るための53章**
水野一晴、永原陽子 編著

142 **香港を知るための60章**
吉川雅之、倉田徹 編著

143 **タスマニアを旅する60章**
宮本忠 著

144 **パレスチナを知るための60章**
臼杵陽、鈴木啓之 編著

145 **ラトヴィアを知るための47章**
志摩園子 編著

146 **ニカラグアを知るための55章**
田中高 編著

147 **台湾を知るための72章【第2版】**
赤松美和子、若松大祐 編著

148 **テュルクを知るための61章**
小松久男 編著

149 **アメリカ先住民を知るための62章**
阿部珠理 編著

150 **イギリスの歴史を知るための50章**
川成洋 編著

151 **ドイツの歴史を知るための50章**
森井裕一 編著

152 **ロシアの歴史を知るための50章**
下斗米伸夫 編著

153 **スペインの歴史を知るための50章**
立石博高、内村俊太 編著

154 **フィリピンを知るための64章**
大野拓司、鈴木伸隆、日下渉 編著

155 **バルト海を旅する40章** 7つの島の物語
小柏葉子 著

156 **カナダの歴史を知るための50章**
細川道久 編著

157 **カリブ海世界を知るための70章**
国本伊代 編著

158 **ベラルーシを知るための50章**
服部倫卓、越野剛 編著

159 **スロヴェニアを知るための60章**
柴宜弘、アンドレイ・ベケシュ、山崎信一 編著

160 **北京を知るための52章**
櫻井澄夫、人見豊、森田憲司 編著

161 **イタリアの歴史を知るための50章**
高橋進、村上義和 編著

162 **ケルトを知るための65章**
木村正俊 編著

163 **オマーンを知るための55章**
松尾昌樹 編著

164 **ウズベキスタンを知るための60章**
帯谷知可 編著

165 **アゼルバイジャンを知るための67章**
廣瀬陽子 編著

166 **済州島を知るための55章**
梁聖宗、金良淑、伊地知紀子 編著

167 **イギリス文学を旅する60章**
石原孝哉、市川仁 編著

エリア・スタディーズ

168 **フランス文学を旅する60章**
野崎歓 編著

169 **ウクライナを知るための65章**
服部倫卓、原田義也 編著

170 **クルド人を知るための55章**
山口昭彦 編著

171 **ルクセンブルクを知るための50章**
田原憲和、木戸紗織 編著

172 **地中海を旅する62章** 歴史と文化の都市探訪
松原康介 編著

173 **ボスニア・ヘルツェゴヴィナを知るための60章**
柴宜弘、山崎信一 編著

174 **チリを知るための60章**
細野昭雄、工藤章、桑山幹夫 編著

175 **ウェールズを知るための60章**
吉賀憲夫 編著

176 **太平洋諸島の歴史を知るための60章** 日本とのかかわり
石森大知、丹羽典生 編著

177 **リトアニアを知るための60章**
櫻井映子 編著

178 **現代ネパールを知るための60章**
公益社団法人 日本ネパール協会 編

179 **フランスの歴史を知るための50章**
中野隆生、加藤玄 編著

180 **ザンビアを知るための55章**
島田周平、大山修一 編著

181 **ポーランドの歴史を知るための55章**
渡辺克義 編著

182 **韓国文学を旅する60章**
波田野節子、斎藤真理子、きむ ふな 編著

183 **インドを旅する55章**
宮本久義、小西公大 編著

184 **現代アメリカ社会を知るための63章**〔2020年代〕
明石紀雄 監修　大類久恵、落合明子、赤尾千波 編著

185 **アフガニスタンを知るための70章**
前田耕作、山内和也 編著

186 **モルディブを知るための35章**
荒井悦代、今泉慎也 編著

187 **ブラジルの歴史を知るための50章**
伊藤秋仁、岸和田仁 編著

188 **現代ホンジュラスを知るための55章**
中原篤史 編著

189 **ウルグアイを知るための60章**
山口恵美子 編著

190 **ベルギーの歴史を知るための50章**
松尾秀哉 編著

191 **食文化からイギリスを知るための55章**
石原孝哉、市川仁、宇野毅 編著

192 **東南アジアのイスラームを知るための64章**
久志本裕子、野中葉 編著

193 **宗教からアメリカ社会を知るための48章**
上坂昇 著

194 **ベルリンを知るための52章**
浜本隆志、希代真理子 著

195 **NATO（北大西洋条約機構）を知るための71章**
広瀬佳一 編著

196 **華僑・華人を知るための52章**
山下清海 著

197 **カリブ海の旧イギリス領を知るための60章**
川分圭子、堀内真由美 編著

198 **ニュージーランドを旅する46章**
宮本忠、宮本由紀子 著

199 **マレーシアを知るための58章**
鳥居高 編著

200 **ラダックを知るための60章**
煎本孝、山田孝子 著

――以下続刊

◎各巻2000円（一部1800円）

〈価格は本体価格です〉